中东观察

Five Years in

Turkey

奥斯曼战记

德国将军一战回忆录

〔德〕利曼·冯·桑德斯（Liman von Sanders） 著

陈利宽 等 译

社会科学文献出版社
SOCIAL SCIENCES ACADEMIC PRESS (CHINA)

序　言

　　陈利宽等人翻译的《奥斯曼战记——德国将军一战回忆录》（*Five Years in Turkey*）是一部有价值的历史人物回忆录。

　　该书作者利曼·冯·桑德斯原为德意志帝国第二十二步兵师中将师长。1913 年 6 月，即第一次世界大战爆发前 1 年多，他被德皇威廉二世任命为德国驻奥斯曼帝国军事顾问团团长。他在外交部门工作过多年，但从未到过奥斯曼帝国，而这次任命却使他身不由己地卷入一次大战。在大战期间，他指挥奥斯曼军队先后参加了达达尼尔战役（加里波利战役）、西奈战役和巴勒斯坦战役，有很多个人心得。西方人的一个传统是写回忆录，许多政治家写的回忆录洋洋洒洒，充斥着大量细节和作者的心理感受。而本书有所不同，作者行文简洁，叙事清晰，同样也包含了具体事件的诸多细节和个人评论，它既反映了军人不苟言笑和严谨的处事风格，又是作者作为战败国军人身份的真实写照。

　　对于一个地区的历史包括中东地区的历史，人们主要是通过教科书来了解的，而教科书的重点是一个个国家的政治、经济、文化和国际关系，战争并非重点。尤其是第一次世界大战（相比第二次世界大战），教科书的主要内容是欧洲战场的战事，如著名的凡尔登战役、索姆河战役和马恩河战役等；至于奥斯曼帝国的战事，有的书几乎不置一词，或者一笔带过，最多提一下达达尼尔战役。因此，普通读者，甚至一些从事中东研究的学者，对大战期间奥斯曼帝国的战事所知甚少。事实上，奥斯曼帝国的战事牵制了俄国、英国和法国的军力，从南线支援了德军在北线的作战，并对邻国保加利亚随后加入同盟国一方参战发挥了重要作用，尽管奥斯曼军队的战斗力有限（在这里不讨论战争的是非问题）。

由此，本书作为一个在战前已经在奥斯曼军队中任职、战争开始后亲自指挥战事的德国高级军官的回忆录，无疑具有重要的史料价值。例如，作者提供了以下重要的情况。

第一，战前德军卷入了奥斯曼军队的内部改革，德国军官还直接在奥斯曼军队中任职，体现出了德奥两国、两军的密切关系。例如，作者在到达奥斯曼帝国后出任奥斯曼军队第一军团司令，后改任第五军团司令。在大战结束时，在奥斯曼军队中任职的德国军人总人数有1万多人，其中包括工兵以及素丹的副官陆军元帅冯·德·戈尔兹。

第二，德国军官直接参与了奥斯曼军队对协约国军队的作战。其中，作者以第五军团司令的身份指挥了达达尼尔战役，粉碎了协约国军队以占领伊斯坦布尔为目标的登陆作战。后来成为土耳其共和国奠基人的凯末尔也参加了这次战役。

第三，奥斯曼军队在大战中面临着严重的人员、装备、军火供应和卫生问题。以炮兵而言，不但火炮的性能大大落后于协约国军队，而且严重缺乏炮弹，从而影响了前线战斗。但在一些战斗中，装备落后的奥斯曼军人也表现出了很强的战斗力，有效地杀伤了装备精良的协约国军队。

第四，回忆录较为详细地记录了奥斯曼帝国从战前中立到参战的过程及其在大战期间的一些重要战役，包括达达尼尔战役、西奈战役和巴勒斯坦战役及在约旦、伊拉克、叙利亚等地的作战等。

第五，奥斯曼军队内部的种种矛盾及德国军官与奥斯曼军官的关系。例如，青年土耳其党三巨头之一恩维尔因为桑德斯对奥斯曼军官在高加索战役指挥不当提出抗议，把桑德斯从第一军团司令调任第三军团司令，结果遭到后者的拒绝。

第六，德国在战争期间对奥斯曼帝国的过高期望。前者甚至希望后者征服英国控制下的埃及，使英国支配下的波斯独立，在高加索地区建立独立国家，并在可能的情况下从阿富汗入侵英属印度。这是完全不切实际的。

　　此外，书中也描述了战前在奥斯曼帝国，德国与英法等国家之间的关系。

　　总之，本书作为第一次世界大战中德国驻奥斯曼帝国高级军官的回忆录，对研究第一次世界大战的历史及协约国与同盟国之间的关系，奥斯曼帝国的政治、军事等都具有重要价值，对普通读者也是一部有意义的读物。

　　是为序。

黄民兴

2021 年 6 月 30 日

中译本译者翻译说明

本书在翻译过程中遇到不少地名问题。利曼·冯·桑德斯将军在写书时使用德语表达土耳其语和阿拉伯语地名。本书英文版在翻译时将这些奥斯曼帝国地名翻译成英语，但翻译过来的表述和今天常见的英文表述不同。笔者翻译时特将两种表达都标注出来，以便于读者进行学习研究。如对塔拉比亚、奥尔图、埃尔祖鲁姆等地名的翻译。

国内外学界对奥斯曼帝国有多种称谓，如奥斯曼帝国（Ottoman Empire）、奥斯曼土耳其（Ottoman Turkey）、土耳其帝国（Turkey Empire）、土耳其（Turkey）和鄂图曼。特别是西方国家长期用土耳其称呼奥斯曼帝国，称奥斯曼帝国民众为土耳其人。但是奥斯曼帝国皇族和上层人士称自己为"奥斯曼人"，"土耳其人"是对安纳托利亚地区说不同突厥语方言的下层农民的称谓。而在与奥斯曼帝国交往和互动的过程中，欧洲人称奥斯曼帝国为土耳其，将奥斯曼帝国国民称为"土耳其人"，这个"土耳其人"的称谓不是土耳其民族的含义，而是指奥斯曼帝国境内的所有穆斯林群体，包括阿拉伯人、库尔德人、阿尔巴尼亚人等。在西方人看来，土耳其人等同于穆斯林。从历史事实来看，奥斯曼帝国从 1299 年建国，到 1922 年正式灭亡。1922 年 11 月 1 日，素丹制被废除，奥斯曼帝国最后一任君主穆罕默德六世于 11 月 17 日离开土耳其。不同国家对奥斯曼帝国首都的称谓存在不同，自 1453 年奥斯曼帝国素丹穆罕默德二世率军攻占拜占庭帝国首都君士坦丁堡后，将君士坦丁堡改名为伊斯坦布尔，定为奥斯曼帝国的新都，但是欧洲国家仍用君士坦丁堡作为这座城市的称谓。

　　作者在写作本书时也在绝大多数章节中用"土耳其"一词作为当时的奥斯曼帝国的称谓，用"君士坦丁堡"一词作为奥斯曼帝国首都的称谓。笔者在翻译过程中，为方便读者理解便沿用了作者的用法。

英译本介绍

作为向大众读者推介的利曼·冯·桑德斯将军著作的第一部英文译本，美国海军学院相信它正在为那些可能对世界大战感兴趣的人提供参考。发生在土耳其的战争的大致情况已经众所周知，但土耳其领导人不得不面对的"战时分歧摩擦"却不那么为人所知。

土耳其战场是世界大战中有趣而且重要的一部分。作为一个战场，它的相对重要性引起了很多争议。本书将为学生们提供许多信息，并有助于他们针对"东线派"和"西线派"的相对优缺点问题形成正确的观点。

这本书反映了作者每天面对各种情况时的反应。因此，对于研究战争的学生们来说，这本书比战后写的书更有价值。读者将不断地被提醒在战场上的将军们所掌握的信息的缺乏，以及面临根据可用资源调整作战计划的困难。

该书揭示了土耳其交通通信线路的糟糕状况，还剖析了土耳其军官和士兵的性格，虽然指出了他们的缺点，但强调了土耳其人的坚韧和英雄主义。该书坦率地披露了在君士坦丁堡的土耳其高官们犯的错误，并且勇敢地揭示了作者本人犯的错误。

作者在停战后立即在马耳他着手整理写这本书所需的笔记，叙述的简要和坦率证明了作者的坦诚，他在这本书中无不记录着他对这场伟大斗争中对手的赞赏。感谢作者允许翻译和出版他的书。

土耳其语和阿拉伯语单词，尤其是后者总是很难给出正确的英语拼写，把它们从第三种语言翻译过来并不容易。在有关达达尼尔战役的章节中，

"达达尼尔"一词有两种或两种以上的拼写,以便其他书籍的读者在辨认名字时不会遇到困难。例如:Kabatepe（Gaba Tepe）、Saros（Xeros）、Kodjadere（Koja Dere）、Eltschitepe（Altchy Tepe）（Achi Baba）、Tschanake-Kale（Chanak）、Sedd-ulbar（Sedd el Bahr）、Besica（Bashika）、Sigindere（Zighin Dere）等。马尔马拉（Marmara）被采用,而不用马尔莫拉（Marmora）。

在有关巴勒斯坦战斗的章节中,这种难度更大,但读者在正确确定地点名称方面应该不会遇到困难,虽然在若干情况下同一词有两种拼法,有时是三种拼法。就像《沙漠起义》（*Revolt in the Desert*）的出版商一样我们同意劳伦斯的观点并说:"为什么不呢?"

这样,读者就会发现类似的表述:Tul Keram, Tulkern; Besan, Beisan; Kilkillje, Kalkilji, Kal Kiliyas; Jenin, Djenin; Alfuleh, Afule; Ed Damje, ed Damije; Scherif, Sherif; Kratranch, Kratraneh, Kratrane; Audja, Auja; Samach, Samakh, Semakh; Er Remte, Er Remtheh; EI Kunetra, El Kuneitra; 等等。

翻译和校对由已退休的美国陆军上校卡尔·莱兴曼（Carl Reichmann）完成。除了感谢他之外,还要感谢美国海军的 W. D. 普利斯顿（W. D. Puleston）上校、美国海军学院的艾伦·F. 威斯克（Allan F. Westcott）教授和梅耶·考克斯（Meyer Cox）先生。艾伦·F. 威斯克和梅耶·考克斯都是该学院的研究人员。

美国海军学院

美国马里兰州安纳波利斯

1927 年 6 月 15 日

英译本前言

我在马耳他非自愿逗留期间做了以下笔记。回到祖国后，我依据相关资料对笔记进行了补充。

我在土耳其服役的 5 年是艰苦奋斗的 5 年，不仅与第一次世界大战的敌人作斗争，而且还与那些不断努力削弱德国军事顾问团影响力的人作斗争。

在此，我向在那些艰难的日子里忠实支持我的德国和土耳其同仁表示感谢。

利曼·冯·桑德斯
1919 年 11 月

目　录

第一章　到土耳其的缘由

1913 年 6 月 15 日是庆祝德皇威廉二世登基 25 周年的日子。在这一天，我收到一则来自军事内阁（Military Cabinet）的电讯，询问我是否有意到土耳其担任德国驻上耳其军事顾问团团长。

我当时是德军中资历较深的师级军官之一，负责指挥驻扎在卡塞尔①（Cassel）的德军第二十二师。我已经在普鲁士军队中担任过多个职务，并在总参谋部工作多年。此外，我还在外交部门工作过多年，但我从来没有到过土耳其，也没有研究过土耳其事务。因此，这次询问完全出乎我的意料。电讯还附上一份由德国驻土耳其大使冯·万根海姆男爵（Freiherr von Wanggenheim）发来的电报，电报中罗列了这个新职务的主要工作目标和工作范围：

因为确信德国对土耳其的政策是友好的，土耳其大维齐尔请求我向土耳其素丹提出为土耳其军队派一名德国将军做顾问的想法。

内容细节还不清楚。

这个岗位的人对土耳其军队的所有技术问题有很大的决策权。这名将军必须能够领导其他在土耳其的德军军官，他将对土耳其军队持续和有益的改革负责。他的建议将被作为在将来一些战争中动员军队和采取行动的决策基础。

———————————

① 卡塞尔是德国东部城市。——译者注

这个职位当然需要有杰出军事才能、有军队总参谋部工作经历的人担任。由于土耳其军官们和总参谋部在最近的战争中遭遇失败，这个职位的最主要任务将是弥补他们的不足。

如果挑选的这名将军有在参谋部工作的经历并在军中作为参谋长取得过成功，那最令人满意。

此外，这名将军必须性格坚强并懂得如何取得成功。因为有冯·施特伦佩尔（von Strempel）对这个国家的熟知程度，是否懂得这个国家的语言并不是绝对必要的。

依我的判断，挑选这样一名德国将军将使那些认为德国改革者要对土耳其失败负责的人闭嘴。还将抑制英国在土耳其的影响。英国这时正寻求向土耳其派遣行政改革顾问团的机会。

一旦大维齐尔的请求被拒绝，土耳其政府可能会转而向其他大国求助。土耳其还有决心去打断当前已进行的不成熟的军事改革进程。

当前，这个要求迫切需要保密。

冯·万根海姆

由于这个任务很光荣，并且有广泛的施展空间，我毫不犹豫地答应了。

在和土耳其政府进行几个月的磋商之后，关于军事顾问团的协议在君士坦丁堡起草并被送往德国最高当局审批，1913 年 11 月被政府批准。我被德皇授权去签署这份协议。

根据协议，军事顾问团的任务被严格限定在土耳其军队改革上。协议内容很直白地显示了这一点。一些出版物和报纸宣称德国军事顾问团会去介入土耳其政治事务，这是完全错误的言论。

协议的签署当然会使外界产生猜疑，那是另一回事。向土耳其派遣军事顾问团很容易被认为是一个政治决议。因为这个决议是基于长期对土耳其的政策，可能产生更大的政治影响力。然而，这些和军事顾问团的工作毫无关系，顾问团的使命是帮助整顿土耳其军队。

根据协议，德国向土耳其派遣 42 名军官，他们中的大部分是校级和尉级军官。

1913 年 11 月结束时，德皇召见我，和我讨论了一些私人问题，他对我讲了下面的话：

> 无论是青年土耳其党①执政还是以前的土耳其人执政，这对你来说都不重要。你的工作只和陆军训练相关。你要推动土耳其军政分离。土耳其军队的最大问题在于他们过多参与政治活动。
>
> 在君士坦丁堡，你会遇到英国驻土耳其海军顾问团团长利姆普斯（Limpus）海军上将。要和他保持友好关系。他的工作是帮助土耳其训练海军，你的工作是整顿陆军。每个人都要专注于自己擅长的领域。

德皇要求我和土耳其的王储搞好关系，他还建议我通过邀请王储参加军事演习以唤起他对军事的兴趣。但德皇不知道的是土耳其王储不久后的结局很悲惨，甚至他再也不能按照自己的想法行事。出发前的 12 月 9 日，德皇在波茨坦的新皇宫接见了我和军事顾问团的第一批军官。他进行了简单的讲话，要求我们在世界面前维护德国人的荣誉，并将我们的工作限定在军事事务中。

12 月 14 日上午，我们到达君士坦丁堡。伴随着一阵轰鸣的军乐队演奏声，我们在锡尔凯吉（Sirkedji）火车站受到由一个团组成的礼炮队的欢迎。这支军队后来在达达尼尔战役中成为土耳其军队中的精锐。

在卓越的土耳其战争部部长伊泽特（Izzet）帕夏的带领下，很多土耳其军官以及之前被派往土耳其的德国军官来到车站迎接我。

我很了解伊泽特帕夏，他曾作为一名军官长期在德国卡塞尔的轻骑兵军

---

① 青年土耳其党又称"统一进步党"或"统一与进步委员会"。1894 年成立于伊斯坦布尔。最初领导人是阿麦德·李萨。1889 年 5 月，在首都医科学校的四名学生，建立了一个反专制统治的团体，取名奥斯曼同盟，后改名为同盟进步委员会，欧洲人称它为"青年土耳其党"。很快，许多青年学生、军官、知识分子和国外流亡者加入了该党。它代表资产阶级和自由派地主的利益，主张保持奥斯曼帝国的领土完整，反对专制制度，要求恢复 1876 年宪法。1908 年土耳其革命后控制奥斯曼帝国政局直到一战结束。——译者注

队中服役。根据总参谋部的指令，他后来被分配到我这边由我对他进行个人指导。我当时是一名参谋军官。

德国驻土耳其大使并没有作为代表参加欢迎仪式，这大大出乎我们的意料。我们不久后才意识到大使已经开始与军事顾问团保持距离，尽管派遣军事顾问团到土耳其的想法最早是由德国驻土耳其大使酝酿的。德国驻土耳其大使馆认为，如果公众把它与在国外引起如此骚动的军事顾问团联系起来，它在君士坦丁堡的处境就会变得更加困难。因此，它对这个德国新的权宜之计持有一定的保留态度。

我们被要求在 12 月 14 日开展工作，于是就陪着伊泽特帕夏来到战争部。我们的工作是在一个豪华的餐厅中以一杯淡淡的土耳其咖啡开始的。在接下来的几天里，素丹接待了我。由于他只会说土耳其语，我一句也听不懂。伊泽特帕夏在我们的会谈中充当翻译官，他仅仅向我翻译了一些素丹欢迎和表达友好的话。后来，我发现这位土耳其人统治者是一个非常友好和开明的慈善家。很少有外国人知道他在登上皇位前的 30 年人身自由受限，一直被限制在皇宫和宫廷花园中。这位谦逊的老绅士知识渊博和极富智慧，在判断上比人们通常认为的要独立得多。

土耳其首相是大维齐尔赛义德·哈利姆（Said Halim）亲王，他将亚洲大人物与现代外交官的特征相结合。像其他的部长一样，他能够说一口流利的法语，举止优雅。这个身材矮小、有活力的绅士显示他能机智地审视每一个人，并经常周密地控制青年土耳其党人的骄奢倾向。1917 年 2 月，他不得不辞去首相职务。很难理解为什么在 1919 年春，包括这位土耳其最高显贵在内的人被发配到穆德洛斯（Mudros）岛并遭到监禁。他为人谦和，绝对不冒犯别人。他还在战时多次出手保护在土耳其的敌国公民。

其他的土耳其部长中，塔拉特（Talaat）随后脱颖而出成为内政部部长。没有人能摆脱他富有同情心和迷人的个人魅力。

那时候，恩维尔还是一名陆军上校，在一个军中担任参谋长，当时正在医院养病。

杰马尔（Djemal）帕夏是当时土耳其的第三号政治人物，在到土耳其的第一周我就见到了他，当时我去和他完成驻扎在君士坦丁堡的土耳其军第一军指挥权的交接工作。虽然他看上去有点像朱塞佩·加里波第①，但毫无疑问，他既有过人的才智，又有坚定的态度。他给我的印象总是不愿向别人透露他的最终想法和目标。

第一军指挥权的交接是军事顾问团协议中已经规定好的条款。在 1913 年 10 月，当这个问题被考虑的时候，我提出了这个问题，因为它对我很有帮助，在这个国家的首都展示军事训练的规范，土耳其军官可以从中学到很多东西。

我从来没想过我承担军事指挥这个任务将会产生政治后果，因为没有一个军官或个人是在协议之外来到土耳其的。我已从前任的德国改革者那里了解到对土耳其军队进行彻底变革的困难，我还从其他渠道了解到土耳其的军事训练很大程度停留在理论层面，缺少实践。在做决定时，我完全基于德国原则，认为取得进步最快的方法是在训练军队时施加个人影响力。

在协议拟定并经土耳其政府完成草签后，德国外交部部长冯·贾戈（von Jagow）先生反复告诉我俄国政府对这件事充满疑虑。他建议我除履行军事顾问团团长的职责外，如果坚持要负责军队训练，就接管驻阿德里安堡的土耳其军第二军的指挥权。

这个建议是不切实际的，因为直到可以为进一步的工作做好准备之前，军事顾问团团长的工作地点应在君士坦丁堡，并且从君士坦丁堡到阿德里安

---

① 朱塞佩·加里波第（Giuseppe Garibaldi，1807 年 7 月 4 日～1882 年 6 月 2 日），意大利民族解放运动的领袖、军事家。他于 1833 年参加青年意大利党。1834 年起义失败，逃亡南美，参加巴西南部共和主义者起义和维护乌拉圭独立的战争。1848 年意大利独立战争爆发后，组织志愿军与奥地利军队作战。1858 年获少将衔。1860 年组织红衫军转战西西里和南意大利。1861 年意大利独立后，试图强攻教皇统治下的罗马，遭遇失败。1870 年协同政府军攻克罗马。普法战争期间，应邀赴法参战，组建"孚日兵团"。巴黎公社成立后，加里波第在缺席的情况下当选为国民自卫军总司令。1882 年在卡普雷拉岛病逝，享年 75 岁。
　　加里波第献身于意大利统一运动，亲自领导了许多军事战役，与加富尔、马志尼并称为意大利建国三杰。他通过一系列军事实践活动，获得了丰富的经验，被后人称为"现代游击战之父"。由于在南美洲及欧洲对军事冒险的贡献，加里波第也获得了"两个世界的英雄"的美称。——译者注

堡乘火车需要 12 小时。

我也不想在违反协议的情况下开展工作，但看起来是在俄国的施压下土耳其选择了让步。

在我今天看来，土耳其军队的重组因为第一军指挥权问题而受到影响。

然而，我只担任了几周的土耳其军第一军指挥官。

俄国驻土耳其大使冯·吉尔斯（von Giers）和英国及法国驻土耳其大使联合采取行动向大维齐尔施压。这些大使强调由一个德国将军在君士坦丁堡取得军事最高指挥权是难以接受的。赛义德·哈利姆亲王回复说军队指挥官的任命是土耳其本国的事务。

但是这些分歧没有得到解决。根据李希诺夫斯基亲王（Prince Lichnowsky）和爱德华·格雷（Edward Grey）① 在 1913 年 12 月的谈话内容，对德国将军指挥土耳其军队第一军这件事的强烈反应已经在圣彼得堡引起不安，这个消息也传到了英国。

这时，冯·万根海姆去休假了，他的顾问冯·穆提乌斯（von Mutius）已经接替了他的位置。由于冯·贾戈部长的来信，德国代理大使在圣诞节和新年之间再次敦促我辞去第一军指挥官的职务或去指挥第二军。

前者我不愿意，后者我不能去做。我通知德国代理大使，如果这是因为政治原因进行的屈服，那我想被召回德国。

作为对这些国家抗议的回应，德皇在 1914 年 1 月 4 日通过提拔我为骑兵将军。根据协议，我们在土耳其军队的军衔比我们在德国军队的军衔高一级，因此我被任命为土耳其元帅，同时放弃第一军的指挥权，将它交到土耳其人手中。同时，我被任命为土耳其陆军的监察长，但这没有什么特殊之处，因为作为军事顾问团团长，我有权力巡察土耳其的所有军队和要塞。

在我指挥第一军的几个星期里，其内部情况我已经了解，该军一点也不讨人喜欢，所有的军官都显得精神萎靡不振。

---

① 李希诺夫斯基亲王时任德国驻英国大使，爱德华·格雷时任英国外交大臣。——译者注

1914 年 1 月的一天，伊泽特帕夏没有出现在战争部办公楼，这里是军事顾问团所在地，他给我发消息说他病了。第二天早上我到他的官邸拜访他，才知道他已不得不辞职。我从内心为失去这样一位睿智和最可敬的同事感到遗憾。

下一个晚上，恩维尔来到我在战争部的办公室。我曾经在之前的一次德国军事演习中见到过他。他穿一身将军服，告知我他是新任的战争部部长。

素丹是在我之后才知道新任命战争部部长的消息的。那天早上，素丹坐在他的办公室正在看报纸。突然，他扔下报纸对着他仅有的一名助理说道："据说恩维尔已经成为战争部部长。这是不可想象的，他太年轻了。"

这是当值的副官告诉我的消息，他是该事情的唯一见证者。

几个小时后，恩维尔以战争部部长和将军的身份向素丹述职。

恩维尔开始以战争部部长的职务开展工作，他军队中的同僚们抱怨恩维尔几乎不知道他们，并且变得不好相处。1914 年春，恩维尔娶了一位不是很富有的公主，但他的生活很快变得奢华。

恩维尔取得高位的方式显示出，与全能的统一与进步委员会相比，素丹处于绝对无权的地位。

对于我来说该委员会曾是一个神秘的存在。除了成员中的几个广为人知的领袖人物之外，我从来不知道它有多少个成员。我凭经验知道要采取措施对付属于该委员会的军官完全是徒劳的。

恩维尔上任后的第一步就是对属于他政敌的土耳其军官们采取严厉行动。

1914 年 1 月，有 1100 名军官突然被遣散。

依照协议规定的条款，我被咨询关于如何补充这些高级军官的事宜。除非我知道被提名者，否则这个工作不会取得效果。在通常的情况下，我想至少应该告知我一下每个人的情况。

于是，我问恩维尔遣散这么多军官的理由，他回答说，他们都是在巴尔干战争中战败的军官，不是无能就是太老了。这是没有事实根据的说法。

不久后得知有几个军官被关在战争部地下室的地窖中。恩维尔害怕他们发动反对他的行动。

军事顾问团当然不会被告知这些行动。很遗憾的是，军事顾问团开始面临一次军事政治危机。这样，那些不知道内情，只能从外部判断这些事情的人推测军事顾问团在某种程度上参与了这次监禁事件。

各省逮捕军官的行动也在进行。在那些日子里，我收到一名土耳其军队中校写的一封信，我并不认识他。他是阿拉伯人，被囚禁在小亚细亚。他通过一个秘密团体寄出了这封信。他说他是在自己的办公室被恩维尔下令逮捕并直接下狱，逮捕时没有说他犯了什么罪。他害怕自己可能就这样消失，迫切哀求我帮助他。

我把这封信当面交给恩维尔，要求了解情况。他显得有些难堪，宣布将会彻查这一事件。德国大使收到这封信后，他对我处理这件事的方式感到诧异。无论如何，我成功地推动当局按法律流程对这名军官进行审讯。

此后不久，恩维尔废除了最高战争委员会（Superior War Council），直到废除前该委员会一直是土耳其军队的常设机构。在军事顾问团的协议中，明确规定我是最高战争委员会的一名正式成员，但不管是别人还是我都没有被正式告知要废除这一军队最高机构。

不久，恩维尔和我之间有了不少摩擦，因为我们在界定我的权力和职责的问题上看法和分歧太大。我只陈述引起争论的一个方面。我巡视驻扎在乔尔卢①（Tschorlu）的土军第八师，发现他们的生活条件极其糟糕。军官们已经6~8个月没有发过薪水，他们和其家人被迫依靠部队的伙食维持生计。该师士兵已经多年没有领过工资，普遍营养不良，衣着破旧。被派往该城火车站充当仪仗队的连队中，相当一部分的人只能穿破鞋，其他的人基本赤脚。师长说他不能在该师开展大量的训练，因为这些士兵身体虚弱，不能穿着这些破鞋行军。我把发现的情况写信通知恩维尔，要求他尽快采取补救行动。恩维尔于是开除了该师师长阿里·里萨贝伊上校。在知道这件事后，我去找恩维尔，告诉他如果向我告知真相的军官被解雇，我在土耳其的任何军事活动都不可能

---

① 乔尔卢，位于今天的土耳其欧洲部分的一个城市，土耳其语名为Çorlu。——译者注

开展。经过后来或多或少的谈话，恩维尔恢复了这个师长的职务。后来，阿里·里萨贝伊在第一次世界大战中表现优异，在 1918 年秋成为军团司令。

他们还用其他的方法欺骗我。督察官说，当我到部队检查时新衣服被发给这些军队，当我离开时，这些衣服又被收回。当发现我在一遍又一遍检查到同样的军服时，我在合理的情况下尽可能简短地告知他们我的检查情况。分发给士兵们的衣服也被交换以应付检查。生病的、虚弱的、没有受过良好训练的士兵都被隐藏起来，这样德国将军就不会看到军队内部有什么丑陋或令人产生抱怨的、不愉快的事情了。

在那些日子里，军队内部的一切服务都很差。军官们平时也没有留意和管理他们士兵的生活。在许多部队，士兵们身上都有各种寄生虫。军营里没有洗澡设施。房间的正常通风是未知的。烹饪的安排是可以想象得到的最原始的，而且不受管制的，在清洁方面还有很多需要改进的地方。当土耳其第三师的德国指挥官尼克莱中校在赛利姆杰（Selimie）兵营意外发现大量没拆封的军用物资时，我正考虑从德国订购一批军用厨具设备。五年前，德国已经把这些物资作为礼物送给土耳其人。但是战争部没有下达具体的拆包命令就把它交给了军队，所以这些物资被封存了五年。

骑兵的战马情况非常糟糕，它们中的很大一部分还在忍受着巴尔干战争中染上的疾病。马鞍、马具无人看管，处于无人照应的状态。军队的服装间空无一人，许多大型公共军事建筑的内部是空的，每一个到君士坦丁堡来的人都知道这些建筑，它们以其优越的位置和宏伟的规模而受到人们的赞赏。现在它们周围堆满了垃圾，给人一种凄凉的印象。

在第一次世界大战之前，恩维尔最大的功绩之一就是作为战争部部长，他毫无保留、竭尽全力地支持一切他认为是正确的建议。任何一位公正的评论家必须承认这一点。起初，每当我们提出改变和改进的建议时，指挥官总是回答说没有经费。那是一个最好的借口。事实是与其说是缺乏资金，不如说是缺乏保持秩序、注重卫生和勤于工作的意识。

在那些日子里，土耳其人不喜欢被德国军官叫去努力工作，并利用各种借口试图延长他们无趣的存在。根据他们内心的想法，大部分年长的土耳其军官认为这些高级军官和官员像我们所做的那样强烈干涉细节问题是不恰当的。

然而，我们的激烈行动是必不可少的，它为今后的工作奠定了基础，我们逐渐得到越来越多土耳其军官们的有效支持。

在所有的土耳其军校，包括总参谋部学院。当时盛行的是理论教学，实地军事演习被忽视。总参谋部官员和高级部队指挥官缺乏实战训练和实战判断能力。因此，我们在每一个地方都做了改变，重开局面。

土耳其所有军队医院的情况都令人担忧，肮脏和各种想象不到的臭味使拥挤不堪的病房卫生状况堪忧，几乎无法忍受。内部和外部的病人杂乱地躺在一起，当病房只有一张床的时候，他们常常躺在同一张床上。在很多情况下，病人密集地躺在走廊里，有的躺在床垫上，有的躺在毯子上。由于缺乏适当的治疗，这些消瘦的士兵每天都面临死亡的威胁。在视察这些医院时，我对这种情况表示愤慨。我把这些负责军队医疗的军医官报给战争部要求惩罚这些人，他们努力整改，防止我以其他方式提出更多的申诉。现在我有时会发现医院里有好几个房间是锁着的，引导我的医生会告诉我钥匙丢了。当我不再接受这个借口，坚持让人打开这些房间时，我发现这些黑暗的房间里都是重病患者和垂死的病人，他们是为了瞒着我。

土耳其军医官们的教育——就其在土耳其完成的情况而言——与我们过去习惯的教育完全不同。大多数军医每天都粗心地对病人进行检查，并无限制地开药方。当只有一个体温计要为 300 个病人量体温时，我们必须感到知足。很少有医务人员能够读写和使用体温计，通常只有生病的军官才能使用体温计。对于普通士兵来说，这是不值得的。责任感、不分身份地为国家服务的奉献精神对这些绅士们中的大多数人来说都是陌生的，他们习惯了被监督和监视，也需要这种监督。

军事顾问团的高级医疗官员迈耶（Mayer）教授是一个精力充沛的人，他很快对土耳其军队医院服务进行了彻底改进。在第一次世界大战期间，土耳其军队医院完全符合要求，这首先归功于他。说到这里，我不希望被理解为是弱化苏莱曼·纽曼（Suleiman Numan）帕夏的成绩，他受过高等教育，是土耳其军队医疗服务中的精英。

军事顾问团在各军中的积极行动使很多人对我们充满敌意，这是不可避免的。另外，许多有判断力的人认识到，我们正在改变巴尔干战争后军队的衰落局面。

第二章　利姆普斯将军与鲍曼将军：
君士坦丁堡的军官外交团

德国军事顾问团到达君士坦丁堡时，利姆普斯将军率领的英国海军顾问团已经来到君士坦丁堡有一段时间了。我无法判断对他们的批评是有道理的还是基于诽谤。在东方，任何诽谤都是可能的，谣言能迅速从一个人的嘴里传到另一个人的嘴里。

由于德国军事顾问团的活动仅限于陆军，与活动仅限于海军的英国海军顾问团没有重要的接触点，双方没有产生摩擦。此外，我为几次土耳其海陆军联合演习提供过建议，这些建议没有被采纳。1914 年 6 月，土耳其和希腊之间的紧张局势升级，恩维尔召开了一次会议，德国军事顾问团和英国海军顾问团的成员都参加了会议。

除了利姆普斯海军上将外，高级别的外国军官中还有法国将军鲍曼，他掌管着整个土耳其的警察。根据与德国军事顾问团签订的协议，没有我的批准，外国军官不能被任命到军队。因此，我们应该对鲍曼将军和许多为土耳其警察服务的外国军官有一些了解。警察机构由 8 万多名精选部队成员组成。为了防止冲突，土耳其外交部找到了一个办法，在军事顾问团到达后几天，将所有警察与战争部分开，并将其置于内务部之下管理。我与鲍曼将军的私人关系始终很好。

1913 年 12 月，我来到君士坦丁堡时，奥匈帝国驻土耳其大使帕拉维契尼侯爵（Marquis Pallavicini）是当时欧洲国家驻土耳其首都君士坦丁堡的外交使团①（Diplomatic Corps）团长。1918 年 11 月第一次世界大战停战协定②签订后，我从叙利亚返回德国，他仍然担任这个职务。帕拉维契尼侯爵担任奥匈帝国驻土耳其大使 12 年，深受土耳其人的尊敬和信任。作为一个老派的外交家，他给那些不了解他的人留下了完全无恶意的印象。每一条重要的新闻对他来说都是一个惊喜，尽管没有人比他更了解或者对土耳其混乱的政治有更强的洞察力。

帕拉维契尼侯爵的人脉关系遍及各地，他不像其他外交官那样局限于听取少数政治人员的报告，他并不是德皇所认为的悲观主义者，他很早就对土耳其的政治和军事发展做出了正确的判断，并预见了他们将采取的合理路线，很多人坚信他是一位具有远见卓识的外交家，在战争期间，他为人们提供了广泛的关怀。

我在土耳其服役的 5 年里，有 5 位德国人连续在那里担任德国驻土耳其大使，第一个是冯·万根海姆男爵，他去世于 1915 年晚秋，被安葬在塔拉比亚③（Therapia）的荣誉公墓。正是他发起并促成了德国派遣军事顾问团到土耳其的请求，以及后来德国与土耳其的联盟。他是个精力充沛、冲动的人，知道怎样在土耳其达到目的。然而，我认为，他对土耳其国内情况的看法过于乐观，他对青年土耳其党迅速恢复秩序的前景的估计也过于乐观。

1915 年夏天，冯·万根海姆患病和缺席期间，霍恩洛厄亲王（Prince Hohenlohe）担任大使，直到沃尔夫 - 梅特涅伯爵（Count Wolf-Metternich）被召到此接替这个重要的职位。这位非常睿智和拥有远见卓识的外交家，在土耳其人看来似乎有些保守。一年多后，他因为德国人在君士坦丁堡策划的

---

① 外交使团是各国首都的不同国家外交官组成的团体。——译者注

② 第一次世界大战停战协定指《摩德洛斯停战协定》。土耳其战败后，1918 年 10 月 30 日，在利姆诺斯（Lemnos）岛摩德洛斯（Mudros）港英国军舰上与协约国签订的停战协定。根据协定，土耳其保证开放两海峡，让协约国舰艇进入黑海。土耳其全部舰艇交给协约国，陆军复员，全部武器弹药和军事装备交给协约国。协约国军队有权占领土耳其任何战略要地并对其铁路实行监督。协定签订后，叙利亚 - 巴勒斯坦战线和美索不达米亚战线停止了军事行动。——译者注

③ 塔拉比亚（Therapia），也称为 Tarabya，现为土耳其伊斯坦布尔市的一个居民区。——译者注

一次阴谋事件被召回。1916 年秋天，恩维尔与驻土耳其使馆和土耳其总参谋部的一些德国军官一起访问了普莱斯的德军司令部，表示在没有土耳其政府指示的情况下更换大使的想法。沃尔夫－梅特涅伯爵的后继者冯·库尔曼（von Kuhlmann）从小就了解土耳其，包括对土耳其人的心理有充分的了解。

冯·库尔曼成为所谓的德国人阴谋论的目标，如果不是他被召回国内担任外交部部长，这些针对在土耳其的德国人的阴谋论可能会取得另一个成功。在追踪德国人在土耳其的阴谋诡计时，总要追踪同一些人。他们的名字在君士坦丁堡人人都知道，但没有人知道他们长期居住在君士坦丁堡。他们控制着与德国当局的电话和电报联系，必要时他们会受到恩维尔的保护。

我把这种对最高责任官员和在国外服役的官员的指责和轻蔑批评称为"阴谋"，因为它包括在有关各方不知情的情况下向国内发送秘密报告。此外，告密者的地位远低于他们所批评的人。为了保护其最高职位的官员，德国政府和军方应该给予官员们无限的信任，政府和军方要根据自身的判断行事，排除告密者的影响。

1917 年秋，伯恩斯托夫伯爵（Count Bernstorff）接替了冯·库尔曼的职位，在停战协定签订时，伯恩斯托夫伯爵仍然在位。

显然，这种不断的变化，特别是在土耳其这样的国家，做出正确判断存在着巨大的困难，必然对事业有害。

在战争期间，大使们可能会遇到额外的困难，因为陆军武官和海军武官在报告中各执一词。

除了聪明机智的陆军武官冯·莱比锡（von Leipzig，1915 年 6 月，他在从达达尼尔海峡返回途中不幸丧生）上校外，告密者对土耳其和德国造成了很大的伤害，由于他们向本国当局的报告，以及在土耳其总参谋部的个别德国军官的报告，人们对土耳其的军事能力产生了完全错误的看法。

这些绅士们除了随恩维尔快速检查部队之外，对新土耳其军队的其他内部情况一无所知，尤其是军官们的不稳定情况一无所知。

德国陆军有时从七个不同的渠道收到军事报告，这些报告必然会有矛盾之处。因此，德国陆军指挥在面对更紧急的任务时被干扰太多，并不能总是做出正确的决定。在我 1917 年 11 月访问德国总参谋部的时候，鲁登道夫①将军自己也承认面临这些困难。

由于德国已经在土耳其建立了一个庞大的军事顾问团，拥有广泛的军事权力，它本来可以做得更好，从一开始就把它作为所有军事报告的发布中心，分布在整个帝国各地并在土耳其军队中工作的军事顾问团军官毫无疑问比陆军和海军武官的告密者更能根据他们自身的经验和观点提供更有针对性的报告。

对德国中央当局可能具有巨大价值的军事报告的统一性是无法得到保证的。向掌握最终决定权的最高当局提交的最可靠的报告，将永远是那些由对这些行为负有责任的人提出的报告。一些非相关的顾问和官方人士直接提出的任何报告都带有严重的危险，因为归根到底他们不能对报告的准确性负责，他们可能受到个人观点的影响，报告的准确性难以核实。像我们在土耳其所做的那样，一个多方面的报告制度必然会引起仇恨，在这种仇恨下，伟大的共同目标必然受到损害。

以上的批评是由长达 5 年的一连串事实所支持的，最好将它们公布于众，以便我们可以从过去中吸取教训。

我们今后在国外开展工作的首要条件是德国人在不怕承担责任、精力充沛的代表领导下进行自觉和统一的合作，但他们必须保证在国内得到支持。我相信，在这一点上，我们有很多东西可以向其他国家学习。

很明显在战前，德国军事顾问团的官员与协约国大使馆的关系不可能变得亲密，但他们的工作自始至终都合乎礼节。例如，在 1914 年 6 月英国国王生日那天，我们许多人出席了英国大使馆的招待会并表达我们的祝贺。

---

① 全称埃里希·冯·鲁登道夫（1865 年 4 月 9 日～1937 年 12 月 20 日，Erich von Ludendorff），德国陆军将领。毕业于士官学校。1908 年任陆军总参谋部处长，在总参谋长小毛奇的领导下对修改施里芬计划（该计划的核心是：不惜破坏比利时的中立，从侧翼包抄法国，并一举击溃之）曾起到重要作用。1913 年调任步兵团团长。1914 年第一次世界大战爆发后，他被调往东线任第八集团军参谋长，从此成为兴登堡将军的得力副手。——译者注

俄罗斯大使冯·吉尔斯也放弃了他的反对意见，因为土耳其陆军第一军团的指挥权又回到土耳其人手中。

1914 年 8 月，意大利拒绝积极参与三国同盟。此后，意大利大使加罗尼侯爵（Marquis Garroni）仍对德国怀有好感。

在金角湾，我和美国驻土耳其大使摩根索（Morgenthau）先生以及之后继任大使埃尔库斯（Eilkus）先生只进行简单的社会交往。他们的妻子用很多财富做了大量的慈善工作，这使她们获得了土耳其人的好感和拥护。

在一战爆发前后，我们的许多军官经常出入荷兰驻土耳其大使、瑞典驻土耳其大使和保加利亚驻土耳其大使的住所。

第三章　世界大战前的军事顾问团

当恩维尔成为战争部部长后，他立即任命自己为土耳其总参谋长，他表示这是为了消除战争部部长和总参谋长之间无休止的冲突。

恩维尔向我要求让冯·布朗萨特（von Bronsart）上校担任总参谋长的助手，尽管我并没有立即答应，但我不得不答应他的要求。土耳其军队总参谋部的大多数重要职位仍然掌握在土耳其军官手中，这和军事顾问团的协议要求是一致的。

德国总参谋部军官将担任顾问和教官，指导土耳其总参谋部军官执行各种任务，以期他们能够独立地为其军队服务。

协议没有规定军事顾问团要长期留驻土耳其，因此，训练土耳其军官以便他们后来能独立工作是我们的首要目标。

一战开始后，德国最初提供的军官的人数在某些情况下必须超过协议要求的数量，因为必须迅速将完成训练的军官派往总参谋部最重要的职位和特殊的部队中去。但由于在土耳其总参谋部、土耳其军队和交通运输领域使用了太多的德国军官，这些扩展的限制后来被进一步突破。

德国军官不熟悉土耳其当地语言，对这个国家和民众的了解也很少，他们决不应该在面对陌生情况时承担如此多的责任。

这样做出现不良后果是必然的。在土军总司令部，许多重要职位上的土军总参谋部军官被撤职，导致这些军官的不满，有时是消极的反对，最后直接导致他们向德国军官隐瞒了许多土耳其事务。

德土合作的缺失导致土耳其人对此十分不满。最后，当战败时，土耳其人认为德国军官在许多事情上负有责任，而他们实际在这些事情上没有任何责任。

恩维尔既没有经验、判断力，也没有受过训练，无法妥善解决与德国合作的这些重要问题。他充分认识到德国军官工作的价值，但后来他未能认识到在他的军队中应该对德国军官的职责加以限制，因为不同的宗教、语言和内部组织需要特殊考虑。

在达达尼尔战役开始之前，恩维尔就开始放弃我的建议，而且越来越多的德国军官加入了他的队伍。

对这一事实的陈述对于充分理解后面将要讨论的事件是必要的。1914年上半年，在战争之前，德国军官的数量不仅达到协议中规定数量的42名，甚至不得不增加到70名，因为军队的组织工作不断增加驻守在各省份军官和军队的负担。尽管如此，对土耳其这样一支庞大的军队进行重组，这一数字仍不算大。

然而，这里应该指出的是，在战争快结束时，军事顾问团处理了在土耳其的800多名德国军官、医务人员和官员的私人文件。考虑到以前在第一次世界大战中损失的许多军官，很容易理解的是在这么多的军官中，肯定有一些不适合去国外工作。

除了在土耳其各军总部工作以及1914年上半年与土耳其军队合作的德国军官外，值得一提的是，君士坦丁堡的步兵学院、野战炮兵学院和海岸炮兵学院以及阿亚扎阿①（Ajas Agar）的骑兵士官学校都由德国人担任指挥和教官。他们的业务得到拓展，还建立一所军官骑术学校和一所火车教学学校。

在我的指挥下，土耳其军队计划于1914年9月初在加里波利和罗多斯托②（Rodosto）之间进行一次大规模的登陆演习作战。完成这些演习后，我还计划在小亚细亚西海岸进行一次大的参谋部巡行。

世界大战已经开始了。土耳其起初选择中立，但也进行了战争动员。

---

① 阿亚扎阿土耳其语名为 Ayazağa，位于伊斯坦布尔市城区。——译者注
② 罗多斯托，又名泰基尔达（Tekirdag），位于伊斯坦布尔附近。——译者注

第四章 土耳其在世界大战初期的中立

在 1914 年 8 月 1 日的晚上，我应邀前往德国在君士坦丁堡塔拉比亚的大使馆。在那里，我遇到了大使冯·万根海姆和恩维尔，他们告诉我，他们正在考虑在德国和土耳其之间建立秘密联盟的计划，并请我就在土耳其一旦参战时如何派遣军事顾问团的问题上提供意见。我请诸位注意军事任务协议中的规定，规定在德国卷入欧洲战争时召回德国军官。大使回答说，他们只是在考虑把我们留在土耳其的问题。

如果军事顾问团被命令留在土耳其，而土耳其加入战争，我建议德国军官被分配到能真正影响战争进程的职位。

同盟条约中有关军事顾问团的部分立即被译成法文，军事顾问团得到保证"对军队的总体情况能够进行有效了解"。

我没有被告知计划中的同盟条约的任何其他细节。9 月初，我以书面形式要求大使提供这些细节，但在 9 月 5 日的一份函件中，冯·万根海姆拒绝了我的要求。我特别提到这是军事顾问团不知道政治决定的最好的证明。

那天晚上，我早早地与大使和恩维尔分开。恩维尔当时告诉我，如果土耳其参战，他将担任副总司令，并问我是否愿意担任他的参谋长，我拒绝了他，我更喜欢指挥军队。

关于土耳其参战或保持中立的最矛盾的谣言现在开始流传。军事顾问团没有从土耳其或德国方面收到关于谈判情况的正式资料。随着国内战争的开始，德国军官的处境最为艰难。几天后，有消息称土耳其将保持中立。

然后，8 月 11 日，我给德皇发了一封电报，请他审阅所提到的协议条款，并要求立即召回所有在土耳其的德国军官，回到本国军队中去。

8 月 22 日，我收到一封来自德皇的电报。根据德皇在电报中的要求，目前我们将留在土耳其，我们不应该遭受任何不利的影响，我们在这里的服务将被视为和德国军队在战场上一样。

我立刻把德国军官叫到一起，当他们得知这个决定时都很沮丧。大家都相信这场战争不会持续很久，战争将在没有他们参加的情况下进行。当时几乎没有人指望土耳其会参战，大多数土耳其部长都支持中立。

9 月，我又一次试图召回所有德国官员，并从军事内阁首脑那里收到一封电报，开头是这样写的：

> 德皇再次嘱咐我提醒阁下，阁下应当把您目前的职务当作任何其他战时的职务来考虑。这是陛下的命令，阁下必须放弃任何与陛下批准的帝国大使的政策相背离的意见。

与巴尔干战争相比，土耳其 1914 年的动员工作很轻松就完成了。这是由于军事顾问团同土耳其总参谋部官员合作拟订的动员条例，其中只规定了一般规则，而回避了一些细节，这些细节只会造成混乱，因为庞大的土耳其帝国各地的情况各不相同。这次时间并不紧迫，动员只是一项预防措施。这对军队的战时训练很有好处，现在可以在有足够战斗力的部队中进行训练。现役军官和动员起来的军官们都学会了指挥方法以及领导全员。

当时，土耳其军队的训练一直严重受限于兵力不足。的确，驻扎在君士坦丁堡的土耳其第一军部队，经常向外国观众开放，其兵力正常。但各省的兵力，特别是步兵部队的兵力，变化很大。1914 年夏天，我发现步兵连的值勤人数不超过 20 人。

土耳其总司令部在动员时，早在 8 月就下达了组建几支军队的命令。我被任命为第一军团的指挥官，司令部设在君士坦丁堡，由 5 个军组成，分别位于君士坦丁堡及其附近、色雷斯、达达尼尔海峡、班德尔马及其以南地区。驻扎在阿勒颇的第六军逐渐转移到圣斯特凡诺（San Stefano）附近。

海军部部长杰马尔帕夏受命指挥第二军团，司令部设在君士坦丁堡。它由被派往亚洲一侧驻扎的两个军组成。第三军团在高加索以西地区组建，军部设在埃尔祖鲁姆附近。

军队这样驻防是合理的。然而，应该指出的是在战争期间，土耳其名义上组编了九个军团，这很不合理。后来出现的情况是，土耳其的军队从账面上看数量众多、人员齐全，但实际上是空头军队。真实的例子是1917年的第一军团，除了一些替换人员和民兵外，几乎没有完整的步兵团；1918年第二军团的步兵也只有七个营。1918年，巴勒斯坦前线所谓的三个军团中，没有一个的战斗人数能与战争开始时一个土耳其步兵师的人数相比。

后来的这么多军团的组建完全是装腔作势，但这导致发布命令变得困难，而且确实对作战有不利影响。根据土耳其的惯例，众多参谋人员以及他们的训练需要大量的军官、人员和马匹，而这些本来可以在前线发挥更大的作用。

虽然作为军事顾问团团长，我本应在这些问题上发表意见，但我无法对土耳其总参谋部的这些决定施加任何影响。

8月下旬，当"戈本"号和"布雷斯劳"号在港口停留了一段时间后，在恩维尔的办公室举行了一次军事会议，德国大使参加了会议，他是乘坐"戈本"号来的，还有陆军和海军武官、恩维尔的参谋长和其他高级官员，包括我自己。他们正在考虑一旦土耳其参战，对苏伊士运河采取行动是否可取的问题。海军代表们热烈支持这一举措。鉴于当时德奥前线的形势，我认为土耳其军队在敖德萨和阿克曼①（Ackermann）之间的登陆计划更为合适，因为这样可以减轻奥地利南翼的压力。

鉴于对俄国黑海舰队作战效率估计偏低，以及在敖德萨地区驻扎的训练有素的俄国部队很少，如果迅速大胆地对该地区采取军事行动，这样的

---

①　阿克曼是乌克兰黑海沿岸的一座要塞城市，位于敖德萨附近。——译者注

行动在技术上是可行的。当然，俄国舰队必须首先被击败，以确保登陆后军队的补给。根据威廉·安东·苏雄①上将以前的积极声明，这很可能在"戈本"号和"布雷斯劳"号的帮助下完成。

没有人同意我的建议，所有人都相信对埃及的迅速袭击会产生巨大影响。我当时和后来都不明白，人们怎么会认为以土耳其人有限的手段和非常糟糕的交通运输征服埃及是可能的。由于掌握了制海权，英国人可以在任何时候迅速地将大批军队从印度、海外殖民地或本土运到埃及。

英国在苏伊士运河上的阵地配备了各种现代化武器。运河两岸有四条铁路，充足的车辆可以及时到达并集合在受威胁的地点。运河沿岸的远程大炮、英国军舰上的大炮和运河上漂浮的炮台上的大炮威力巨大，火力能够覆盖到平坦的沙漠深处。

苏伊士运河的安全对英国的重要性，克罗默勋爵（Lord Cromer）曾在其著名的备忘录中解释过，当时正在讨论塞浦路斯的割让问题。他解释说，因为印度在大英帝国中的重要地位，英国政府非常重视苏伊士运河的安全问题，占有运河两岸是不可或缺的，最低要求是控制埃及和从亚喀巴湾到阿里什（El Arish）之间的西奈半岛。考虑到这些军事政治原则，沉溺于军事幻想的想法将是愚蠢的。

当英国人已经进入并以埃及为基地的时候，一支土耳其远征队只能通过穿越西奈沙漠②到达运河，这至少需要行军 7 天。因为这样行动，人和马匹的行军用水必须和炮弹一样由骆驼运过沙漠。

这样的行动可能会带来意外的惊喜，并因此获得暂时的成功，但它永远不可能产生决定性影响，任何远征军除非有强大的力量，否则穿过运河将面临被消灭的危险。但首先的问题是，土耳其完全没有充分的交通运输保障，

---

① 威廉·安东·苏雄（Wilhelm Anton Souchon）（1864 年 6 月 2 日~1946 年 1 月 13 日），是第一次世界大战中德国和奥斯曼帝国的海军上将，在战争初期指挥凯泽里什海军陆战队的地中海中队。他的主动使他成为对奥斯曼帝国加入第一次世界大战影响最大的人之一。——译者注

② 西奈沙漠，位于今天埃及西奈半岛，被贝都因人称为流动的沙漠。——译者注

怎么能在一个针对埃及的军事基地集结一支强大的军队，并继续向埃及提供补给呢？在我看来，国内对于征服埃及的可能性肯定有一些模糊的想法。英国这个所谓的致命地点显然是德国发动的一场恶作剧的主题，海军也并非没有参与其中，尽管有理由说，海军完全不了解在土耳其亚洲领土上进行陆上军事冒险的条件。

德国最高当局立即收到我提不同意见的报告，这与当局的主流意见不同，因为在埃及战役中取得成功的可能性不大，我认为其他行动更合适。结果，9月17日帝国总理通过德国驻土耳其大使指示我搁置我的观点，9月17日我直接收到了电报，德国陆军参谋长的在电报中指示：

> 为了共同的利益，针对埃及的行动非常重要。因此，阁下应服从这一意见，尽管你对土耳其提出的行动可能有异议。

为了客观理解土耳其的铁路交通线路状况，有必要在这里插入几句关于战争期间土耳其铁路状况的话。

所谓的东线，也就是连接君士坦丁堡和欧洲的唯一铁路线，经过巴尔干战争的摧残已完全被阻断。① 当时，最后一次修理工作是在巴尔干战争前几个月和战争期间进行的，它使铁路能够满足最紧迫的要求。由于沿途坡度陡峭，这条单轨铁路运输能力受到很大限制。

土耳其的另一条铁路——安纳托利亚到巴格达的铁路，是君士坦丁堡与

---

① 巴尔干战争：1912～1913年在南欧巴尔干半岛上先后爆发的第一次巴尔干战争和第二次巴尔干战争。第一次巴尔干战争的对战双方是巴尔干同盟与奥斯曼帝国，结果奥斯曼帝国战败，其在巴尔干半岛上的土地除伊斯坦布尔附近的一小块之外，全部割让给同盟四国，同时阿尔巴尼亚独立。其后由于战后利益分配上的问题，又很快爆发了第二次巴尔干战争，这次的交战双方分别是保加利亚王国与希腊王国、塞尔维亚王国、黑山王国、罗马尼亚王国和奥斯曼帝国联军。结果保加利亚战败，签订《布加勒斯特条约》，保加利亚割让了大片土地，奥斯曼帝国乘机收复旧都埃迪尔内（亦称阿德里安堡）。塞尔维亚经过这次战争，变得更加强大，这引起奥匈帝国的不安，两国间的敌视成为后来第一次世界大战的导火索。保加利亚由于被巴尔干邻国击败，因而寻机复仇，第一次世界大战时加入同盟国。——译者注

帝国内部和外围之间唯一有效的交通线路，受到德国和瑞士的影响。这条铁
路修建中，有两个人影响力颇大，他们在土耳其居住了许多年，对这个国家
了如指掌。他们是铁路的董事，其中一人是胡格宁（Huguenin），另一人是
他的私人顾问甘瑟（Guntner）。必须承认，在人的力量范围内，当然在土耳
其的条件下，没有什么是可以完成的，铁路的指挥和管理一团糟。当然，这
条单轨铁路的效率无法与我们伟大的欧洲铁路相比。机车头和机车车辆的供
应完全不足。这是由于托罗斯山脉①（Taurus Mountains）隧道这条与叙利
亚、巴勒斯坦和美索不达米亚的重要通道在战争之前没有完成，直到1918
年9月底土耳其军事崩溃时才完成。因此，在1918年10月之前，没有火车
可以一直开到阿勒颇，必须在火车的终点托罗斯山脉隧道以北卸货，货物被
转移到马车、骆驼和卡车上，以便越过山脉运输。后来，当隧道穿山而过
时，尽管只是用小断面，人们还是建了一条没有铁轨的线路。火车开来时，
把货物从列车转移到转运车上过隧道后再转到列车上。为了使用铁路，人们
在托罗斯山脉隧道南边也做着类似的工作。

在托罗斯山脉南北部分之间平均分配车辆是不可能的，就像一开始在阿
曼山脉②（Amanus Mountains）存在的困难一样，但这些困难很快就被克
服了。

整个战争期间，阿勒颇以南到叙利亚、巴勒斯坦和希贾兹③的铁路线从
未达到一个真正运行的状态。它们不能有系统地扩大，以满足日益增加的需
求，也没有做出足够的改进使它们能够承受繁忙的交通，到处都缺少火车。
在里亚各④（Rajak），轨距改变了，再加上机车燃料短缺的问题从未停止
过，君士坦丁堡的煤炭供应要么根本没有，要么数量不足。在一个如此缺乏

---

① 托罗斯山脉，土耳其南部的山脉，位于今天的土耳其和叙利亚边境地带。——译者注
② 阿曼山脉，位于今天的叙利亚境内，南北走向，山脉以东是两河流域。——译者注
③ 希贾兹：又名汉志，阿拉伯半岛人文地理名称。位于今天的沙特阿拉伯王国西部沿海地带。
　因其辖区有伊斯兰发祥地麦加和麦地那而闻名于世。汉志地区是伊斯兰教和早期伊斯兰文
　化的发祥地，境内有麦加和麦地那那两座伊斯兰圣城。麦地那城内有先知穆罕默德陵墓，城
　外有传说中哈娃（夏娃）的墓冢。——译者注
④ 里亚各，当前通用 Rayak 这个词，位于今大的黎巴嫩贝卡省。——译者注

森林的国家，木材的采购也遇到了很大困难。

毫无疑问，从动员开始，土耳其的司令部就没有适当考虑到帝国南部和东南部的交通要道问题，即通过托罗斯山脉和阿曼山脉的交通要道，并没有为了完成这条铁路从一开始就把所有可用的人员和物质资源集中在这些地方，而是分散了这些资源，这种做法造成的不利后果很致命。否则，就不可能开工建设到安卡拉到锡瓦斯和迪亚巴克尔的铁路线以及齐兹立马克河①（Kizilirmak River）的通航工程和其他大型工程。就第一条被命名的铁路而言，从一开始就可以确定，在战争结束之前，用于跨越各种水道的桥梁不可能从德国运来。同样可以肯定和众所周知的是，几个土耳其权贵在这条铁路上有相当大的经济利益。就目前的战争而言，这条战线没有战略意义。

10 月 25 日，我给德国总参谋部的报告中有这些情况的说明。

众所周知，巴格达铁路不能延伸到美索不达米亚的战争中心附近。在美索不达米亚的土耳其第六军团的主要交通线路与叙利亚部队的线路重合，直到阿勒颇为止，它要么继续沿幼发拉底河向巴格达行驶，要么沿着铁路到达其位于拉斯艾因②（Ras-el-Ain）的终点站。从这里起到摩苏尔 350 千米的道路在当地潮湿的天气里，被厚重的黏土和沼泽地带严重阻碍。从摩苏尔到巴格达还有 350 千米，其中最后一段从萨迈拉到巴格达的线路并没有铺铁轨。③在整个战争期间，无论是在德国国内还是在土耳其的军事中心，德国通过军事机构对土耳其铁路运作成功施加影响的困难在很大程度上被低估了。

德国军官中有太多的人不愿适应土耳其和土耳其行政的特点，他们认为所有需要做的就是把德国的标准和德国的方法应用到土耳其的情况中去。

---

① 齐兹立马克河是土耳其境内最长的河川，切割出卡帕多奇亚的深谷。其河水挟带大量铁质，让它拥有"红河"的称号。——译者注

② 拉斯艾因是今叙利亚北部城市。——译者注

③ 根据 1914 年 10 月 10 日英国驻奥斯曼帝国巴格达领事馆领事布里塞尔（Brissel）的报告，巴格达到萨迈拉的铁路已经铺成通车。参见〔英〕尤金·罗根《奥斯曼帝国的消亡　一战中东，1914～1920》，王阳阳译，广西师范大学出版社，2017，第 56 页。考虑到英国当时在海湾地区的广泛影响以及英国对于巴格达铁路的高度关切，译者倾向于认为布里塞尔的报告更真实。——译者注

大量受雇于军事铁路管理机构的土耳其军官（德国人必须与他们合作）都在追求自己的经济利益，他们对引进德国的准则和管理方式一点也不感兴趣。

众所周知，土耳其大铁路的支线只是稍微发达了一点。由于当权者守旧的观点，他们认为便利的铁路交通线深入国家内部对国家的安全和稳定构成了威胁。

其他现存线路中最重要的是由一家英国公司建造的艾登—卡萨巴①（Aidin-Kassaba）铁路和由法国人建造的班德尔马—马尼萨②（Panderma-Manissa）铁路，这些铁路在土耳其参加的世界大战作战中仅仅起到次要作用。

---

① 艾登和卡萨巴位于土耳其靠近伊兹密尔的内地。——译者注
② 班德尔马是位于土耳其马尔马拉海南岸的城市，马尼萨位于以西。——译者注

第五章　土耳其参战

1914 年 10 月底的一天，德国武官冯·拉费特（von Laffert）少校出现在第一军团司令部，司令部驻扎在佩拉①的潘卡尔迪军事学校，他要求见我处理一件紧急事情。他当时很激动，报告说"戈本"号和"布雷斯劳"号在博斯普鲁斯海峡口附近的黑海与俄国海军舰艇遭遇。"戈本"号、"布雷斯劳"号和几艘土耳其海军的小型军舰正在前往塞瓦斯托波尔轰炸俄国海岸，土耳其现在肯定会放弃中立，加入战争。10 月 30 日，军事顾问团收到从土耳其总参谋部发来的电文，内容如下。

舰队指挥官于 10 月 29 日晚上 11 时 15 分报告：

在 27 日和 28 日，俄国舰队全程监视土耳其舰队的演练，干扰了演习。俄国舰队今天开始敌对行动。俄舰队的一艘布雷艇、三艘鱼雷艇和一艘运煤船今天充满敌意向博斯普鲁斯海峡推进。"戈本"号击沉了布雷艇，俘获了运煤船，重创其中的一艘鱼雷艇，抓到 3 名俄军军官和 72 名俄军士兵。之后，我军舰队成功地轰炸了塞瓦斯托波尔港。

这艘俄军布雷艇携带了 700 枚地雷和 200 名士兵。我们使用鱼雷艇救了 2 名军官和 72 名士兵，该艇将于 30 日抵达君士坦丁堡。从俘虏那里得知，俄国人打算在该海峡的入口处布雷，摧毁我们的舰队。在亚速

---

① 佩拉是今天伊斯坦布尔的一个区。——译者注

海入海口以东的新罗西斯克①，"布雷斯劳"号摧毁了俄军50个油库和14辆军用运输车等。

这一行动的消息令我感到意外，因为我既没有从德国大使那里听到，也没有从苏雄上将那里听到，自从我们就土耳其攻击埃及的前景产生分歧以来，我就没有和苏雄上将交谈过。在目前的紧张局势下，土耳其舰队将进入黑海。

几个星期前，大约是9月20日，我从可靠的消息来源得知，冯·万根海姆打算让挂德国国旗的"布雷斯劳"号和"戈本"号进入黑海，我急忙赶到塔拉比亚去劝阻冯·万根海姆大使。

我坚持认为土耳其在名义上购买了"布雷斯劳"号和"戈本"号并向世界宣布了这一事实之后，土耳其政府将陷入尴尬的境地，其不可避免的后果将落在土耳其的德国人身上。9月17日，素丹出席在王子岛举行的一次海军检阅中，德国军舰开始挂土耳其国旗。它们的名字被改成了"亚武兹·素丹·塞里姆"（Yawz Sultan Seliur）号和"梅迪里"（Midillu）号，德国海军军官和士兵都戴着土耳其士兵使用的毡帽。因此，在我看来，它们不可能以德国军舰的身份在9月底恢复军事行动。大使既不承认也不否认他的意图。不管怎么说，那时舰队还没有开航。

目前的交战是以土耳其的名义进行的，因此，土耳其海军部部长杰马尔帕夏可能已同意这些军舰离开。他也许就是那个在那些日子里对德国的政治信念做出了决定性改变的土耳其部长，他的态度的改变（开始支持德国）对土耳其政府放弃中立的最后决定不无影响。

大家都知道，恩维尔完全支持德国，塔拉特在这方面也有一定的倾向。然而，杰马尔帕夏迄今为止对协约国表现出相当明显的同情。战争开始前不久，杰马尔帕夏作为法国政府的客人参加了法国的海军演习，受到了明显的

---

① 塞瓦斯托波尔和新罗西斯克都是俄国黑海沿岸城市，塞瓦斯托波尔还是俄黑海舰队的军港。——译者注

关注。直到 8 月 9 日，他还登上了协约国的船只，这些船只正载着法国人返回他们的祖国，在向他们发表讲话时，他还祝他们旅途愉快、军功卓著。9 月 6 日，恩维尔对一位我熟知的军官说，杰马尔帕夏不赞成放弃中立，直到土耳其军方最终做出支持奥地利和德国而反对俄国的决定。杰马尔帕夏无疑是土耳其的重要人物之一，他加入亲德部长的行列具有重大意义。

土耳其内阁在黑海战争冲突后放弃了中立，土耳其加入了同盟国。那时候在君士坦丁堡了解到的是，即使在黑海与土德舰队交战之后，俄国仍愿意承认土耳其的中立地位，条件是德国军事顾问团和"戈本"号、"布雷斯劳"号的官兵立即返回德国。土耳其政府拒绝俄国的这一要求。

无论如何，我不能保证这些信息的正确性。几天后，土耳其与俄罗斯处于战争状态。

达达尼尔海峡的入口在 9 月底就布好了水雷。然而，这一行动，就像陆军和海军的动员一样，可能被认为是一种预防措施来考量。土耳其政府认为协约国对君士坦丁堡采取强制性行动是可能的，并打算为此做准备。

指挥达达尼尔海峡军队的杰瓦德（Djevad）上校后来告诉我，上述防御措施是由于一艘英国驱逐舰指挥官的敌对行动而引起的。当时，一艘土耳其鱼雷快艇驶出了达达尼尔海峡。

深秋，冯·乌泽多姆（von Usedom）上将到达了君士坦丁堡并被任命为海岸炮兵和水雷部队的监察长。后来，他被授予总部设在君士坦丁堡负责博斯普鲁斯海峡和达达尼尔海峡防务的部门的最高指挥权。这两地防御工事的直接指挥官是土耳其军官，因此目前仍留在那里。

土耳其宣布参战后并没有全面开展实际的军事行动。"戈本"号和"布雷斯劳"号有时会带着几艘鱼雷艇进入黑海，轰炸俄国海岸。俄国舰队出动了几次，并与土耳其舰队进行了远距离的交火，但没有发生任何决定战局的事件。土耳其人采取了一定的预防措施，保持了与特拉布宗[①]（Trebizond）的海上联系。

---

① 特拉布宗，土耳其黑海沿岸城市。——译者注

土耳其人从未能够完全封锁黑海，因为后来俄国舰队变得更加活跃。战时，土耳其还是维持了黑海沿岸国家的私下商品贸易。因此，在随后几年的战争中，君士坦丁堡的波莫提（Bomonti）大啤酒厂通过罗马尼亚港口和黑海收购了许多大麦。然而，这些大麦交易会面临变化不定、令人不愉快的额外成本。每当这些商人到达时，土耳其指挥官伊斯梅尔·哈基（Ismail Hakki）帕夏就会抓住他们。

土耳其正在高加索地区前线和埃及前线准备更大的军事行动。到了 11 月中旬，土耳其政府把曾经是伊斯兰世界最强大的武器投入到战争中，并庄严宣布发动一场"圣战"。土耳其外交部希望这一措施能对全世界的穆斯林群体产生巨大的影响。

对于笃信宗教的安纳托利亚士兵来说，一场"圣战"是没有必要的。即使没有战争，他们也会忠诚而勇敢地面对死亡。

在土耳其政府的领导下，"圣战"并没有消除土耳其人和阿拉伯人之间根深蒂固的对立和阿拉伯人对政府的普遍不满，这些矛盾在土耳其已经存在了好几代人的时间。

在伊斯兰世界的边缘地区，伊斯兰教的援助是土耳其可以依赖的，但这些地区绝对掌握在协约国的手中，或者像波斯那样，这里完全不能进行大规模全国性的反抗或类似战争的行动。1915 年 3 月 8 日，意大利议院发表了一份声明，说在整个北非，法特瓦没有在任何地方产生丝毫影响。

在这方面，圣战似乎是不现实的，因为土耳其与基督教国家结盟，德国和奥地利的军官和士兵在土耳其军队中服役。

缺乏逻辑是，相同的情形出现在劳合·乔治[①]（Lloyd George）在 1919 年夏天的一次演讲中，他谈到艾伦比将军在巴勒斯坦的"圣战"，因为成千上万信仰伊斯兰教的阿拉伯人与英国军官混在一起，在谢里夫费萨尔的指挥下，在英国的装备下，以各种现代战争手段，为征服巴勒斯坦而战。

---

① 全名大卫·劳合·乔治（David Lloyd George，1863 年 1 月 17 日~1945 年 3 月 26 日），英国自由党政治家，在 1916~1922 年间领导战时内阁，在 1926~1931 年间担任自由党党魁。——译者注

1914 年 11 月，"圣战"在君士坦丁堡通过所有全国性示威活动中惯用的手段得到表达。像往常一样，游行是由警察安排的，参加的佣人和其他人可得到几个皮阿斯特①的回报。因此，在君士坦丁堡参加游行的人——不管他们的目的是什么——基本上都是一样的。这一次，他们挥舞着绿旗游行，出现在土耳其盟友的大使馆前，并在 11 月 20 日砸烂了托卡特利安（Toklatian）酒店②的所有窗户和镜子，以此来结束自己的活动。这家酒店的老板是亚美尼亚人，后来加入了俄国国籍。

除了外国人以外，这些示威活动并没有得到多少重视，这也是德国媒体夸大事实的结果。

真正值得注意的是，土耳其人很拘谨不喜欢吵闹地表达自己的感情。如果协约国对土耳其控制得太紧，在未来的某个时候，"圣战"可能会有更严重的后果，并最终在对基督徒的屠杀中得到体现。今天，土耳其不再得到信奉基督教的协约国的帮助，这些国家会从一开始就阻止伊斯兰教广泛的对外运动。

对今天的土耳其来说，这仅仅是基督教敌人的问题，这可能会导致协约国最终无法估计其真正意义以及带来的后果。否则，在一战结束时，协约国将不会把土耳其领土（不论是条约规定割让或他们打算让土耳其割让）让给希腊。希腊人在性格上与土耳其人完全不同，在军事上被土耳其人看不起。

土耳其人不会忘记，在第一次世界大战中，没有一个希腊人通过武力占领土耳其的土地。

---

① 皮阿斯特（piaster），当时欧洲和近东地区地区使用的一种货币单位。——译者注
② 土耳其历史悠久的酒店，位于伊斯坦布尔市城区。——译者注

第六章　高加索战场和苏伊士 运河战场的战斗

1914 年 11 月，土耳其第三军团在高加索地区与俄国军队发生冲突。

第三军团由伊泽特帕夏指挥，他的参谋长是德国军官古斯（Guse）少校。另有几名德国军官被派到这支军队，其他军官则在努力恢复第三军团后方非常困难的交通系统。另一位德国军官波塞尔特上校接管了埃尔祖鲁姆要塞的指挥权，他得到一名德国炮兵军官和一名德国工程师的协助。11 月 23日，来自他们的一份报告抵达君士坦丁堡，报告着重强调这座完全被忽视的堡垒的状况。土军总司令部当然立即发出了完善堡垒防卫不足的命令，但是，同土耳其一贯的做法一样，现有的手段是有限的，这些工作不经过很长时间拖延无法完成。

11 月土耳其军队第一次与俄军的冲突发生在从埃尔祖鲁姆到卡尔斯（Kars）的路上，大约在科普鲁克伊（Köprikiöj）村附近，土耳其军队打得很好，双方势均力敌。哈桑·伊泽特的行动无疑使俄军的前进完全停止下来。与在巴尔干战争中的表现相比，现在的土耳其军队在作战效率方面取得很大提升，这是显而易见的。

这一比较令人满意的开端，使恩维尔的信心倍增。12 月 6 日，恩维尔出现在战争部军事顾问团的办公室里，告诉我说他将在当天晚上乘船前往特拉布宗，到那里参与第三军团的作战。总参谋长伊斯梅尔·哈基帕夏将担任战争部部长，内政部部长塔拉特贝伊将代替他负责军需事务。

看到外国报社如此之多的错误报道，我要特别指出，在土耳其军队总部办公室中十分独立的德国军官，甚至是在代行职权时，他们都不能进入土耳其政府的核心决策圈。这是由土耳其人思想观念中的特性所决定的，同时这个例子反映了土耳其人的独特性情。

恩维尔手拿地图向我勾勒了第三军团的行动计划。他打算由第十一军在正面主要道路上牵制俄军，第九军和第十军在他们的左翼行进，他们要经过几次行军翻越山脉，然后在萨勒卡默什①（Sarikamisch）附近向俄国侧翼和后方发起进攻。之后，由第三军团占领卡尔斯。

---

① 萨勒卡默什现为土耳其东部边境地区城市，位于卡尔斯西南。英文写法中常用 Sarikamis 一词。——译者注

几天前，我从土军总司令部的一名德国官员那里听说了按照这一计划开展的军事行动，并研究了其可行性。我的结论是，这个计划即使不是完全行不通，也是困难的。根据地图以及我能学到的所有其他知识，我发现最大的问题是行军，道路是狭窄的山区道路或高高的山脊小路。那时，这些道路可能深埋雪中。这将需要进行专门研究，以如何利用现有的土耳其运输手段来保障弹药和粮食的供应。

我提醒恩维尔注意这些重大的不同意见，这是我的职责。他回答说他们已经考虑过了，所有的道路都已经侦察过了或者正在侦察中。在我们谈话结束时，恩维尔提出了一些怪诞但值得注意的想法，他告诉我他打算率军穿过阿富汗去印度。

不久，恩维尔的参谋长冯·布朗萨特少将来向我报告他要离开，他将要陪同恩维尔去前线。我还提请他注意按计划进行大行军所面临的巨大困难以及他作为一名德国参谋长应负的责任。

恩维尔亲自指挥第三军团的行动以失败而告终，第三军团遭遇毁灭性打击。这支军队是土耳其军队中第一批参加世界大战的军队之一。俄军先头部队出人意料地在奥尔图①（Olti）取得突破，并取得一定的胜利。土耳其进军的两个军中只有一小部分到达了萨勒卡默什。他们出其不意地取得了几次小的胜利，但在 1 月 4 日被彻底打败而仓促撤退，遭到俄军的追击。

土耳其第十一军沿着大路前进，在边境战斗了好几日，他们英勇而坚决地战斗使另外两支剩下的部队可能通过哈珊卡尔②（Hassan Kale）撤退，但最终第十一军也不得不退兵。

据官方报道，这支军队最初的 9 万人只有 1.2 万人返回，其余的人被杀、被俘、饿死或冻死，他们在雪地里露营，没有帐篷。斑疹热在回国的土耳其士兵中暴发，他们身体非常虚弱，疾病夺去了许多士兵的生命。

在这场惨痛的灾难之后，恩维尔和他的参谋们开始从陆路前往君士坦丁

---

① 奥尔图现为土耳其东部边境地区城市，英文名为 Oltu。——译者注
② 哈珊卡尔是位于今天土耳其埃尔祖鲁姆市东北部的城市。——译者注

堡。在恩维尔离开之前，他把被击溃的第三军团的指挥权交给了哈维斯·哈基（Hawis Hakki）帕夏。哈维斯·哈基无疑是土耳其最杰出的参谋部军官之一，被认为是恩维尔的重要竞争对手。

虽然哈维斯·哈基没有渊博的知识，但他很聪明，头脑灵活。他从不完全公开自己的判断，总是有所保留，以应对反对意见。德国人以毫无保留的开放态度坚持自己的信念，他认为这是愚蠢的。在我看来，哈维斯·哈基是东方受过教育的上层社会人士的典型代表。

在过去的 6 个星期里，他从中校和土耳其总参谋部的一个部门主管晋升为将军和第三军团司令。恩维尔很看重哈维斯·哈基那旺盛的精力，但同时他也很高兴哈维斯·哈基远离君士坦丁堡。这次作战惨败的程度尽可能地保密，不许提起这件事。违反命令的人就会遭到逮捕和惩罚。

据我所知，战败的消息很少有泄密到德国的。不幸的是，由于恩维尔失败的军事行动造成的灾难性后果，我与他发生了几次严重的摩擦。

在离开高加索地区之前，恩维尔已经发了电报，命令第五军团立即乘船到特拉布宗去增援第三军团。这支部队的指挥官由我担任，驻扎在博斯普鲁斯海峡亚洲一侧的斯库塔里（Skutari）附近。

我的看法是，第五军团在高加索地区已经派不上用场了，但在君士坦丁堡附近，如果是英俄联合在那里发动了攻击，这支军队是急需的。

在土耳其军队遭受惨败之后，协约国可能会有更深远的计划，这并非不可能。因此，我提出抗议，反对派遣军队，并说明理由。在德国驻土耳其大使馆的支持下，我成功了，第五军团没有被派往特拉布宗。恩维尔讨厌我的行为，这是很自然的。

下一场冲突因恩维尔真正的土耳其式的调整方法而更为尖锐和引人注目。在从锡瓦斯返回的途中，恩维尔向所有军队发送了电报，要求军队仅服从他的命令，而其他来源的命令则没有效力。土耳其语的翻译有些笨拙，命令的措辞大致如下：

除了我以外，没有人可以无缘无故地对这些部队（海军、陆军）

发号施令。除非是我下达的命令，否则他们不用执行。

我不知道这种特定命令的动机是什么，但只要命令有效，我就不可能指挥土耳其军队。这个问题只能通过土耳其高层人士解决，因此我于 1 月 21 日向大维齐尔提出书面控诉。

总参谋长、代理战争部部长伊斯梅尔·哈基帕夏被派来见我，作为调解人。

这位饱受辱骂和中伤的总参谋长是青年土耳其党领袖中最杰出的人物之一。他的五官有点像蒙古利亚人种的样子，一双机警的眼睛流露出中国商人式的精明。整个人尽管显得有点拘谨，但仍散发出一种不屈不挠的活力。在也门，伊斯梅尔·哈基帕夏在战斗中失去了一条腿——他用的是一条木腿。阿拉伯人称他为"kara Biber"，即黑胡椒。

在土耳其幅员辽阔的国土上，通信和交通设施都不完善，伊斯梅尔·哈基帕夏负责给在外作战的军队提供衣物和食物，如何去做是他自己的事。伊斯梅尔·哈基帕夏知道他在到处撒谎敲诈，他不能谨慎地选择他的手段。伊斯梅尔·哈基帕夏的属下和代理人，分布在全国各地，搜罗他们所能找到的一切东西。

例如，伊斯梅尔·哈基帕夏到君士坦丁堡后，就征用了一辆汽车。这辆汽车是德皇送给恩维尔的礼物。有一次，他到达达尼尔海峡进行一次短暂的视察，给我留下了 6 瓶葡萄酒作为礼物。

伊斯梅尔·哈基帕夏在完全混乱的条件下开展工作，并在土军总司令部的命令下不断地调动和分遣部队，他在土耳其现有的条件下做了所能做的事。

就目前所知，伊斯梅尔·哈基帕夏是统一与进步委员会的财务主管，不得不为恩维尔采购物资，毫无疑问，他只是许多金融交易的中间人，而这些交易被错误地认为是他为自己敛财。

无论如何，那些准备好了控诉和控告的人，大多数根本无法真正判断伊斯梅尔·哈基帕夏所要面对的困难。伊斯梅尔·哈基帕夏是少数几个每天都工作的人之一。他在战争部办公室工作到深夜，办公大楼已经没有白天的人来人往，因为其他人在最多工作 6 个小时之后就离开了。

在调解我的控诉时，伊斯梅尔·哈基帕夏一开始坚持认为电报肯定是翻译错了。虽然由两个人翻译的同一份土耳其文电报从来都不完全一样，但我能够证明，我从第一军团和第二军团（当时该军团也在我的指挥下）那里收到的翻译电报是相同的基调。我坚持要求撤销这一命令。总参谋长无法给出一个明确的保证，很快就带着深深的歉意离开了，他在我的桌子上留下了一个大盒子。我派我的副官去找他，但他说里面的东西是给我的，盒子里装着奥斯曼大十字勋章。我坚持我的投诉，恩维尔的命令当然没有得到执行。

恩维尔回来后，我们之间又发生了第三次冲突。作为军事顾问团的负责人，我认为在这场灾难性作战行动之后，对维护德国军官的权威是有利的。在惨痛的失败后，恩维尔的参谋长冯·布朗萨特少将应该来指挥战斗。我这样写信给恩维尔，同时向德国国内当局报告。恩维尔坚持要保留他的参谋长，我从未收到过德国国内当局的任何回复，事情没有发生什么变化。

11月，土军总司令部明确决定在叙利亚组建一支军队，同时组建一支攻击苏伊士运河的远征队，这支军队同时守卫着巴勒斯坦和叙利亚的海岸，海军部部长兼第二军团指挥官杰马尔帕夏被任命为第四军团的指挥官。他要求任命冯·弗兰肯伯格（von Frankenberg）上校为参谋长，并立即带领大批随从前往大马士革。冯·克雷斯男爵（Freiherr von Kress）上校是一名非常优秀和高效率的军官，他于9月被派往大马士革的第八军，第八军由杰马尔帕夏指挥。作为第八军的参谋长，他负责极为艰难的向运河进军的准备工作，后来作为远征军的领导，他创造了辉煌的纪录。我曾经指出，这项事业从一开始就注定要失败。埃及不可能被16000名土耳其士兵占领。远征队以七次行军穿越西奈沙漠，到达伊斯梅利亚①（Ismailia）附近的苏伊士运河，这永远是一项伟大的壮举。行军完全是在夜间进行的，由于采取了预防措施，英国人一直没有发现他们。英国人开展了广泛的间谍活动，当然知道土耳其军队在沙漠以东的集结行动，但土耳其军队人数不多，没有引起英国人的恐慌。他们从未想过这么小的一支军队居然敢向埃及进攻。

---

①　伊斯梅利亚是位于埃及苏伊士运河西岸的城市。——译者注

当领头的土耳其军队离运河不到 25 千米时，远征军的侦察兵看到英国军官们在踢足球。

2 月 2 日至 3 日夜晚，土耳其远征军采用适当的队形、携带渡河船具成功地向前推进到运河的东岸。当英军在那里的小哨所开火时，一种恐慌笼罩了土耳其远征军中的阿拉伯士兵。已经上了船的一些人跳下了船，另一些人扔下了船和木筏。

在开火之后，英国迅速做出了反应。大约两个连土耳其军队已经到达运河西岸。一些人被杀，一些人被捕。半小时后，运河的埃及河岸被土军占领，土耳其军队不得不放弃进一步的尝试。

英国的装甲火车带着旋转式火炮抵达，五艘军舰正从提姆萨赫湖（Lake Timsah）和大苦湖（Great Bitter Lake）赶来增强攻击的火力。远征军坚持到了 2 月 3 日晚上。英军对右翼的进攻被制止了。2 月 3 日下午 4 时，第八军的指挥官（他本来打算第二天上午与第十师再次发起进攻）决定命令冯·克雷斯上校当晚撤退，因为英国人不断地调集更多的部队。

他们从敌人手中突围，撤退到伊斯梅利亚以东 10 千米处的一个营地，一切都进行得很顺利。

敌人方面，英军中的印度和苏丹①士兵没有表现出多少主动性。远征军的撤退没有造成重大损失。在战争的第一阶段，英国人总是浪费很多时间来准备他们的行动。

由于穿越沙漠的作战行动出乎意料，在土耳其采取实际行动前的相当一段时间，英国并没有制定相关的作战方案。

作为有效的侦察，这次远征对土耳其第四军团来说很有价值，这将知道部队在穿越沙漠后会遇到多大的困难。

第四军团指挥官现在决定在阿里什—卡拉特—奈赫勒（El Arish-Kalaat-en-Nachle）一线上维持先头部队，并不断用机动纵队骚扰运河，以阻止船只通过。

---

① 当时印度是英国的殖民地，苏丹名义上是英国和埃及共管，但实际上是英国的殖民地。——译者注

第八军将在汉尤尼斯①（Chan Junis）和加沙附近驻扎，第十师在贝尔谢巴（Birseba）驻扎，希贾兹师驻扎在马安②（Maan）。

既然土耳其人已经证明了到达运河的可能性，英国人很快采取了更严密的措施。因此，以后任何试图抵达运河的努力都会遇到更多的困难。事实上，此后只有一些小巡逻队和少数勇敢的人成功到达了苏伊士运河。

1914 年至 1915 年初冬，第一批军事特派团（Military Special Missions）抵达君士坦丁堡。一个是去阿富汗；另一个是去阿拉伯河（Schatt-el-Arab）河口。后来，派往波斯的使团到达了。特派团的共同特点是有一个目标深远但不明确的计划和大笔的经费。特派团的任务是由德国外交部下发的，属于德国大使馆或其武官的职权范围。虽然这些特派团几乎完全由军官组成，但在这个问题上德国当局没有同军事顾问团协商，军事顾问团也从来没有收到关于军官的任何通知。

在我看来，派遣这些特派团从一开始就是一个错误，如果德国当局咨询我，我就会立即提出反对意见。特派团中的少数人虽然可能曾经在这些国家考察过，但除非有军队陪同，他们永远无法对战局产生有益的影响。只有土耳其能够为此目的提供军队，如果提出这方面的要求，就必须依赖土耳其，因为土耳其的利益与德国并不完全一致，而且土耳其人目前正在全力守卫本土，他们可能被那些不太可能成功的模糊而虚幻的计划所吸引。因此，尽管大家都很投入，但没有一个特派团完成任何真正有价值的事情。至于 1914 年底和 1915 年初土耳其战场发生的事件，除了 1915 年 1 月中旬土耳其军队进入大不里士外，没有别的报道，大不里士是波斯的领土，因此那里是中立国地区。与此同时，英军占领了伊拉克的巴士拉，向幼发拉底河和底格里斯河交汇处的古尔纳（Gurna）挺进，并于 1914 年 12 月 9 日在那里驻扎下来。

可以在此先说明，英国军队于 1915 年 6 月 3 日通过一次意外的进攻占领了阿马拉市③，当时德国驻巴格达的领事怀疑德国人能否继续留在巴格达。

---

① 汉尤尼斯是今天的巴勒斯坦加沙地带靠近与埃及边境的城市。——译者注
② 马安位于今天约旦境内，第一次世界大战时是汉志铁路上的一个火车站。——译者注
③ 阿马拉市位于伊拉克巴士拉到巴格达之间，是当时的战略要地。——译者注

第七章 达达尼尔战役战前局势

1915 年初，人们的注意力越来越集中在达达尼尔海峡。关于敌人意图、船只移动和军队运输的报告从各个方向传来，主要来自雅典。英法舰队试图强行进入君士坦丁堡，这并不是不可能的。

当时由土耳其总司令部确定的达达尼尔海峡的军队部署不够清晰。如前所述，乌泽多姆上将拥有达达尼尔海峡和博斯普鲁斯海峡防御工事的最高指挥权。德国海军上将默腾（Merten）受土耳其政府委派在恰纳卡莱（Chanak）主持工作。达达尼尔海峡的军队由杰瓦德上校指挥，他负责指挥加里波利半岛南部的军队以及亚洲一侧的守军。半岛中部和北部的部队属于第三军团，即我所指挥的第一支军队。此外，土耳其军队总司令部为自己保留了某些指挥权。

作为第一军团的司令，我做了这样的准备来对付英法舰队试图突破达达尼尔海峡的企图，因为这样至少可以使它长时间停留在君士坦丁堡非常困难。从圣斯蒂法诺①（San Stefano）到皇宫附近的要地，在亚洲部分海岸和王子群岛，无数的炮台已经竖立起来，形成了对海上目标的交叉火力配置，飞行小分队把守着这一带海岸，我们还建立了后备军。

可以肯定的是，"戈本"号和"布雷斯劳"号将与土耳其舰队在协约国舰队通过海峡到达君士坦丁堡之前攻击并削弱它。

即使是协约国的部队强行通过并赢得马尔马拉海的海战，我也断定，只

---

① 圣斯蒂法诺是土耳其欧洲部分的一个村庄，1878 年俄土战争结束后，两国在此签订和约。——译者注

要没有强大的协约国陆军部队占领达达尼尔海峡的整个海岸，协约国舰队就会处于几乎不堪一击的境地。

如果土耳其军队成功地占领了海峡的海岸或夺回了海岸，那么敌军舰队常规的食物和煤炭供应将变得不可能。但是，如果敌军能在君士坦丁堡附近成功登陆以便利用土耳其的资源，那么防御部署就没有取得成功的希望了。

除非敌军在敌军舰队通过达达尼尔海峡的同时或在敌军舰队通过海峡之前完成登陆作战，否则敌人就不可能赢得决定性的胜利。舰队通过海峡通道后的登陆作战将不得不在没有舰队大炮的帮助下进行，因为舰队在强行通过后将面临新的问题。

也许英法舰队是有一定机会占领君士坦丁堡的，如果俄国军队同时登陆博斯普鲁斯海峡的一边，如果这三个国家合作，它们将完成对君士坦丁堡的占领。

为了抵御俄国人的登陆，一切必要的防御部署都要妥当。博斯普鲁斯海峡的黑海海岸由炮兵连和空军分遣队保卫，第六军在圣斯特凡诺附近随时准备迎接任何可能登陆的俄国部队。该军为执行这项任务而专门进行了一次大规模演习。

因此，早在 1914 年 12 月 27 日，德军总司令部曾向我询问，关于土耳其军事当局因达达尼尔海峡受到威胁而感到焦虑的传闻，我进行了答复。实际上这些传闻毫无根据，而且我们已采取了一切必要的措施。

在土耳其的德国高级军官不在军事顾问团的控制范围之内，除了海军上将之外，还有陆军元帅冯·德·戈尔兹（von der Goltz）。他于 1914 年 12 月 12 日到达君士坦丁堡。他辞去比利时总督的职务，担任素丹的副官，他在土耳其很有名，备受尊敬。他在土耳其当了 18 年的军事教官，土耳其很多军官曾是他的学生。冯·德·戈尔兹自己也称恩维尔为他的年轻朋友。

对于像冯·德·戈尔兹这样活跃的人来说，素丹的副官职位只能是暂时的。他很快在战争部为自己安排了一个办公室，并参加了土耳其总参谋部的会议。

恩维尔对我在高加索灾难性的战役中提出的抗议仍然怀有怨恨，想把我赶出君士坦丁堡。1915年2月中旬，恩维尔派我到遭到战争破坏的埃尔祖鲁姆，接管第三军团的指挥权。哈维斯·哈基帕夏于1915年2月12日死于斑疹伤寒。

兵力不多的第三军团补充了大约2万名新兵。在那个区域开展的好几个月的军事行动的后果是不可想象的。我坚决拒绝了这个命令，因此向德国汇报。德国驻土耳其大使同意我的看法。

我对持续数月的冬季灾难所造成的后果的判断是正确的，以下的电报内容证明了这一点。3月2日，领事伯格菲尔德（Bergfeld）从特拉布宗发来的电报说：

> 斑疹伤寒正在全市各医院肆虐。这种流行病的严重程度正接近一场灾难。每天有900~1000名士兵生病，死亡率在30%~50%。

3月3日，红十字会外科医生科利（Colley）和兹罗提（Zlocisti）从埃尔津詹①（Ersindian）发来的电报说：

> 卫生设施和医疗救护的缺乏正在以一种在德国国内条件下无法想象的方式造成大量土耳其士兵的死亡。

5月25日，第三军团参谋长古斯少校的电报写道：

> 只有一小部分从新兵营地派往军队的替换人员到达了目的地。疾病、口粮不足、行军中逃跑，严重地消耗了兵力。

在1915年6月2日的一份电报中，德国驻埃尔祖鲁姆的领事表示，他担心1/3驻扎在那里接受训练的士兵生病，另外有1/3的士兵在去军队报到

---

① 埃尔津詹是土耳其东部城市。——译者注

的路上逃跑了。其他的报告也有类似的基调，幸运的是，在高加索地区的土耳其第三军团崩溃后，俄国人在随后的几个月里由于种种原因无法继续发动攻击。

　　1月29日，在恩维尔从高加索回来后不久，我进行了一次短暂的视察，视察了达达尼尔海峡到士麦那（Smyrna）① 之间的亚洲部分沿岸的防御部署。我视察的第一个目标是埃德雷米特（Edremid），从巴勒克艾希尔②（Balikesri）乘汽车过去。这可能是小亚细亚这条山路第一次有汽车通过。这里有许多最原始结构的桥梁，其中一些跨越深深的岩石裂缝。不久之后，德国工兵部队（German Pioneers）不得不改进或重建它们，因为专家埃菲纳特（Efinert）少校说，它们甚至无法承受野战炮的重量。在视察了埃德雷米特的部队之后，我们第一次住进了一个土耳其人的家里，那是一个富有的石油生产商的家庭。在那里，我第一次看到了这家人的成年儿子们在餐桌上招待客人的奇怪习俗。

　　第二天早晨去艾瓦勒克（Aivalik）的路上，我们经过了克美（Keme）河，河上那座桥不久前被洪水冲走了。按照土耳其的惯例，没有一个政府当局会为修复这座桥而费心。此后不久，德国工兵部队又建造了一座新的、更好的桥。

　　我们坐着高高的水牛车穿过障碍，一群水牛拉着我们的车过河。当天余下的旅程我们穿过了美丽的橄榄林，这个亚洲部分成为这一地区最富饶的地方之一。我们经过富裕的希腊人村庄，街道两旁站着穿着节日服装的大人和小学生。

　　这些希腊人后来被无情的土耳其政府剥夺了大量的财富，他们是那些被报道为不可靠的人，警察强迫他们离开海岸附近的街区。

　　后来经常被提到，这是我第一次也是唯一一次访问艾瓦勒克，我视察了更多的部队。在向我解释进港时关闭港口所设置的障碍时，港务长十分明确

---

① 士麦那也称为伊兹密尔。——译者注
② 两地均位于土耳其爱琴海沿岸省份。——译者注

地指出当局留了一条畅通无阻的航道，以便继续进行进出米蒂利尼①（Mitylene）岛和其他岛屿的走私活动。

在回程中，我们遭遇了一场暴风雪，艰难地翻越了埃德雷米特和巴勒克艾希尔之间的山脉。我们在厚厚的积雪中徒步行进了好几个小时，所有的物资都已用完了，沿途的乡下人爽快地推着我们的汽车前进。

当我们最终到达巴勒克艾希尔的铁路时，发现它已经被山体滑坡堵塞了。为了清理道路，有必要动用铁路工兵分队。

在马尔马拉海岸边的班德尔马，我们没有找到返回君士坦丁堡的船，因为所有的船都在暴风雨来临之前驶离了这个港口，以免搁浅。我们晚了几天才到达君士坦丁堡。

我描述这次短暂的考察之旅，目的是展示1915年初土耳其最好的地方的混乱状况。君士坦丁堡的过客们坐在佩拉宫酒店里，写着关于交通状况取得巨大进步的文章，他们当然不会注意其他地方的恶劣交通状况。

这次视察中发生了一件非同寻常的事，让我明白一个在土耳其的德国人可能会受到何种毫无意义的攻击。

那年夏天，在达达尼尔战役中，我收到了德国大使的来信，信中希腊国王康斯坦丁询问我是否真的向埃德雷米特市长说过"所有希腊人最好都被扔进海里"的话。在埃德雷米特短暂停留期间，我没有见到市长或其他任何人士，或与他们交谈。我与希腊人没有任何关系，当然，我也没有发表任何关于希腊人的言论。因此，我可以用几句话反驳这个无耻的谣言。任何在土耳其的德国军人都会受到这样的诽谤，那里的人对这种谎言一点也不重视，因为这些谎言只是被当成对立党派攻击执政党的武器。作为一名土耳其军队的将军，我引起许多狂热的希腊人的反感和仇视。

1915年2月15日，在多尔玛巴赫切（Dolmar Bagtsche）皇宫里，素

---

① 米蒂利尼是位于爱琴海东北部的莱斯沃斯岛的城市，现属于希腊，距离土耳其海岸线10千米。——译者注

丹为第三师的军旗上色，并把它交给军队，士兵们从坐在窗口的素丹身边走过。副总司令恩维尔迟到了，让素丹和全体与会者等了一个多小时，这使我们大家都很痛心。素丹经常受到青年土耳其党人的类似冷落。青年土耳其党人中唯独塔拉特是个例外，他是一个聪明和机智的人。

与此同时，英法舰队逐渐在利姆诺斯岛、伊姆罗兹（Imbros）岛和特内多斯（Tenedos）岛①建立了合适的军事基地。在冬季，协约国在后两个岛屿上设立了陆地飞机和水上飞机的飞行基地，同时也建好了其他军事设施。敌人的炮火首先瞄准的是土耳其在加里波利半岛上赛迪尔巴希尔（Sedd el Bahr）和库姆卡莱（Kum Kale）旧工事和炮台，土耳其军队使用两个要塞封锁达达尼尔海峡的入口。

拥有现代重型火炮的英法舰队舰艇仍然在老式土耳其大炮的射程之外。在这场冲突中，双方实力差距明显，结果难以预料。

在几次敌军舰炮轰炸后，土耳其军队炮台的火炮被打哑，部分防御工事被摧毁。敌人多次试图派海军陆战队登陆和突袭赛迪尔巴希尔，但均未成功，因为尽管遭到炮击，但小股土耳其士兵仍留在敌人炮火无法打击的地方，他们击退了敌人的登陆行动。

到2月底，土耳其总司令部为预防英法舰队突破海峡的不利前景，已经准备把素丹和他的宫廷、国库、军事和民事当局转移到亚洲这边，素丹将在亚洲这边得到照顾，这些预防措施是合理的，土耳其总司令部在2月20日至3月1日下令进行军事准备，以应对盟军舰队顺利通过穿越达达尼尔海峡，这些准备可能是致命的。

如果这些命令得到执行，世界大战的进程将在1915年春天发生巨大的变化，德国和奥地利将不得不在没有土耳其参战的情况下继续这场战争，因为这一命令把达达尼尔海峡暴露在了敌人的登陆攻击范围之内。

---

① 伊姆罗兹岛是土耳其最大的岛屿，位于爱琴海东北部，距格利博卢半岛（即加里波利半岛）南端21千米，靠近达达尼尔海峡南口。特内多斯岛也位于爱琴海东北部，归土耳其所有。——译者注

2月20日的命令改变了第一军团和第二军团的部署,将第一军团的各支作战部队分开部署。而且,这是最重要的一点,这些部队还被命令如果敌人舰队成功通过,第一军团要保卫海峡北海岸,第二军团要保卫海峡南海岸和马尔马拉海。分隔两军团势力范围的分界线是从达达尔海峡口开始,穿过马尔马拉海,从西到东,一直延伸到黑海的博斯普鲁斯海峡口。该命令放弃了对加里波利半岛外围的任何防御,包括对优势高地的防御,还放弃了对达达尼尔海峡入海口的亚洲海岸的防御,这是一种最薄弱的、难以想象的防御措施。

2月23日,我写信给恩维尔,提醒他注意他所采取的措施会产生不可估计的后果。我解释说,需要土耳其军队的一个军来防御英法联军在达达尼尔海峡的登陆,还需要一个军来防御俄军在君士坦丁堡附近的登陆。战线的防御是朝西的,不是朝南的,也不是朝北的。2月25日,我收到了恩维尔的回信,他不同意我的看法,甚至连一句话也没有解释。

3月1日,土耳其总司令部下了一项命令,要求第二军团从阿德里安堡撤至恰塔尔加①(Tschataldja)防线。将第四军团从班德尔马 – 巴勒克艾希尔移驻到伊兹米特湾②(Ismid Gulf)。第二军团和第四军团是最接近达达尼尔海峡的部队,也是第一批在达达尼尔海峡一侧遭遇敌军登陆时被征召的部队。

我无法接受恩维尔的这些不可取而且致命的命令,为了确保做出另一个正确决定,我于3月1日立即向德国驻土耳其大使和德皇的军事内阁首脑提出了请求。

我不能说这两个德国当局者做出什么来支持我的观点。然而,有些事情已经做了,因为这些错误的措施暂时被推迟执行。

3月,协约国海军对达达尼尔海峡的进攻达到了高潮,并在3月18日企图突破时停止。

① 恰塔尔加位于土耳其欧洲部分伊斯坦布尔以西。——译者注
② 伊兹米特湾是位于土耳其马尔马拉海东北部的一个海湾。——译者注

3月1日，5艘英国战列舰带着许多鱼雷艇进入海峡靠外端的西南部分，从中午到下午6时。与土耳其的榴弹炮部队在埃伦柯伊（Eren Keui）湾和哈利尔埃利（Halil Eli）的高地交战。

提到的炮兵连属于韦勒（Wehrle）上校指挥的第八步炮兵团，该部队已从我指挥下的第一军团中分离出来，暂时加强防御达达尼尔海峡的土耳其炮兵兵力。这个团在亚洲和欧洲海岸的高地上，以不同的形式集结，为要塞的炮兵提供支援，其勇敢的指挥官赢得了许多赞誉。敌舰不仅向他的炮台开火，而且还向他已经建立并经常改变的假炮台阵地开火。

从3月1日开始，敌方舰队的局部攻击，主要是由四五艘战列舰进行的，几乎每天都有变化，夜间还进行大规模的扫雷行动。

3月18日，英法舰队做出重大的突破尝试。根据韦勒上校的报告，有16艘战列舰参加了战斗。他们于上午10时30分开始分两队进入海峡，目的是摧毁要塞和炮兵们的炮台，炮战持续到晚上7时。

尽管敌方舰队消耗了大量的弹药，但没有取得什么重大战果。虽然我军炮台和炮兵的弹药供应减少了，但战斗力几乎没有减弱。根据要塞指挥官杰瓦德上校的说法，伤亡人数不到200人。

敌人遭受了重大损失。据韦勒上校和他的部下观察，敌军的"布维"号、"不可抗拒"号和"海洋"号都沉没了，其他几艘战列舰也严重损坏。几艘从事打捞工作的小船也被击沉。沃西德洛（Wossidlo）上尉指挥下的哈米迪（Hamidje）堡的炮火被认为是特别有效的。可以认为，土耳其地雷专家吉尔（Geehl）中校在夜间埋设在埃伦·柯伊湾的地雷场对战果也有贡献。

无论如何，协约国军队必须放弃进攻，被迫撤退。3月18日是达达尼尔海峡要塞和海峡军队司令的荣誉日。在世界大战期间，协约国没有再次尝试从这里发起攻击。

协约国军队现在可能已经认识到，仅靠海上行动是无法打开通往君士坦丁堡的道路的。我也同样清楚，他们不会轻易放弃这样可以获取巨大价值的作战行动。这与英国人的坚韧和实力不符。因此，英军必然会发动一次规模很大的登陆作战行动。

早在 3 月，就有传言说英国要为此集结一支数量庞大的远征军。这些报告大部分来自雅典、索菲亚和布加勒斯特，其中有许多矛盾之处，这是自然的。原来说是 5 万人，后来又说有 8 万英国军队集结在伊姆罗兹岛和利姆诺斯岛上。还有一次消息说，5 万名法国人被派遣作为这次远征的参与者。远征军统帅为即将上任的汉密尔顿（Hamilton）将军和乘坐"普罗旺斯"号巡洋舰到达达达尼尔海峡的法国将军阿马德（d'Amade）。这些消息都得到了及时报告。据了解，敌军在穆德罗斯港建造了一个码头，每天都在卸下设备和生活用品。3 月 17 日，4 名英国军官抵达比雷埃夫斯（Piraeus），用现金买了 42 艘大型驳船和 5 艘拖船。

最后，3 月 25 日，恩维尔决定组建一支单独的军队——第五军团，以保卫达达尼尔海峡。我为使土军总司令部做出这样的决定而不断做出新的努力，这个决定当时得到了德国大使馆和苏雄上将的有效支持。然而，通过在中国的经历后，乌泽多姆上将仍然不相信敌人有可能进行大规模的登陆行动。

第八章　达达尼尔战役的第一阶段

1915 年 3 月 24 日下午晚些时候，恩维尔让我在办公室等他。不久他来了，问我是否愿意指挥为保卫达达尼尔海峡新组建的第五军团。我立刻同意了，并告诉他，现在那里的部队必须立即增援，因为我们没有多余的时间了。

第二天也就是 3 月 25 日晚上，我乘船离开君士坦丁堡，前往新的目的地。我下次再去君士坦丁堡就是 10 个月以后了。由于时间紧迫，我只能带第一军团的一小部分参谋人员出发。这些官员中包括参谋长卡齐姆（Kiazim）贝伊和我的两个德国助手［普利格（Prigge）上尉和穆尔曼（Muhlmann）上尉］，其余的工作人员也跟着来了。除了指挥官冯·弗里斯（von Frese）上尉以外，司令部所有的军官都是土耳其人。

军事顾问团的工作人员仍留在君士坦丁堡，陆军元帅冯·德·戈尔兹男爵接替我指挥第一军团。

3 月 26 日早晨，我们在加里波利港登陆，第三军团司令部在这里驻扎了一段时间，我还在这里设立了临时司令部。

我和身边的几位随从住在一所房子里，后来我听说那是法国领事代理人的房子。我的两个房间里只有一张圆桌和一面墙上的镜子，其他的东西无疑都被偷走了。土耳其官员不得不为我们在镇上借用床和其他必不可少的家具。大约 4 周后当我离开住所时，更让我吃惊的是我的大部分亚麻布用品都不见了。后来我被希腊人指责抢劫和强占他的房子。对我来说，还有比拿走圆桌和墙上的镜子更重要的事情要做。

加里波利当时是一个相当繁荣的城镇，尽管一些希腊人已经被土耳其当局驱逐。在达达尼尔战役结束时，由于敌军的轰炸，这里基本上成了一片废墟。

由于军队的部署和海岸地区重要地段的守卫必须彻底改变，在接下来的日子里我要做的工作非常多。

第五军团只有5个师，作为海岸防卫部队分布在达达尼尔海峡南北的亚洲和欧洲部分。每个师有9～12个营，每个营有800～1000人。英国人给了我整整4周的时间才开始他们的登陆作战。他们派遣了一部分军队到埃及，也许还有一部分被派到塞浦路斯。这些时间刚刚够我们完成最重要的部署，我还把第三师从君士坦丁堡调来归尼科莱（Nicolai）上校指挥。

达达尼尔海峡口两侧的外海岸是我们最早怀疑敌军会登陆的地方。亚洲部分的沿岸地区由起伏的山丘和大片肥沃的草地组成，其间有蜿蜒曲折的门德（Mender）河①。向海的低地被一圈海岸高地所包围。一旦登陆，这些高地将是敌人炮兵天然的阵地，在那里，他们的大炮，结合舰队的远程大炮，可以控制东部的开阔地。门德河及其附近的沼泽地带在春季和夏季不会严重阻碍拥有现代化装备的军队行军。

狭窄的加里波利半岛是位于海峡北侧的欧洲部分，地表多山，山脊陡峭，山坡上有深深的峡谷和锋利的岩石。几片低矮的松林，山脊上、小溪岸边和深谷的几丛灌木，构成了这片荒芜土地上唯一的植被。

种植农作物依赖水的供应，能够种植的地方仅限于周围的少数村庄，这些村庄都是在低地上。只有位于海峡边上的迈多斯（Maidos）小镇周围的山谷里有更多的地方能够栽培作物，这里还有橄榄树和桑树种植园。

在上萨罗斯湾的半岛内部有相当大的平地，这片平地比较开阔，也比较肥沃。

重要的问题是敌军将在什么地方登陆。这取决于敌军部队的集结，与沿海的广大地区相比，这里（指上萨罗斯湾的半岛平地）的面积是相当小的。

---

① 门德河位于土耳其小亚细亚西海岸附近。古希腊著名城邦米利都就位于门德河河口。——译者注

在沿海许多地方，大批部队登陆行动从技术来看是可行的。我们不可能占据所有可能登陆的地方。因此，必须从战术角度做出决定。

达达尼尔海峡最重要的工事和炮台位于海峡南部的亚洲海岸。敌人占领的特内多斯岛就在这片海岸的正前方，还有贝西卡湾附近的一些大大小小的地方都特别适合登陆，在这里可以部署大量的土耳其海岸防卫军队。由于要塞的工事和重型炮台都是为了争夺水道而布置的，敌军在亚洲海岸登陆后可以对我军后方进行进攻，这为敌人提供了极好的机会。这里的交通情况还算不错，因此是最危险的地方。

在加里波利半岛有三个地方被认为是特别重要和充满危险的。

第一个是半岛南端的赛迪尔巴希尔和泰科海角（Tekke Burnu①），因为这个地区可以被敌军舰队的炮火覆盖。在南部地点成功登陆后，敌人将面对一个非常显眼的秃峰阿奇巴巴（Achi Baba）高地，这是下一个决定性的目标。在这之前，平缓上升的地面没有提供巨大的地形障碍。从阿奇巴巴山脊的顶部，土耳其沿海岸的部分工事和炮兵连可能会遭到直接的炮火袭击。

第二个必须快速采取对策的地方是加巴山丘（Gaba Tepe②）两边的海岸线。这里是一片广阔平地，只有一处隆起的高地，直通达达尼尔海峡附近的迈多斯镇，而迈多斯镇两侧高地上堡垒的炮台肯定会被摧毁。在加巴山丘北部，艾瑞海角（Ari Burnu）的陡峭高地紧靠海岸，有一个保护良好的着陆点。如果敌人通过加巴山丘向迈多斯镇发动主要攻势，就必须守住艾瑞海角高地，因为这些高地与前面提到的平原相连接。

敌军可能登陆的第三个特别重要的地方是在欧洲部分靠近萨罗斯湾的布莱（Bulair）附近，那里的半岛宽度在 5 ~ 7 千米。在这个地区，敌军不需要用炮火攻击要塞，很有理由相信敌军会从这个极具战略价值的地方登陆。在该地区登陆的话，半岛会被一分为二，我军将与君士坦丁堡和色雷斯地区失去联系。如果敌人占领萨罗斯湾和马尔马拉海之间的狭窄的山脊，一旦英

---

① Burnu 在土耳其语中是海角之意。——译者注
② Tepe 在土耳其语中是土丘、山丘之意。——译者注

国的远程大炮在夜间借助于探照灯控制马尔马拉海这片狭长的海域，第五军团与陆地的一切联系都将被切断，水路的联系也将陷入危险。自1914年12月初以来，敌方潜艇就一直在水雷区活动，并试图进入马尔马拉海。它们将有助于完成对我军的分割。按照各地敌军登陆的危险程度，我把军队分成了三部分。第五师和第七师驻扎在萨罗斯湾，第九师和新成立的第十九师奉命前往半岛南部，第十一师和第三师一起驻扎在亚洲一侧，第三师将很快乘船抵达。

到1915年3月26日为止，5个现有师的位置必须完全改变。它们被分散布防在整个海岸，有点像过去的边防部队。敌人登陆时到处都会遭到抵抗，但我们却没有后备力量来阻止敌人更猛烈的进攻。

我命令各师把他们的部队团结在一起，只派最重要的分遣队到他们各自区域内的海岸巡逻。

不管怎样，考虑到我们薄弱的兵力，我们的胜利并不在于固守，而在于我们三个战斗群的机动性。

下一步需要让部队士兵在他们的新阵地——他们已经在海岸固守——通过行军和演习让他们在关键时刻保持灵活性。为了在适当的时候不耽误时间加快部队的行动，我们在海峡内的适当港口集结了船只，各劳工营立即开始在各区之间建立直接的交通和通信联系。目前，半岛上几乎没有一条能通行车辆的路，那里只有供成群结队的驮畜行走的步道和山间小路。

为躲避敌方飞行员的攻击，我们通过夜间行军占据了新的阵地。

第五军团连一架飞机也没有。在恰纳克莱（Tschanak-Kale）的几架飞机属于要塞部队，几乎不能满足需要。

在那些日子里，部队演习的计划都很谨慎，因为敌军舰船到处巡航，并向任何可见的土耳其部队开火，使我们大为吃惊的是，那些敌军舰船甚至向那些单独的骑兵或行人开火。

为了改善沿海最危险地带的野战防御工事，所有可用的人都被派去工作，而且大部分是在夜间施工。土耳其缺少可用于给敌军设置障碍的军用材料和工具，但我们已经尽力了。鱼雷头与常规地雷一起使用，花园和田地的篱笆上的木头和电线都被用掉了。在特别适合登陆的地方，带刺的铁丝被延伸布置到水下。

敌人的报纸后来经常说，英国飞行员在登陆前没有准确地看到和报告土耳其军队的位置。这可能不是很正确。敌军的登陆计划似乎是根据飞行员的报告制定的，由于我们采取了预防措施，在过去几周内实行的新部署，敌人可能并没有发觉。

3月底，第五军团接管了被摧毁的赛迪尔巴希尔和库姆卡莱要塞，因此要塞只能保卫海峡的内侧。

4月24日，第十一师在贝西卡湾进行了一次针对敌军登陆的作战演习。傍晚时分，我回到了加里波利。

4月25日凌晨5时，司令部从各师接连收到大量敌军已登陆或即将登陆的报告。

从亚洲一侧的南部开始，第十一师报告说，贝西卡湾附近集结了敌对的战舰和运输船，威胁要登陆。

这里再往北一点，在库姆卡莱，第三师的先头部队与法国军队激战，法国军队在本国舰队猛烈炮火的掩护下靠岸登陆。

第九师的先头部队在加里波利半岛南端的赛迪尔巴希尔、西辛格德尔（Sigindere）山谷入口处的泰科海角和莫尔托湾（Morto Bay）与英军争夺登陆点。这些海岸和后方的乡村都被英国大口径海军大炮的可怕火力所覆盖。

在加巴山丘和前面提到的迈多斯的另一边，以及在艾瑞海角，英军从英国战舰和运输船上下船，敌方战列舰排成半圆形，用最重型的炮火覆盖打击岸边和后方的地面。

在离我们最近的上萨罗斯湾，无数的军舰和运输船正在向海岸靠近。不久，我们清楚地听到从那个方向传来一阵阵连续不断的炮火轰鸣声。

从清晨那么多报告战况的军官苍白的面孔上可以明显看出，尽管肯定会有敌军登陆，但登陆人数如此之多，这让许多人感到惊讶，让他们充满恐惧。我的第一感觉是我们的安排不需要改变，我对目前的战况十分满意。敌人的登陆部队选择了我们认为最有可能登陆的地点，在这里我们为防御做了特别准备。

在我看来，敌军在所有这些地方进行大规模登陆似乎是不可能的，但在那一刻，我们无法辨别出敌人到底在哪个地方进行真正的登陆主攻作战。

我在加里波利城向第七师发出警报并命令他们立即向布莱进发后，我和我的德国副官们骑马前往布莱高地。

在狭窄的山脊上，既没有树木挡住视线，也没有灌木遮风挡雨，我们可以饱览上萨罗斯湾的全景。在我们面前大约有 20 艘大型敌舰，还有一些军舰和一些运输船。一些船只紧贴在海岸的陡坡下，其他的船只在更远的海湾停泊或仍在航行中。从战舰的侧面不断地冒出火和烟，包括我们山脊在内的整个海岸都被炮弹和弹片覆盖着，那是一个令人难忘的画面。然而，在任何地方，我们都看不到任何部队从运输船上下来。

过了一会儿，指挥第三军团的埃萨德（Essad）帕夏来到我们的高地，带来详细的报告。报告指出，迄今为止英国在半岛南部的登陆部队已被第九师击退，但敌人仍派出更多的部队顽强地作战。我军在加巴山丘的作战一切都很顺利，敌人还没有站稳脚跟。但在艾瑞海角，尽管第十九师正在进军夺回这些地方，但沿海的高地仍在英军手中。尚未收到亚洲部分详细的报告。

我命令埃萨德帕夏去寻找他能找到的任何船只，然后去迈多斯指挥半岛南部的作战。

我不得不暂时留在布莱，因为在这个时候保持半岛的联通是至关重要的。我知道亚洲那边的军队都在韦伯上校的稳定控制之下。这是达达尼尔战役的开始，这场战役持续了八个半月，算上双方在加里波利半岛作战的士兵总数超过 75 万人。

敌人的准备工作做得很好，唯一的缺点是他们的侦察工作方式太陈旧，并且低估了土耳其士兵的抵抗能力。因此，他们未能在头几天取得决定性的战果，这些战果本可以把这次伟大的行动转变为一项决定性的、迅速的军事胜利。据我们估计，敌人用了 8 万到 9 万人来争取第一次战斗的胜利。第五军团人数至多有 6 万人，这其中还要算上保卫其他地方的部队。此外，敌人炮火的优势是如此之大，难以估计。敌军的交通运输能力更是不可估计的。

4 月 25 日，在我方阵前沿海的各个观察点发现了近 200 艘军舰和运输船。

汉密尔顿将军认为他的任务并不轻松，这可以从他登陆前的讲话中看出，翻译过来是这样的：

远征军总司令部

1915 年 4 月 21 日

法国士兵和英国士兵

摆在我们面前的是一场现代战争中前所未有的冒险。我们将与我们的舰队同志们一起，面对我们的敌人所吹嘘的坚不可摧的阵地，我们在开阔的海滩上登陆。

在上帝和海军的帮助下，登陆将会成功。这些阵地将被攻占，战争使光荣的胜利又向前迈进了一步。

基奇纳勋爵在向您的指挥官告别时说："记住，一旦你踏上加里波利半岛，你必须战斗到底。"

全世界都将注视着你的进步。让我们证明自己配得上国家赋予我们的伟大使命。

汉密尔顿将军

甚至他的敌人也认识到，汉密尔顿将军的部队在这次登陆中英勇无畏、坚韧不拔，这使他信心倍增。

4 月 25 日，萨罗斯湾的敌军运输船一再把试图接近海岸但被我军炮火打击下着火撤退的船只上的火扑灭。在我看来，这一行动是一次佯攻。我们注意到，这些运输工具吃水并不深，因为从船的侧面可以看到。所有运输船的甲板上都排列着一排排浓密的垂直树枝，因此看不见船上是否有部队，但是敌军军舰的炮火没有中断。

当天下午，参谋长从加里波利那里得到消息。根据报告，所有敌军对贝西卡湾的进攻都被击退了，也许这是一场佯攻。

不久，迈多斯的埃萨德帕夏发来一封电报，说在半岛南赛迪尔巴希尔和莫尔托湾的艾斯基希萨里克（Eski hissarlik）的防御迫切需要增强。敌人已经在那里站稳了脚跟，并且不断发动强攻。指挥第九师的萨米（Sami）贝伊上校把他最后的预备队投入战斗。我对敌军在萨罗斯湾佯攻的猜测越来越多地被证实，我在布莱西南的岔路口停了下来，命令第七师在那天晚上和加里波利港的两个营的士兵乘船出发，让他们到埃萨德帕夏那里报到。与此同时，我命令在萨罗斯湾东岸待命的第五师立即向沙克伊（Scharkeui）派出3个营的士兵，并在夜间把他们送到迈多斯。所有这些运输必须在晚上进行，因为敌军的潜艇已经通过海峡进入马尔马拉海。25日上午，敌军从后方对我们在布莱高地的部队发动炮击。

在萨罗斯湾，我认为我方足够强大，即使敌人试图在夜间登陆。

我在深夜收到一份报告，敌人在加巴山丘的一切登陆行动都已被击退，第十九师已击退故军。澳新军团正通过科贾溪谷（Koja Dere①）前进，现在正与第十九师争夺沿海海岸的高地。

考虑到晚上敌人仍有可能在萨罗斯湾登陆，我一直待在布莱高地直到第二天早上。但是，除了炮声外，夜晚是静悄悄的。这些敌舰船经常改变位置。敌船集中在上萨罗斯湾完全被认为是一次佯攻，4月26日上午，我命令第五师、第七师更多的部队要在第二天晚上到迈多斯，这两个师的野战炮兵要从陆路行军到迈多斯。我任命第五军团参谋长卡齐姆贝伊中校在上萨罗斯湾指挥战斗，并指示如果在接下来的24小时内没有敌军登陆的话，就派第五师和第七师的所有剩余部队前往迈多斯。

事实证明是这样的。因此，当敌人的战舰和运输船继续示威，把部队滞留在那里时，上萨罗斯湾几乎完全没有土耳其军队。最后，卡齐姆贝伊只有一个站务连和几个劳工营，他们把帐篷搭在山脊的边缘，以佯装部队的存在。从上萨罗斯岛海岸撤出所有军队对我这个负军事责任的领导人来说是一个严肃和沉重的决定。但是，半岛南部的敌人具有极大的优势，所以必须冒这个险。如果英国人注意到这一弱点，他们可能会毫不犹豫地利用这一弱点。

---

① Dere 在土耳其语中是溪谷、山谷之意。——译者注

英国人从萨罗斯湾用他们军舰上的重型炮火间接轰炸加里波利，摧毁了许多港口附近的房屋。

4月26日清晨，第五师和第七师的增援部队到达迈多斯，埃萨德帕夏立即将他们派往驻守赛迪尔巴希尔的南部部队那里作战，因为那里的战斗非常激烈。第五师的一些小分队不得不被派往艾瑞海角以支援第十九师。

在登陆后的最初几天里，很难保持各支部队的完整，因为危险的程度决定了对增援部队的使用。

冯·索登斯特恩（von Sodenstern）中校率领第五师抵达赛迪尔巴希尔并指挥那里的作战行动。我任命埃萨德帕夏在艾瑞海角的前线指挥作战。

我和我的两个德国同伴［骑兵队上尉普利格和兽医队上尉蒂米（Thieme）］在马尔山丘（Mal Tepe）的埃萨德帕夏驻地的帐篷里住了下来，那里处于一座小山上，离艾瑞海角的战场有4.5千米。第五军团的参谋部暂时留在加里波利。

经过四天艰苦卓绝的战斗，我们取得了不同程度的成功，由尼科莱指挥的第三师使在卡库姆莱镇登陆的法国军队损失惨重。4月29日晚上，第三师向叶尼谢赫（Yeni Shehr）的法国殖民地军队和第一百七十五步兵团的驻地挺进，把他们赶回了船上，彻底消灭了亚洲部分的敌人。从大局来看，这是很有价值的。要塞最易受攻击的一面不再受到威胁，土耳其第十一师现在可以撤回到加里波利半岛南部敌人可能登陆的地点。

这支部队立即开始向恰纳克（Chanak）进发，在接下来的几个晚上，他们乘船穿过海峡到达欧洲海岸，并加入了赛迪尔巴希尔前线的战斗。第三师在把各路人马分散到半岛战场后，现在仍然独自守卫着达达尼尔海峡南边的亚洲海岸。

为了理解下文对达达尼尔战役的简要描述，这里应该指出，这些战役几乎都是由我指挥的第五军团单独进行的。土耳其和德国海军参加作战并不多。

我发现，在德国存在着相当错误的观念。在那里，人们经常在演讲和写作中坚持认为在达达尼尔战役中，土耳其陆军和海军在战役中参与了同等的战斗，这对战争的结果具有非常重要的影响。

土耳其和德国海军没有直接参与战斗，只是向第五军团提供了两个机枪小分队，大约有 24 挺机枪，这对第五军团帮助很大。我方军舰"海雷丁巴巴罗萨"号、"托尔古特雷伊斯"号、"老韦森堡"号和"沃尔斯"号在登陆后的前几个星期里，从海峡间接向艾瑞海角附近的英国登陆地点和军舰开火。5 月 12 日晚上，土耳其鱼雷艇在海峡入口处活动，不幸的是，德国潜艇的活动非常短暂。"戈本"号和"布雷斯劳"号在八个半月的达达尼尔战役中，从来没有进入过达达尼尔海峡。

冯·乌泽多姆上将率领的德国海军分遣队致力于达达尼尔海峡和博斯普鲁斯海峡工事和炮台的修建，没有参与第五军团在加里波利半岛的许多战斗。海军分遣队的任务都是在海峡的内部进行的，而除了一些部队在半岛南部内海岸作战外，大的战役都是在外部海岸进行的。在亚洲海岸上的伊因山丘（In Tepe）要塞的大炮对敌军登陆地和赛迪尔巴希尔的营地，以及从那里向北的交通线，起到了保护作用，但距离太远，地形又太复杂，对北方的战线无能为力。由于要塞大炮弹药不足，从亚洲一侧对赛迪尔巴希尔和莫尔托湾的频繁而持久的炮火掩护无法持续到秋天。

我毫不怀疑伊因山丘要塞的炮击经常对敌人造成威胁，有时敌人还派军舰来轰炸要塞炮台。但与半岛上的大战相比，这一切都是次要的。

后来，恩维尔下令将要塞的几个重炮连交给第五军团指挥，因为第五军团没有任何型号的重炮。

敌军登陆后不久，恩维尔从君士坦丁堡发来紧急命令，要把强大的英国登陆部队从赛迪尔巴希尔、泰科海角和莫尔托湾赶出半岛。这也是第五军团的目标，但是这个决定超出了我们的能力。

敌人的海军炮火从三面完全覆盖了半岛的南部。从冯·索登斯特恩部队的位置上看，灰色船只的密集线条，以及混乱的桅杆和烟囱，让人联想到这是一个极好的港口。海军机枪支队队长，勇敢的博尔茨（Boltz）中尉，描述了他在 5 月 3 日晚上到达赛迪尔巴希尔战场时所看到的场景：

　　　　战场上呈现壮丽而可怕的景象。半岛的岬角被敌军的战舰和运输船围绕。敌舰上的大炮在巨大的探照灯的协助下，对土耳其军队的防线进行了猛烈的轰击。

敌人的军舰全力保护登陆部队。在那个时候，我方只有野战炮，这是击退敌人陆上进攻所急需的，而且即使在当时也必须节省使用弹药。我们的大炮的火力和射程有限无法对这些敌舰进行有效的打击。

除了发动夜袭把敌人登陆部队赶回船上外，我们别的什么办法也没有。根据第五军团的命令，冯·索登斯特恩上校在 3 个晚上进行了这种尝试。从君士坦丁堡赶来增援的军队都受他指挥。这 3 次攻击都是在黑暗中成功地进行的，其中一次接近了赛迪尔巴希尔，但无法达到目的。每一次黎明到来后，敌舰压倒性的火力迫使土耳其军队撤退到他们的位置。土耳其军队缴获的机枪也只有一部分能被运走。

虽然这对我来说很痛苦，但我现在不得不下令放弃对赛迪尔巴希尔前线的进一步攻击，并继续处于守势。没有一寸土地被放弃，但敌人离他们的下一个大目标——阿奇巴巴山脊不远。我命令第一线的土耳其军队尽可能地靠近敌人。两军战线相距几步远，就能让敌舰的炮火失去威力，如果敌舰开火的话同样会危及他们的军队。我们让敌军首领和士兵们明白了这一点。

达达尼尔战役是世界大战中唯一一次陆军必须同敌人的陆军和海军进行持续战斗的重大战役，因此必须在此指出，敌军战舰的炮火为登陆部队提供了强大的支援力量。没有一门重炮能像舰艇上的大炮那样，如此轻易地改变位置，并将火力对准敌人的后方。此外，舰上的大炮可以像在射击场上那样直接开火，而不需要让自己处于火力攻击范围内，而且敌军可以用热气球和飞行员协助观测战场情况。热气球和飞行员都是第五军团所缺少的。

在艾瑞海角，我们同样没能把敌人赶出海岸。4 月 29 日，土耳其军队的一次猛烈进攻把一部分登陆的澳大利亚人和新西兰人从他们已占领的地方赶走。当他们正准备重新登船撤离时，增援部队匆忙赶到了，战舰的到来使战场情况又恢复到了原来的情形。应该记住的是，敌人的基地伊姆罗兹岛，离艾瑞海角不到 20 千米，英国在那里储备了充足的军用物资和船只。

后来，在舰队进行最猛烈的轰炸后，由澳大利亚和新西兰军队组成的澳新军团对土耳其防线发动了几次猛烈攻击，他们的进攻总是失败，并且损失惨重。

经过前两周的血腥战斗，我必须下令让埃萨德帕夏放弃任何大规模的进攻，直到下一个命令的到来。并让他坚决守住我们在山脊上的阵地，利用每一点有利的地形和每一个黑暗的夜晚，把我们的前线推进到离敌人几步以内。通过这种方式，我们使英国军舰上的大炮无法打击土耳其军队的战壕。

就这样，在大登陆后仍在敌人手中的两条战线上，五月上旬的运动战逐渐变成了阵地战。

加里波利半岛上为数不多的几个位于两条战线或两条战线后方的村庄，被英国军舰炮火严重破坏。4 月 29 日，在英国军舰的炮火打击下，繁荣的迈多斯港陷入一片火海。第一座被英国海军炮弹破坏的建筑物是当地一家挤满伤员的大医院。尽管尽了一切努力，许多土耳其人和大约 25 名受伤的英国人还是成为这场炮火打击的受害者。许多居民也同样死亡。男人、女人和儿童都在努力保护他们最不可或缺的财产，不得不从他们的房子里逃离。为保护他们的生命，他们从基利德（Kilid）湾被转移到亚洲一侧。在迈多斯，那里既没有防御工事也没有军队，结果是没有一幢房子或一堵墙能够完好无损地保留着。

和诸如科贾溪谷的土耳其其他村庄一样，布莱、卡拉布尔加斯（Kara Burgas）、杰尼奎（Jenikeui）和加里波利城也受到严重破坏，就像比利时和法国北部坚持要求被摧毁的部分重建一样，土耳其人同样可以要求重建加里波利半岛上所有被摧毁的地方，尽管它们没有任何军事价值。

和位于达达尼尔海峡内部欧洲海岸的村庄一样，第五军团的港口阿克巴什（Ak Bashi）和基利阿（Kilia）同样遭受了敌舰猛烈的炮火打击，它们是大部分食物和军事补给的卸货港。

给第五军团运送食物尤其困难。色雷斯的乌桑科普里①（Usunküpri）火车站离这里很遥远，交通工具也很少。在那个时候，土耳其军队没有卡车，骆驼和土耳其牛车的纵队费了很大的劲才把几吨物资运到前线。因此，第五军团的补给几乎完全依赖通过马尔马拉海的水路运输，英国和法国的潜艇试图在马尔马拉海封锁这条航线。幸运的是敌军的潜艇没有做到这一点，否则第五军团早就饿死了。

在判断潜艇的行动时应该注意到，在马尔马拉海狭窄的公海海域，敌军同时行动的四五艘潜艇无法阻止我军船只的运输。几艘土耳其船只被敌军潜艇的鱼雷击中，但大多数船只可以在夜间从一个军队的驻地航行到另一个军队的驻地。各种各样的东西通过帆船和拖曳器械运送上岸。

与此同时，韦伯上校开始在亚洲地区待命，并于5月5日从冯·索登斯特恩上校手中接过了加里波利半岛南部驻军的指挥权。冯·索登斯特恩上校膝部受了重伤，不得不前送往君士坦丁堡治疗。土耳其军队的前线位于克里希亚（Krithia）以南约1.5千米处，从西边的爱琴海海岸到东边的达达尼尔海峡横穿半岛南部的狭窄处。双方开始建造三道或三道以上的完整的防御工事系统，其中有许多防空洞和许多很长的通道。双方使用的工具截然不同。敌人控制了世界上大部分的资源，拥有最现代化的战争物资，可怜的土耳其人几乎没有挖战壕的工具，经常不得不从敌人手中夺取工具来建造他们的工事。防空洞的木头和铁板是从被摧毁的村庄中收集来的。即使是沙袋，在任何地方都买不到足够的数量。当几千人从君士坦丁堡赶来时，这些人有被部队领导用来修补他们手下破旧制服的可能性。由于安纳托利亚士兵的坚忍克己，所有这些困难都被克服了。

军官们再也没有士兵那样的勇气了。在接下来的几周里，我收到了来自各方重复而紧急的建议，把半岛南部军队的前线移回阿奇巴巴，因为克里希亚南部的平地上没有天然的阵地。在激烈的讨论之后，我拒绝了这些建议，因为它们会完全破坏我的分步防御原则。很明显，我们越往北撤退，随着战

①　乌桑科普里也称乌赞库普鲁（Uzun Kupru）。——译者注

线拉长就越需要更多的军队来防御，因为加里波利半岛向北逐渐变宽。此外，与阿奇巴巴并行的一条防御线，从各个方向都可以看到，将为敌方势不可挡的海军炮火提供一个绝佳的攻击目标。最后证明我对这些事件的判断是对的。

在由埃萨德指挥的艾瑞海角前线，大片的山地地形有利于土耳其人再次构筑野战防御工事，这比南线的条件要好很多。由于我军的防线向北和向南延伸，战舰的大炮只能朝一个方向开火，最多也只能从侧面开火。在这条战线上，尽管澳大利亚人和新西兰人很勇敢，但敌人的进展很有限。因此在一些地方，英军的阵地距离登陆点只有 800~1200 米。大约在这个时候，到达第五军团的增援部队包括第四师、第十三师、第十五师和第十六师。也就是我曾经阻止过派往高加索的第五军团的军队。

除了这些新部队外，我们还逐渐得到一些重型大炮，不过是老式的或过时的型号。这是必要的，因为对方军队正在把越来越多的各种口径的重炮部署在岸边和前线。

第五军团的弹药供应没有保障。步兵弹药充足，但炮兵弹药从一开始就不足。由于君士坦丁堡没有高效的火炮弹药工厂，而且中立国不允许运输德国弹药的运输工具通过，土耳其炮兵连不得不从战斗一开始就节省使用弹药。考虑到土耳其人的许多其他困难，这很难与敌人的无限弹药供应相比。

春天，德国海军皮珀（Pieper）上尉在君士坦丁堡建造了一个火炮弹药厂。但对土耳其军队炮弹缺乏的情况缓解有限，因为工厂的机器和材料都不符合标准。通过观察这些生产炮弹的效果，我们很快得出结论，英国人并没有把它当回事。敌军俘虏说，平均有二十发炮弹，但只有一发会爆炸。但这种帮助仍然是受欢迎的，因为有些炮兵不得不发射空弹，以使步兵相信他们得到了炮火的支持。

1915 年 5 月，我军总司令部从加里波利城出发，驻扎在距离艾瑞海角前线 5 千米处、博加利（Boghali）村 3 千米处的营地。这个营地周围遍布低矮的松林，敌军飞行员从未发现这里。我们还采取预防措施，使通往营地的道路不容易被看见。尽管如此，营地还是遭到了几次轰炸，这应该是意外，因为整个狭窄的加里波利半岛有时都被敌人的海军炮火淹没了。

5 月 10 日，训练有素的第二师从君士坦丁堡赶来。我把该师放在艾瑞海角战线的后方，以便通过最后一次决定性的进攻把敌人从这片海岸赶走。5 月 18 日至 19 日夜间，该师向敌人阵地的中心挺进，突破了第一道防线，又突破了第二道防线。但是英国的近战武器装备和后备力量是如此强大，以至于我们无法取得决定性的战果。双方的损失都很大——我们勇敢的第二师损失了近 9000 人——以至于当地的英军指挥官要求暂时停止敌对行动，埋葬他们的尸体，我在 5 月 23 日同意了。这是达达尼尔海峡上唯一一次战斗暂停的情况。

我觉得这次攻击是我对敌人实力估计不足造成的。我们不仅大炮数量少，而且弹药少，一定达不到预期作战目的。

我们现在逐渐有了这样一种感觉，即敌人是在寻求对赛迪尔巴希尔的南线发起决定性的攻势。敌军不断加强力量并重新发起猛烈的进攻。另外，在艾瑞海角，前几个星期很少有联合攻击，行动有些断断续续。小的行动日日夜夜接连开展，有时在不同的地方有所增加。

5 月，土德海军对敌海军发动攻击，使我们暂时松了一口气。5 月 13 日晚，土耳其鱼雷艇"穆阿凡特米列特"（Muaranet-i-Millet）号在费莱（Firle）中尉的指挥下，在莫尔托湾附近的达达尼尔海峡最南端击沉了英国战列舰"歌利亚"（Goliath）号。这次攻击准备得很充分，出乎敌人预料，鱼雷艇得以毫发无损地从海峡撤退。

5 月 25 日和 27 日，抵达的德国潜艇取得了重大战果，赫辛（Hersing）中尉指挥潜艇用鱼雷击沉了在海峡外围的英国战列舰"凯旋"（Triumph）号和"威武"（Majestic）号。现在，敌人暂时把他们的大部分战列舰撤回到受保护的伊姆罗兹岛和利姆诺斯岛的港口。在接下来的几个星期里，敌军登陆部队的炮火支援主要来自驱逐舰和鱼雷艇。然而，与此同时，敌军把所有防御潜艇的有效手段都投入使用，敌人拥有一切他们想要的军需。此后，在接下来的七个月的战斗中，德国潜艇除了用鱼雷击沉了一艘运输舰外，没能对敌方舰队造成有效打击。

　　早在 6 月 16 日，我就不得不给驻扎在君士坦丁堡的海军司令苏雄上将发去电报，告诉他说，敌军又在使用大型运输船不受阻碍地运送和调遣他们的部队了。6 月 20 日，我给他发了电报，说敌人的战舰已开始用大炮进行攻击，与我军潜艇成功出击之前的活动一样。6 月 29 日，我告诉他，在前一天对南线右翼发动的一次大规模进攻中，敌军的火力配合得很好，在 6 月 29 日南线仍处于持续的战斗中，他们也在这样做。德国报纸上刊出的观点认为德国潜艇参战打击了敌军对加里波利半岛第五军团进攻的中坚力量，这是相当错误的。在德国国内，这样的错误言论导致了人们对潜艇作战效率的错误估计。

　　在 1915 年炎热的夏天，平静的大海和晴朗的天气极大地帮助了敌军舰队的炮火攻击，他们还通过飞机和热气球为火炮定位。加里波利半岛海岸上的炮声日夜不停。当陆上敌军火炮停止射击时，舰上的火炮开始射击，反之亦然。在所有的攻击中，陆上和舰上的大炮相互配合。

　　唯一参加过加里波利半岛达达尼尔战役的德国部队在 6 月底加入了第五军团。这是一个临时组建的德国工兵连，其军官和士兵通过不同的路线进入土耳其。这个连有 200 人，部署在赛迪尔巴希尔的南线。由于炎热的气候和不适应在土耳其的生活，他们尽管没在战争中遭受严重伤亡，但人数很快减少到 40 人。他们现在被分配到两条战线负责修筑工事。他们以这种身份为我军提供了宝贵的服务。

　　在这场战役中，没有其他的德国部队到达加里波利。个别的德国军官和非现役军官，后者主要来自炮兵，在各司令部和第五军团的部队中任职。由于损失惨重，战事不断，南线的部分土耳其军队不得不补充力量。土耳其第二军团的到来缓解了他们的压力，第二军团司令韦希布（Wehib）帕夏接替了韦伯上校的职务来指挥赛迪尔巴希尔的南线部队。韦希布帕夏是埃萨德帕夏的弟弟，埃萨德帕夏这时是艾瑞海角战线的指挥官。这两个兄弟紧密团结，成为两个战线部队的领导者，这是一件好事。它消除了土耳其将军之间经常因嫉妒造成缺乏合作的问题。韦希布帕夏是个精力充沛的人，在这个位置上他在各方面都证明了自己是一个有决心和远见的领导者，而这一赞扬也同样适用于他在艾瑞海角的哥哥——英勇的骑士埃萨德帕夏，他是巴尔干战争中著名的贾尼娜（Janina）保卫战的领导者。

7 月 13 日，正当赛迪尔巴希尔的军队被第二军团的部队换下时，英法军队发动了猛烈的进攻，但被我们艰难击退，我们没有动用最后的预备队。对我们来说，很幸运的是，英国人的攻击从未持续超过一天，而且时不时会有几天的停顿，否则我们就不可能补充炮弹了。

在 7 月下半月，有谣言说敌人将会进行一次大规模的登陆作战。16 日从萨洛尼卡我军情报人员那里传来的报告说仅集中在利姆诺斯岛上的敌军就有 50000 ～ 60000 人，集结在那里的战船和运输船共有 140 艘。其他消息来源则给出了更高的数字。再次登陆的可能性在于，过去几个月的激烈战斗并没有使敌人明显地接近其目标。当时，英国海军大臣丘吉尔在一场被广受欢迎的演说中说，登陆军队的最后胜利已经在望。

在前线，几乎看不出有什么迹象表明会有这次登陆行动。南线的两边都在海面上，西面是大海，东面是达达尼尔海峡。在那里战线可以加强，但不能扩大。

在艾瑞海角战线，敌军的两翼在开阔的平地。英军右翼曾多次试图取得进展。唯一的结果是，土耳其左翼稍微向后退缩。在英军的左翼，一支仅一个营多一点的分遣队已经从侧翼被调开向北推进了一段距离。在我看来敌人的这次推进取得不少效果，但埃萨德帕夏却看不出其中有什么危险。我们几次努力试图把这支敌军部队赶回去——甚至连指挥部的守卫也加入了进攻——都遭到了敌军强烈的抵抗，最终失败了。

只有这些迹象表明他们打算在这一地区扩大战争。敌人有可能进攻上萨罗斯湾处狭窄的地峡，把半岛与君士坦丁堡完全隔开。之前敌军在亚洲海岸的登陆作战失败排除了在那一地区再次登陆的可能性。

艾瑞海角战线和南线之间的空地是第五军团最担心的地方，因为如果敌军在那里登陆会危及南线部队的后方。

由于南线部分部队的救援和增援部队的到来，有几支部队可用，坎奈吉赛尔（Kannengiesser）上校带领的第三师被派遣推进到凯阿尔山丘（Kaial

Tepe）西坡的开阔地带。在埃萨德帕夏军队的北面，从阿兹马克山谷（Azmak Dere）的阿纳法塔萨吉尔（Anafarta Sagir）到苏夫拉湾的海岸由三个营、一个中队和四个炮队组成的分遣队守卫，由来自德国巴伐利亚的威尔默（Willmer）少校指挥。步兵团由布尔萨宪兵营、加里波利宪兵营和第三十三步兵团组成。在上萨罗斯湾，第七师和第十二师已经做好战斗准备。

在为即将到来的敌军新登陆作战做准备的过程中，我被德国野战军总参谋长的命令吓了一跳，他命令我到德国陆军总司令部开会。我立刻意识到，从战场前线回到遥远的本土总司令部意味着什么。我在此逐字引述有关的信件内容，以便每个人都能形成自己的看法。

德军总司令部1915年7月8日。在收到我关于达达尼尔海峡事件的报告时，陛下要求我向阁下传达他对你工作的高度赞赏，陛下知道阁下已充分认识到这项任务的重要性及其与战争进程的关系，并坚定地信任上级的领导等。

冯·法金汉[①]

德军总司令部1915年7月22日。致武官。从这里收到的报告来看，敌人很可能在8月初对达达尼尔海峡发动一次猛烈的攻击，也许会在萨罗斯湾或土耳其亚洲海岸登陆。节约弹药是正确的举措。

冯·法金汉

德军总司令部1915年7月26日。致冯·法金汉将军，同样致土耳其政府、恩维尔帕夏将军和利曼·冯·桑德斯将军，以便向德国野战军总参谋长通报达达尼尔海峡的情况，如果土耳其政府派利曼·冯·桑德斯将军到总司令部，陛下将不胜感激。军队元帅冯·德·戈尔兹男爵可以代替利曼·冯·桑德斯将军指挥达达尼尔战役。如果需要军官，冯·洛索（von Lossow）上校可以被任命为他的参谋长。

[①] 冯·法金汉全名为埃里希·冯·法金汉（Erich von Falkenhayn，1861年11月11日至1922年4月8日），又常译为埃里希·冯·法尔肯海因，德国军事家、步兵上将，1914年至1916年任德军陆军总参谋长。——译者注

在这关键时刻，我在第一封电报之后没有预见到他们打算更换战场指挥官。我于 7 月 28 日给德国内阁大臣的答复如下。

有人要求派我前往总司令部将达达尼尔战役的情况告知冯·法金汉将军。这一指示是在我领导第五军团连续作战 3 个月之后发出的，是在恩维尔多次向我表示感谢和信心之后发出的，是在敌人猛烈进攻即将来临的时刻发出的。而冯·法金汉将军与这些行动毫无关系。我强调，并不是陛下命令我去开会的。同时，军队元帅冯·德·戈尔兹男爵被建议作为我的继任者。作为他的参谋长，我的职责是提交他所需的报告。由于这肯定不是土耳其政府或恩维尔要求召回我的。我想知道，这是否是陛下的要求。我请求从土耳其军队中调离。

利曼·冯·桑德斯

不到两天，我就收到了回信，说目前暂时不打算召回我，但总参谋部希望让冯·洛索上校加入我的参谋部。他很快就到了，但没待多久，因为我确实没有正式的工作给他做。

此后不久，我从君士坦丁堡秘密地、详细地听到了这件事的情况，这件事起源于君士坦丁堡，而恩维尔并没有参与其中。为了不展开对激烈斗争和政治阴谋的叙述，我在这里不再多说了。

君士坦丁堡传来了一个令人担忧的消息，说敌人新的大规模登陆作战行动即将开始。军事顾问团的副官依据一个可靠的消息来源告诉我，人们对敌人这一新的行动的成功抱着如此肯定的态度。已经有人在佩拉街租房子等待英国军队的进入，英国大使馆正在检修，床上也盖了新被子。我只是回答说，我请他为我在佩拉街租一间房子。

其他消息来源报告说，敌人即将在艾瓦勒克和士麦那等地登陆。

第九章　达达尼尔战役的第二阶段

1915 年 8 月 6 日晚，敌人开始了新的大规模攻击行动，在此期间，5 个新的英国师陆续登陆，其中包括一个骑兵师，他们在加里波利半岛位于艾瑞海角和苏夫拉湾北端之间的地方登陆。与此同时，在赛迪尔巴希尔的南线部队和艾瑞海角的部队左翼受到猛烈攻击。

埃萨德帕夏一开始认为敌人决定性的攻击是针对他的左翼，但在 6 日晚上，人们发现敌人在艾瑞海角的海滩上，正在沿着海岸向北移动，而在更远的北方，强大的敌人正在各个地点登陆。这是决定性的时刻。第一批报告是在晚上 9 时左右在第五军团司令部收到的。参谋长卡齐姆贝伊在下午晚些时候前往艾瑞海角与埃萨德帕夏进行会谈，在接下来的几小时内无法返回，因为在艾瑞海角后面的所有村镇都处于敌人猛烈炮火的打击之下。

接到上述报告后，我立即打电话给上萨罗斯湾的第七师和第十二师，命令他们提高警惕，准备立即出发。大约 1 小时后，我命令这两个师立即向阿纳法塔萨吉尔以东的苏南希西里（Usun-Hisirli）方向出发。那天晚上，埃萨德帕夏向第九师发出命令，让他们向北进军。

当这个师接近科贾切门山丘（Koja Chemen Tepe）时，有报告说英国步兵正从北部攀登这座山。敌人的第一批机枪兵已经到达了山顶，而第九师的先头部队还在攀登山坡的最后一段。经过短暂的交战，土耳其人占领了高地，把英国人赶回了北坡。勇猛的第九师师长坎奈吉赛尔上校在到达高地时被子弹击中胸部。

这是我们在阿纳法塔战斗中必须克服的第一个危机。这是非常重要的，因为如果敌人能够保持对这座巨大山峰的控制，整个艾瑞海角阵线就会被迫回撤。敌人向北可控制阿纳法塔山谷，向南可俯瞰我军在达达尼尔海峡的炮兵阵地，其中有很长一段是清晰可见的。

8月7日，在阿兹马克山谷干河床以北的阿纳法塔山谷，英军占领了马斯坦山丘（Mastan Tepe），这里由布尔萨宪兵营和第三十三团第二营组成的土军部队防守。然而，英军没能登上伊斯梅尔山丘（Ismail Tepe）的顶峰，该山丘东边与马斯坦山丘相接。

8月7日上午，增援部队被派往重要的科贾切门山丘。第一个被派去的是杰米尔（Djemil）贝伊的第四师，该部队防守南线部队的右翼。右翼由维希布帕夏率领他自己的师主动增援，尽管那天他自己也遭到了几次猛烈的攻击。

8月7日下午，由第七师和第十二师组成的第十六军的指挥官向我报告了该军的到来，这使我大吃一惊。他说部队在那天进行了两次行军。因此，我亲自命令这位指挥官在8月8日拂晓时进攻阿纳法尔平原上的阿兹马克山谷两侧的敌军。

英军军队继续向北挺进。

威尔默少校实力较弱的海岸警卫队打得很好，但是他们不能永远抵抗不断得到增援的敌人。英国军队登陆越多，阿纳法尔塔山谷的局势就越危险，因此，第七师和第十二师必须立即进攻。

8月7日我还向穆罕默德·阿里（Mehmed Ali）帕夏下达命令，命令他指挥亚洲一方的部队，把不在一线的所有营都派往恰纳克。第二天晚上，他们要乘船横渡达达尼尔海峡，到达基利阿和阿克巴什。

8月8日早晨，天还没亮，我就骑着马来到了萨罗斯湾附近部队的驻地，他们将从这里准备向阿纳法塔方向发起进攻。我发现那里没有军队。最后，我见到了第七师的参谋长，他报告说他正在选择一个前哨阵地。我听他说，这两个师的大部分部队都在很远的后方，正在逼近，那天早晨肯定不会发动进攻。我现在下令在傍晚进攻，从日落开始。这样做的好处是，在黑暗中，敌军舰队的炮火不能发挥太大的作用。

傍晚时分，我从威尔默少校那里得知，第十六军的部队还没有到达我指定的集合地点，我要求指挥官汇报情况。他回答说，部队疲惫不堪，还不允许发动进攻。

那天晚上，我把阿纳法塔地区所有部队的指挥权交给了第十九师指挥官穆斯塔法·凯末尔（Mustapha Kemal）贝伊上校，该师位于艾瑞海角前线最北的地方。

穆斯塔法·凯末尔是一位敢于承担责任的领导人，他在昔兰尼加①（Cyrenaica）首次获得了军人荣誉。4 月 25 日上午，他和他的第十九师主动出击，将前进的敌军赶回海岸，并在艾瑞海角阵线那里逗留了 3 个月。他们在那里严阵以待，坚决抵抗一切进攻。我对他和部队的战斗力充满信心。

8 月 9 日上午，他受命指挥部队第三次进攻阿兹马克山谷两侧的敌军阵地，并在几个地方把敌人赶回了海岸。但马斯坦山丘仍在敌人手中。我们失去的 24 小时是无法弥补的。与此同时，相当多的英国军队已经登陆。

这是阿纳法塔战斗的第二次危机。在最后一刻，敌人在阿纳法塔山谷的推进被彻底阻止了。

8 月 10 日上午，穆斯塔法·凯末尔帕夏领导了一场主要由南线部队增援的进攻，进攻的目标是靠近科贾切门山丘高峰和毗邻的容巴希尔（Jongbahir）高地的英军，将他们在北部山坡上击退相当长的一段距离。因此，占有这座具有战略意义的山脉对确保土耳其军队的安全无疑是重要的。

8 月 15 日，第三次危机出现在敌人新登陆战场的最北端，在陡峭而光秃秃的基雷奇山丘（Kiretch Tepe）上，这个山丘从苏夫拉湾向东北方向延伸直至萨罗斯湾。加里波利宪兵营的阵地上有两门大炮，8 月 8 日他们受到轻度攻击，8 月 9 日又受到苏夫拉湾登陆部队的沉重打击。这个营作战勇敢守住了阵地。在接下来的几天里，我把第五师的所有可用兵力和来自埃德杰

---

① 昔兰尼加是利比亚沿岸城市，曾经归奥斯曼帝国管辖。在 1912 年的意土战争中，凯末尔在昔兰尼加抗击意大利的入侵。——译者注

里曼湾（杰尔默湾）海岸警卫队的一些小的分遣队派到这里，并把在基雷奇山丘的指挥权交给了威尔默少校。

8月15日，英国人凭借强大的军事力量发起了进攻。他们一开始取得了成功，向山脊中央推进。在这次行动中，加里波利营被摧毁，其勇猛的指挥官卡德里贝伊上尉受了致命伤。16日，敌人又以更强大的兵力重新发动进攻。我们估计敌人有一个半师。来自亚洲一方的土耳其营正从基利阿和阿克巴什增援，但尚未到达那座山。他们把背包放好后，很快就被带了上来。攀登基雷奇山丘是很困难的，向光秃秃的山脊前进就更困难了。因为萨罗斯湾的几艘敌军战舰对这个非常显眼的目标展开猛烈的炮火袭击，与此同时，前方的敌人利用猛烈的炮火挡住了土耳其军队。

然而，这些部队最后还是被部署在威尔默少校的几个营旁边。到了晚上，敌人已被逼退到山脊中央，原先的阵地又回到了我们手中。

从现在起，英国人被限制在山脊的西部和斜坡上，尽管有许多小的攻击但并没有取得更多的进展。

这样，我们外围阵地的第三次危机就被成功地克服了。

如果英国人在8月15日和16日占领了基雷奇山丘，他们就会包抄整个第五军团，最终的胜利就会落在他们的头上。基雷奇山丘的山脊及其南部斜坡能俯瞰广阔的阿纳法塔平原。从它的东端，一场决定性的进攻可以很容易横穿整个半岛并延伸到阿克巴什。

事实上，英军登陆部队在离海岸不远的地方已被阻止，后方的主要高地都在土耳其人手中。敌军并没有穿过半岛击退艾瑞海角和南线的土耳其人，或者完全切断他们，结果只是从艾瑞海角阵线向北推进了一部分。

毫无疑问，鉴于英国的巨大优势，成功是有可能的。英国人知道他们要在哪里登陆，可以做最充分的准备。土耳其人不得不让他们的军队随时准备应对各种可能发生的情况，他们只能逐渐地集中力量对付英国人选定的战场。英国海军的重炮从一开始就能提供任何想要的火力，而土耳其人缺乏远程大炮和重炮，只能经过很长时间才能得到。

英国方面，所有的现代作战手段都可以选择使用。

我们都有一种感觉，在 8 月 6 日开始的各种登陆之后，英国士兵在岸上耽搁了太久，而没有不惜一切代价从登陆地点向纵深推进。

对手当然不知道敌人的情况。由于土耳其人在阿纳法塔地区的弱点是众所周知的，英国领导人可能没想到土耳其的增援部队会这么快就被调来。因为土耳其军队已被英军对两条战线的猛烈攻击所牵制，也许英军很难让他们的年轻士兵在这片几乎没有道路的、岩石嶙峋的地形上迅速前进。

我提到的基雷奇山丘是土耳其人防守最脆弱的地方之一，英军如果在头两天从海岸快速推进，该地肯定会落入英国人的手中。第五军团在 8 月 6 日晚和 8 月 10 日这两天不可能去那里增援，因为距离太远了。英国人在他们的侧翼拥有这样的推进手段，他们庞大的运输船队有战舰保护。然而，英国人从他们的战线内侧开展行动，直到在内侧建立了连续的战线后，才向外侧大举推进。

第五军团不顾任何可能面临的危险，从邻近的前线调集了所有可用的部队，才成功地阻挡了敌军在阿纳法塔登陆。因此，萨罗斯湾第二次缺少军队守卫，整个亚洲海岸只剩下三个营和几个炮兵连作为海岸警卫部队。为了欺骗敌人，在接下来的几天里，炮兵连被要求向各个方向行军，以便敌人在特内多斯岛的观察站能够观察到。天黑以后，他们总是被送回自己的哨岗。

来自第五军团司令部的决定性命令已经毫不迟疑地下达，但在三次危机中，这一决定往往悬在刀口上。

阿纳法塔登陆计划是一项宏大的计划，旨在通过陆地行动打开盟军通过达达尼尔海峡的通道，同时切断第五军团的交通运输线。如果阿纳法塔登陆能使达达尼尔战役达到英国所期望的战术目标，海峡要塞上的炮台很快就会被摧毁，因为我们几乎没有弹药。海峡的布雷区可以被清除，取得胜利的英国陆军和盟军舰队的联合行动将不再受到任何的阻碍。在这种情况下，离君士坦丁堡（在土耳其－保加利亚战争中拯救了这座城市）城门不远的恰塔尔加防线将毫无价值，因为它的两侧都将遭到敌人舰队的火力打击。俄国的登陆无疑会与英法军事行动同时进行。当时，来自布加勒斯特和雅典的许多报告提到俄国军队和船只集中在敖德萨。

西方列强与俄国之间的安全联通将会建立，土耳其将会从同盟国中分离出来。在这种情况下，保加利亚完全不可能放弃它的中立地位，并使自己陷入这样一种毫无希望的军事局面中。

因此，在长达约八个半月的达达尼尔战役期间，阿纳法塔登陆具有重大政治意义和军事价值的行动。

在阿纳法塔大登陆作战时，除了前面提到的机枪支队，我们的舰队不能带给我们任何帮助。舰队最初是用于支援伊斯梅尔山丘作战的。潜艇部队不在那里。"海雷丁·巴巴罗萨"号军舰带着军火和物资，在前往我们这边的途中于 8 月 6 日在加里波利被一艘英国潜艇用鱼雷击沉。这个要塞和海军特遣队不能参加在遥远的半岛外海岸进行激烈而又具决定性的战斗。

8 月 21 日，敌军集结所有部队在新战线登陆，对阿纳法塔平原及其两侧发动了大规模进攻。这导致激烈和血腥战斗的出现，但敌军被土耳其人击退，战斗中，土耳其军队不得不使用他们包括骑兵在内的最后兵力。各种各样的英文报纸说，敌人（英军）的损失大约是 15000 人死亡，45000 人受伤。在 8 月 22～26 日，我们不得不运送 26000 名伤员到后方，他们中的大多数是通过水路送到君士坦丁堡的，因为所有在半岛上建立的新医院在大战期间都不够用。土耳其军队的医院得到了德国红十字会卫生机构的协助，这些机构包括冯·特鲁茨施勒（von Trützschler）少校和霍奇贝格（Hochberg）伯爵的医院，他们曾用自己的资金建了许多极好的医院，还有施图津（Stutzin）医生的医院，但它们不足以满足如此特殊的要求。临时为运送伤员而装备起来的医疗船或小汽船，虽然日以继夜，但还是不够用。幸运的是，在整个战争期间，第五军团没有受到任何传染病的侵害。

8 月 6 日和 7 日，所有可作战的部队都从上萨罗斯湾撤出，以加强第五军团。8 月中旬来保护萨罗斯湾的任务被委派给指挥第一军团的冯·德·戈尔兹元帅，他把司令部迁到了加里波利城。

在这场战役中，无论是在萨罗斯湾战线还是在亚洲部分，都没有发生进一步的战斗。敌军舰队的个别军舰有时会进入上萨罗斯湾对我军开火，但对做好防护的我军不会造成真正的伤害，就像之前敌舰炮火不会对我军驻守在亚洲一侧的部队造成真正伤害一样。敌人的全部战斗力量集中在加里波利半岛的三条主要战线上。

在南线的赛迪尔巴希尔，敌人的先头部队已经推进到克里希亚以南约1200米的地方。敌人多次试图在克里希亚村站稳脚跟——这个村庄已是一片废墟——但却一次又一次地被击退。协约国军队的右翼当时有 2 个法国师，3个英国师组成了中间和左翼。敌军在作战区域和部队的安排都有很大的变动。

在我们这边，维希布帕夏领导下的南线拥有 5 个师的兵力，有时是 4 个师的兵力。

敌人的大炮越来越多，但在土耳其方面，我们也改进了大炮。土耳其中校阿西姆贝伊（Assim Bci）在这方面做得很好，表现出色。南线的战斗始终很激烈。

在敌军从阿纳法塔登陆之后，埃萨德帕夏领导下的艾瑞海角阵线被一个师向南延伸至加巴山丘，因为他这一方的敌人努力突破防线并从侧翼偷袭我们。

加巴山丘的一支小股部队与南线部队保持着联系并保证了我们对迈多斯南面侧翼山脊的占有。

新成立的阿纳法塔部队在穆斯塔法·凯末尔的领导下，从基雷奇山丘的北坡一直到科贾切门山丘，与艾瑞海角前线的右翼紧密相连，该部队由 6 个师组成。在这条横跨阿纳法塔平原、与海岸平行的战线上，所有的制高点都在土耳其人的手中，并配有土耳其大炮。不幸的是，大炮数量不是很多，型号较老，除了野战炮外，其他大炮弹药短缺。否则，英军将无法在前线停留太长时间。

威尔默少校指挥下的基雷奇山丘土军最右翼的军队被编入第十一师，他们经常受到萨罗斯湾敌人军舰炮火还有前线炮火的威胁。守军仅有的口径88 毫米的远程大炮和几门 150 毫米口径的榴弹炮有时会在天黑后出其不意推到前线把敌人的军舰赶跑，但大多数军舰仍在我们的射程之外。

苏夫拉湾是英国前线北部的补给站，我们经常发现有 12～15 艘军舰停泊在那里。它们有防潜网保护，可以免受潜艇的攻击。停泊在那里的军舰不仅经常攻击第十一师，而且攻击我们第十二师的阵地，该阵地南部与第十一师毗连。

第十二师由塞拉赫丁（Selaheddin）上校指挥，后来又由赫克（Heuck）中校指挥，他们在地势低洼的地方建立了防线，以便继续接近敌人。在秋天经常下雨的天气里，他们的战壕被水淹没。这个师知道，在另一边的英国人，离海岸和盐湖更近的英国人，所处的环境至少和他们一样糟糕。

第九师将战线向南延伸到阿兹马克山谷，它的防御中心是伊斯梅尔山丘，在阿兹马克山谷以南还有 3 个土耳其师，他们将战线延长到艾瑞海角阵线的右边。

在伊斯梅尔山丘和基雷奇山丘，阿纳法塔杰出的炮兵司令莱罗（Lierau）少校在登陆的最初几天里表现出色，他的炮兵击沉了许多英国船只。在英国人离开几个月后，任何游客都能在北部海岸线上看到一个又一个的船体残骸。

1915 年 9 月，第五军团的全部炮兵部队由从欧洲西线战场赶来的格勒斯曼（Gressmann）上校指挥。几周前，韦勒上校还在指挥第五军团的重炮部队。

敌人在 9 月和 10 月频繁地进行局部的猛烈进攻，但没有取得任何实质性的战果。

9 月 4 日，我们收到了来自位于君士坦丁堡的土耳其总司令部的一份令人震惊的报告，这可能会使那些意志薄弱的人感到恐惧。我在这里一字不差地说，因为我也许会有兴趣了解一下，什么样的奇怪的消息会在战时传到领导人的耳中。

总司令部

1478 号文件

君士坦丁堡，1915 年 9 月 4 日

据报道，敌人正在计划下列活动：

敌人大型海军舰艇在达达尼尔海峡的活动引起土耳其要塞驻军的注

意，土军消耗大量的弹药打击敌军。敌人一切准备就绪，准备迅速修建一条通道，现在或正在运送物资，穿过加里波利半岛的布莱地峡，使200艘海军舰船从萨罗斯湾抵达马尔马拉海。据信，这200艘装备精良的舰船有可能去攻击君士坦丁堡。其中的50艘几乎不抵1艘巡洋舰的价值，因此即使有一部分在前往达达尼尔海峡的途中损失掉，与预期的结果相比，损失也很小。

当然这里面没有一句真话。

我在纸上做了一个笔记，这可能是从《80天环游世界》中摘抄下来的。

8月23日，几份众所周知的英国报纸发表这样错误的报道，包括对英国在加里波利半岛的进展，以及关于德国和土耳其官员之间的关系不和。四个星期后，我知道了这些。我给德军总司令部发了下面的这封电报，以反驳新闻界的谣言，电报的内容体现了我们司令部当时的意见：

> 博加利营地
>
> 1915年9月23日
>
> 英国在阿纳法塔进行的大规模军事行动可能被认为是彻底的失败。就像在艾瑞海角一样，在阿纳法塔地区和苏夫拉湾英国人占据了一小块狭长地带，他们就在海岸上筑起了防御工事并在海军的保护下得以存活。英国人的营地在海岸上到处都是。所有控制前方狭长地带的高地都被土耳其军队控制。半岛通信完全开放，没有任何中断。英军的所有进攻都被击退，损失惨重。土耳其和德国军官不和的消息纯属捏造。从君士坦丁堡传出这类消息的"肮脏的消息来源"想要散布不和，但却做不到。目前，土耳其和德国军官之间的关系可以想象是最好的。双方都为勇敢的土耳其军队的持续成功感到自豪。
>
> 利曼·冯·桑德斯

在那些紧张的战争日子里，有一件有趣的事，是一位德裔美国人写给我的一封信，内容如下。

> 尊敬的将军，
>
> 在报纸上读到你受伤，然后生病了，你已经被土耳其官员谋杀，在素丹那里失宠了，你在战斗中被杀，我现在从我的在卡塞尔的朋友埃森特劳特（Eisentraut）将军那里知道了真相。知道你很好，我把最好的祝愿送给你……

当保加利亚在9月加入同盟国时，第五军团希望早日开通从德国到君士坦丁堡的交通运输线，以便获得德国人的战争物资支持，特别是优良的火炮炮弹。这一希望直到11月通过塞尔维亚的道路打开之后才得以实现。

为了与其他部队一同准备在色雷斯执行其他的任务，第二军团的部队在9月下半月和10月上半月逐渐退出了南线的战斗。他们在南线的作战任务被驻扎在萨罗斯湾的第一军团的几个师替代。他们大部分是阿拉伯人。他们的训练和英勇都不足以应付半岛上持续激烈的战斗。很快，他们就需要与优秀的、久经考验的4个营混编在一起，给他们提供防御骨干力量。他们不适合进攻作战。

此时撤出第二军团既不是必要的，也不是令人高兴的。敌人在各条战线上的压力是如此之大，以至于部队应该经常得到调整，就像英军的情况一样。达达尼尔战役的胜利仍然遥遥无期，要使土耳其人在适当的地点恢复进攻，就需要有强大的后备力量。1916年2月，第二军团仍在色雷斯，但未进行任何作战行动。杰瓦德帕夏曾经指挥过达达尼尔海峡要塞的战斗，这次他的军队换防后，他从维希布帕夏手中接过了南线的指挥权。

大约在10月中旬，陆军元帅冯·德·戈尔兹将军被派往美索不达米亚指挥第六军团。土军总司令部重新任命巴克（Back）上校指挥在上萨罗斯湾的部队。

在这次战役中，土耳其军队的侦察能力有了很大的提高，总是有许多志愿者加入侦察队。说超出一定限度去训练安纳托利亚士兵是不可能的，这个说法是错误的。唯一的问题是，需要很长一段时间来消化和理解这种为了进攻目的的训练。这些士兵在有进取心的士官手下，他们能满足在战场上、短时间内和侦察活动中的一切要求。后来在索夫塔山丘①（Softa Tepe），我们发现了英国赞扬土耳其人侦察能力的文件。

似乎在深秋，英国当局对这场战役的预期不再抱乐观态度，正如10月21日张伯伦大臣给印度总督的电报所证明的那样，他在电报中说："我们在加里波利的形势和前景非常不确定。"

11月1日，德国再次宣布在加里波利登陆。11月24日，伯尔尼（Berne）宣布将让德国舰队通过达达尼尔海峡，这一计划并没有实现。

终于在11月，梦寐以求的德国炮弹运抵第五军团。它的到来增加了我们打赢这常战役的信心。土耳其炮兵正在进行良好的训练，其炮术精湛，但由于弹药不足，只能产生有限的效果。从现在起，情况就不同了。

来自同盟国的第一支部队于11月15日抵达加里波利，给予我们积极的支持。这是一支很好的来自奥地利的240毫米迫击炮部队，它被安置在阿纳法塔前线的左翼，不久就对马斯坦山丘发动一次非常有效的攻击。随后在12月，一个同样优秀的、装备150毫米口径的奥地利榴弹炮连配属给南线部队。在英国人撤退之前，没有其他非土耳其军队到达加里波利。在那里工作的所有德国人，包括军官、士官和士兵②，总数已增至约500人。

11月底，第五军团开始制定全面反攻的计划。计划突破艾瑞海角的部分阵线和邻近的阿纳法塔阵线的右翼，从而迫使这两个阵线的外围部分敌军撤退。土军总司令部答应第二军团为此目的进行增援，技术部队将从德国派来。在德军司令部的指示下，冯·贝伦特（von Berendt）上校、克莱梅特（Klehmet）中校和洛兹（Lothes）少校来到加里波利收集必要的情报并做好

① 索夫塔山丘，加里波利半岛上的地名。——译者注
② Non-Commissioned Officer（NCO），指非委任军官，这种军官由其服役的部队或单位的军官授予军衔，也称士官。——译者注

作战准备。被选来进行攻击的师从前线撤回后方并进行攻击需要的战术训练。

敌人预料到我们要发动进攻，因此从北方的两条战线选择撤退。我们后来得知，撤军的发起者是基钦纳（Kitchener）勋爵。他在11月亲自视察了加里波利的所有前线，准确了解了目前进攻的情况和继续进攻的机会。视察之后，他认为最好放弃进攻，并表示从半岛撤退是可行的，不会造成重大损失。在此之前，其他一些英国领导人认为从半岛撤军非常困难。后来证明基钦纳勋爵的决定是正确的。

由于在阿纳法塔登陆作战的战斗目标没有实现，用现有的手段，敌人不可能成功地完成这次进攻。在过去的几个星期里，敌人在各条战线上的进展非常有限，并付出了惨重的代价。所有的高地都在土耳其人的手中。英国人最好的计划可能是放弃进攻。尽管首要也是最深层的原因是没有取得成功的希望，但有一种看法认为，在同盟国与土耳其直接连通之后，协约国再派增援部队也很难改变达达尼尔战役的进程。

当然，我们对敌军计划中的撤军一无所知，直到最后一刻才知道。第五军团已考虑过这种可能性，并已以书面形式要求所有指挥官在这方面特别注意。但是，敌人撤退的巧妙开始和执行使土耳其人无法从前线看到其行动。

12月19日至20日夜晚，浓雾笼罩了半岛和海岸。按照惯例，前线敌军的炮火一直持续攻击到午夜，然后它变得有点弱。敌人的军舰大炮从几个方向开火。19日下午，南线敌军一次猛烈进攻被我们击退了。夜间，英国人从艾瑞海角和阿纳法塔前线撤退。

第五军团方面的情况如下。

凌晨1时至2时之间，敌人在艾瑞海角前线引爆了一枚地雷。土耳其军队按照指示前进，占领了弹坑，没有遇到任何抵抗。

当土耳其部队摸索着向敌人最前面的战壕前进时，只听到几声枪响，然后枪声停止了。战壕被土耳其人占领了。报告已分发给上级指挥官，由于没有特别指示，他们在到达并指示采取进一步行动之前自然有一些延迟。因为没有针对这种情况发布特别的指示，并且雾气妨碍了视线。凡是经过敌人战壕的地方，到处都有要清除的障碍物。在一些地方，地雷一踩上去就爆炸造成部队的混乱和伤亡。就这样，敌军最后一批部队的撤退工作开局良好。炮火覆盖了前进的土耳其人经过的地面。虽然去海边的路很近，但在雾蒙蒙的黑夜里，从陡峭的岩石山上下来并不容易。当我们先头部队到达海岸时，敌人已经消失了。那些敌军军舰立刻开拔离开海滩。

在阿纳法塔前线的撤退是类似的，除了相互矛盾的报告造成了下达命令的困难。在雾不那么浓的几个地方，可以看到岸上有红色灯光，一些下级指挥官推测还会有一次登陆。

凌晨4时我在总部营地收到的第一份报告是用这种充满不确定语气写的。我立即发出全面警报，并把所有的储备兵力，包括骑兵都动员起来。各个区域中的部队都直接向海岸边前进。但命令的传播速度并没有人们希望的那么快，尤其是涉及两种语言的情况下。

阿纳法塔战线的部队误入了敌人的雷场，损失惨重。在一些地方，与敌人的殿后部队发生短暂的交战，例如土耳其第一百二十六步兵团。在这里，敌人也几乎没有损失就登船离开了。撤军的准备工作非常仔细，而且进行得很巧妙。敌军炮兵已被撤走，只剩下大量的大炮落在我们手中。这次撤退行动之所以能够进行，是因为英国所有的炮兵阵地都在海岸附近。

不止炮兵指挥官注意到，在过去几天里，有的敌人炮兵只用一门炮攻击，有的根本不用炮攻击，但他们没有重视这一事实，因此没有向上级报告。这种情况已经发生过好几次了，尤其是在敌人更换阵地的时候，敌人炮兵会停止一两天不攻击。在这种情况下，军舰的炮火打击变得更频繁。

英国人在撤退时放弃了大量各种各样的物资。在苏夫拉湾和艾瑞海角之间，有5艘小汽船和60多艘船被遗弃在海滩上。我们发现了大量的物资，如临时铁路线、电话和障碍物、成堆的各种药箱工具、医疗用品和水过滤器。

大量的火炮和步兵弹药被遗弃，整列的战车和弹药箱，各种各样的武器，一箱箱的手榴弹和机枪枪管。我们发现了许多贮藏物、食物和堆积如山的木材。帐篷被撑开，留了下来。这可能是掩盖撤军最好的办法。几百匹无法登船的马被杀死了，躺成一长排。

在一些帐篷里，桌子上放着新鲜的食物，从这一事实可以看出，半岛上最后一批部队接到"撤军"的命令是多么突然。从营地里发现的书面命令来看，在过去的两个晚上，大部分不在第一线的部队已经登船并被运走了，这些缴获的英国文件告诉了我们其他有趣的事情。

在阿纳法塔前线，我们发现人行道上排列着白色的沙袋，这样在黑夜里也能看见。他们为最后一批部队指明了小心避开雷区的方法。

在整个撤退过程中应当考虑到，从前线到海岸的距离很短，从 1 千米到 4.5 千米不等。因此，英国从加里波利的撤退无法与欧洲前线的大撤退相比，就像有些人做的那样。

敌人继续守在赛迪尔巴希尔前线。

12 月 20 日上午，第五军团下达命令，要把被放弃的阵地上最好的炮兵装备带回南线部队。我以同样的方式命令最优秀的掷手榴弹者、侦察兵和工程部队立即进入南线阵地。

在赛迪尔巴希尔前线有一种可能性，那就是敌人想要建立一个基地，以便采取进一步的行动。那里的阵地特别坚固，受到海军的保护。提出这一想法的人提到了将这里打造成补充支撑萨洛尼卡阵地的第二个直布罗陀，第五军团是不会有这种想法的。然而，人们认为敌人可能会坚持一段时间。这是我不允许的。因此，在考虑到从德国来的技术部队将要到的情况下，我立即制定了进攻赛迪尔巴希尔敌军阵地的计划。整个南线的 4 个师和待调集的另外 8 个师准备进攻。本次进攻不需要从第二军团中抽调军队，因为在其他战线上我们自己的军队是可以利用的，而且只需要有限的军队来保卫海岸。多余的部队被土军总司令部命令向色雷斯进军。

1916 年新年前夕，我在君士坦丁堡的武官发去一封电报给德军总司令部建议在英国从加里波利完全撤离后，我们组建一支军队通过德莫提卡①（Demotika）和克桑西（Xanthi）去打击在萨洛尼卡的敌军右翼和后方，同时德国和保加利亚的前线军队从正面发动攻击。从我们的观点来看，协约国在萨洛尼卡的

---

① 德莫提卡，希腊地名，也称狄迪蒙特乔（Didymoteicho）——译者注

军队一直威胁土耳其海岸地区，还威胁着我们与欧洲的唯一陆地交通，威胁着我们与同盟国的唯一桥梁。我们当然知道，德军总司令部还有其他的考虑要权衡，而我们的考虑仅仅是建议和土耳其合作进攻萨洛尼卡前线，但是没有收到德军总司令部的答复。

在1916年1月的前几天里，赛迪尔巴希尔前线的地面炮火打击似乎越来越弱。但是有一门大炮从几个炮台里反复推出来，频繁地变换它位置，而那些军舰，包括最大口径的军舰大炮，有时火力变得很大。我们从亚洲一侧可以看到敌军的大炮被撤走了。侦察队不分昼夜地向敌军前线推进，总是遭到顽强的抵抗。指定进攻的部队中，第十二师已到达南线后方。这个师的任务是占领一段从土耳其最右翼向北延伸的战壕，防止英国炮兵从那里破坏我们大规模进攻的计划。

在这些准备工作中，土军总司令部于1月5日命令第五军团的9个师立即从战场撤出向色雷斯进军，这些师中有几个已被指定为参与进攻的。南线的形势还不够明朗，土军总司令部没有必要采取这样的步骤，因为第二军团的所有部队已经驻扎在色雷斯。我通过电报向恩维尔说明了情况，并要求他把我从土耳其军队中开除，因为他那毫无根据的命令在最后一刻危及达达尼尔战役的最终结果。恩维尔发电报撤回了他的命令。像土耳其的许多其他事情一样，我一直无法确定此事是否如后来所述，是由于一个土耳其词语错误的翻译造成的误解，还是命令实际上是按照它们到达我这里时的形式发出的。

1月7日，在进行了两个小时的猛烈的炮火和地雷爆破准备之后，我命令第十二师从土耳其战线的最右翼实施进攻计划。本次进攻遇到了顽强的抵抗，但在一定程度上是成功的，因为我们获得了一些半岛凸出部分的地面。

在南线的土耳其军队被一次又一次地警告要密切注意敌人任何在夜间撤退的迹象。到处都架起了桥梁，使我们的炮兵能够迅速穿过敌人的战壕。亚洲部分的第二十六师的一个野战炮营在莱曼（Lehmann）上尉的指挥下，该营被第五军团指挥部命令向库姆卡莱最外围的陆地推进。1月8日至9日夜间，该营隔海轰炸了在其射程内的赛迪尔巴希尔敌军阵地。同样地，伊因山丘附近的炮台阵地得到了重型火炮支援。

　　1月8日至9日夜间，敌人从南线撤退。当敌人不再从前沿战壕里射击时，土耳其军队立即追击。在一些地方发生了血腥的战斗。总的来说，尽管我们十分警惕，但这里的敌人又一次成功撤退了。

　　敌军大部分部队没有长途跋涉来到海边的出发地，他们已经通过最短的路线到达，并且在适当的地点登上了各种战船和运输船，而敌人的殿后军队仍然保持着来自前沿战壕的猛烈火力。硝烟被制造出来给人一种猛烈炮击的印象，炮火来自于军舰。

　　土耳其师早在天亮前就到达了各地的海岸。在许多地方，他们被地雷耽误了时间，造成了严重的损失。一个师在去海岸的路上缴获了9门炮。

　　天亮时，我们的炮兵在西海岸击沉了一艘满载的运输船。附近的几艘敌方鱼雷艇向运输船附近的海域猛烈开炮，他们认为运输船是被潜水艇发射的鱼雷击中的。很遗憾，敌人撤离时我们没有人在场。

　　南线部队的战利品同样丰厚。车辆、堆积如山的武器、弹药和挖战壕的工具都被收集起来。在这里，大部分帐篷营地和兵营都被保留下来，部分装备还留在那里。数以百计的马一排排躺着，有的被射杀，有的被毒死，但也有相当数量的马和骡子被俘获，交给了土耳其炮兵。这里和其他地方一样，敌人给成堆的面粉和生活用品上面倒了一些酸液，使它们不能被我们使用。在接下来的几天里，敌舰徒劳地试图将这些物资、英国帐篷营地和兵营付之一炬。我们用了很长时间清理战场。大量的战争物资被其他土耳其军队使用。许多满载果酱、面粉和木材的船驶向君士坦丁堡。那些衣衫褴褛、营养不良的土耳其士兵带走了什么，无法估计。我试图阻止一群哨兵前来哄抢，但都是徒劳的。在接下来的时间里，我们看到半岛上的土耳其士兵穿着最不可思议的衣服，这是他们用各种各样的制服做成的。他们甚至戴着英国的防毒面具玩。

　　土耳其军队的顽强、坚定和勇猛是不容置疑的。第五军团战斗最激烈的时候有22个师作为第一和第二前线兵力或成为后备力量。他们在无数次的战斗中坚守阵地，与强大的敌人进行了无数次的战斗，敌人不断地发起进攻，并得到了舰队火力的支援。

在达达尼尔战役中，第五军团的总损失非常大，这与战斗的持续时间和激烈程度相一致。总共约有 21.8 万人伤亡，其中 6.6 万人阵亡，4.2 万人伤愈返回部队。有土耳其步兵团在这次战役中需要并接受了 5000 人的替换。

加里波利半岛仍由第五军团驻守。1915 年 1 月底，总部转移到色雷斯的吕勒布尔加斯（Lule Burgas）。杰瓦德帕夏获得半岛军队的指挥权。

达达尼尔战役结束后，我建议土军总司令部在布莱以西修建一条运河，以另一种方式连通达达尼尔海峡。海峡是从海上到达君士坦丁堡的唯一途径，也是几个世纪以来面临的挑战和风险源头。我说过，从马尔马拉海到爱琴海的第二条水路将为土耳其舰队提供安全出口，而土耳其舰队将永远以君士坦丁堡为基地。

萨罗斯湾的湾口宽 30 千米，比狭窄的达达尼尔海峡出口更难封锁。与前者相比。特内多斯岛没有价值，伊姆罗兹岛只有部分价值。可以把色雷斯的所有资源都带到萨罗斯湾的北岸，在这里筑起防御工事和海岸炮台后，会形成一个大据点。达达尼尔海峡的亚洲海岸也可以成为另一个大据点。这条建议修建的运河距离大海很远，如果半岛的北部海岸得到适当的保护，任何敌对的影响都会被排除。

修建这条运河对土耳其扩大在欧洲的经济影响是相当大的。该运河位于半岛上，仅 5 千米宽，其建设经过专家调查和证实没有技术困难。也许这个项目在将来的某个时候得到重新考虑。

我在前面已经从总指挥官的角度对达达尼尔战役做了一个总结，因为德国国内对这次战役所知甚少，对战争的详细描述必须留给土耳其总参谋部。

第十章　达达尼尔战役期间土耳其
其他战场的危机

高加索地区

俄国军队在 1915 年 1 月彻底击败土耳其第三军团后，没有再通过萨里卡默什—哈珊卡尔路线进一步推进。土耳其军队还占有伊德（Id）和奥尔图之间的关口，第三军团的左翼得到保护。

斯坦格（Stange）中校指挥的一支部队从最左翼向阿达尔汗推进，在阿尔特温（Artvin）附近遇到了俄军优势兵力，不得不向后撤退。这个支队由 1000 名士兵组成，附属于它的是由国防委员会（Défense Nationale）组织的志愿队。

1915 年 3 月，俄国黑海舰队在土耳其海岸出击更加活跃。宗古达尔克和埃雷（Aere）里的煤矿设施以及特拉布宗的港口和城市，都曾多次遭到俄国军舰的轰炸。

4 月，一支土耳其志愿军在兵力大大加强后对巴统的俄军发起了一次徒劳的进攻。巴统防御工事并不十分现代化，守备部队兵力也很少，但足以击退这些非正规的土耳其部队。

当时马哈茂德·卡米勒（Mahmud Kiamil）帕夏指挥第三军团，干练和精力充沛的古斯少校担任他的参谋长。古斯实际是第三军团司令部的主导者，新招募的 34000 人已被补充这里，但他们的训练很是不足。

5 月，俄军的进攻变得更加频繁。他们迫使土耳其第三军团的左翼部队向后退，土耳其军队不得不放弃巴统附近的伊德，该地位于埃尔祖鲁姆西北约 80 千米的地方。土军在荒凉多石头的山脉中的战斗持续进行到 6 月中旬，取得了不同程度的成功。

更重要的是俄国人从他们在亚美尼亚的左翼推进。5 月，俄军占领图塔克（Tutak）和马拉兹吉尔特（Melazgerd），并威胁凡城和比特利斯。土耳其境内亚美尼亚人的叛乱加剧，土耳其人的瓦利①（Vali）离开了其在凡城的驻地。土耳其人随后向比特利斯派遣一个师，恢复了当地局势。但在 7 月 12 日，遭到了俄军的攻击并被迫后退。后来，土耳其阵线的最右翼部分收缩得更加厉害。

8 月，这些地区的作战行动陷入停顿。土耳其前线从凡湖中部一直延伸到黑海沿岸的土俄边境。高原地区的雪直到 1915 年 5 月才融化，9 月山上又开始下雪。

随着第一场雪的降临，战区内的交通变得十分困难，因为几乎没有修建好的道路。土耳其地图上显示的大多数道路都没有得到官方的注意。道路的宽度不断发生变化，这取决于它们是穿过开阔的原野，还是在岩壁和陡峭悬崖之间的狭窄地区。在高加索地区或外高加索的任何部队调动时，必须牢记这一点。秋季前，训练第三军团新兵的大多数营地都集中在埃尔祖鲁姆，平均有 2 万到 2.5 万名新兵。

在黑海的交通受限，第三军团的主要交通路线是安纳托利亚铁路，从海达尔帕夏（Haidar Pasha）一直到乌卢克什拉②（UluKyschla）。在乌卢克什拉那里，再通过一条 500 千米长的陆上线路经开塞利和锡瓦斯到达埃尔津詹，从那里它分叉到各个地区。

俄国方面，尼古拉大公于 1915 年秋天在高加索地区担任俄军总指挥。

在高加索前线和美索不达米亚前线之间，俄国人于 1915 年 5 月底攻占乌尔米那（Urumia）和萨吉布拉格（Suj Bulak），赶走了那里的土耳其军队。波斯人和亚美尼亚人在这些地方加入了俄国人的队伍。这一地区的土耳其小分队的作战行动没有取得什么重要成果。

---

① 瓦利指奥斯曼帝国州一级的行政长官。——译者注
② 乌卢克什拉是今天土耳其共和国阿达纳以北铁路线上的城市。——译者注

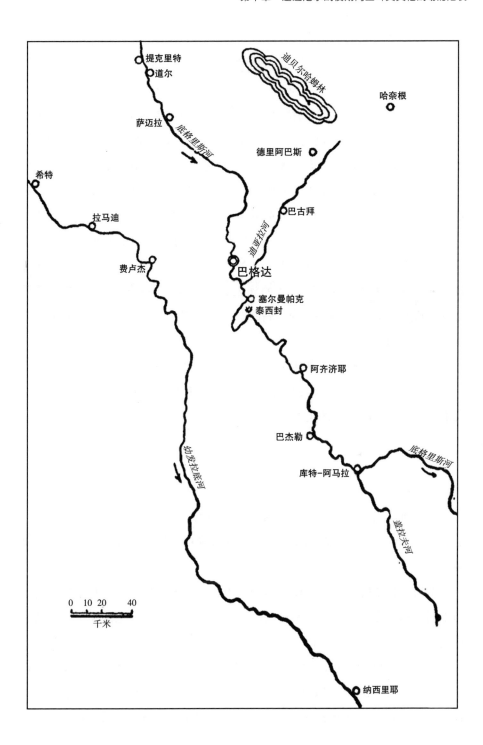

伊拉克

1915 年 6 月 3 日占领阿马拉之后，9 月 29 日英国人在付出惨重损失击退土耳其军队后占领了库特－阿马拉（Kut-el-Amara）。英军汤森德（Townshend）将军追击土耳其人向阿齐济耶（Azizie）方向进发。11 月中旬，他开始向巴格达挺进。为此他出动 15000 名士兵。调查美索不达米亚地区的委员会已经确定，英军前进部队疲劳不堪、力量不足，运输线路的组织也不完善。先头部队于 11 月 22 日在泰西封（Ctesiphon）战斗中被阻击。汤森德将军在经历了巨大的损失后，不得不在 12 月 3 日的战斗中退回到库特－阿马拉。从库特－阿马拉，他可以用船运送他的病人和伤员到巴士拉。12 月 6 日，他的骆驼旅仍然可以离开库特－阿马拉。12 月 7 日，土耳其军队完成对在库特－阿马拉的英国军队的封锁。

这里的土耳其指挥官是陆军上校努尔丁贝伊（Noureddin Bei）。

陆军元帅冯·德·戈尔兹男爵直到后来才到达这个战区。他到达后不久就准备对库特－阿马拉的英军发动全面进攻。

埃　及

1915 年 2 月，冯·克雷斯上校接管了西奈半岛沙漠地区作战的指挥权。他用小股部队不断袭击骚扰英军，并为在沙漠中开展更大规模的新远征行动做准备。

即使在那个时候，叙利亚和巴勒斯坦的政治形势也受到杰马尔帕夏统治的不利影响。他的严厉措施不仅激起了阿拉伯人的反抗，也激起了基督徒和犹太人对土耳其政府的反抗。

4 月，劳弗（Lauffer）少校去执行阻断苏伊士运河交通的作战任务。进军的方向是坎塔拉（El Kantara）。4 月 7 日至 8 日的晚上，他们在运河里设置了一枚水雷。但由于锚固定力度不够，水雷露出水面被英国人破坏了。

　　冯·克雷斯上校在伊布尼（Ibni）建立了他的营地，从阿里什行军到这里大约需要8小时。他有充分的理由怀疑，在那些日子里，君士坦丁堡是否有重新进攻运河的认真打算，以及鉴于达达尼尔的战役，土军总司令部是否有能力为此提供必要的支持。毫无疑问，没有德国的帮助，他们在这里什么也干不了。首先需要德国特种部队、飞行员和资金。1915年5月，在意大利加入协约国对抗德国后，这种支持变得更不确定了。

　　5月5~13日，冯·克雷斯上校亲自领导了一支小分队进攻运河，但和领导侦察队袭击运河的德国军官一样，毫无效果。土军总司令部发布命令反对这些对小分队和空军支队的作战行动，他们的行动以撤退而告终，从而使驻叙利亚地区军队的士气遭受打击。

　　这一战区的作战行动因此停滞了相当长一段时间。在那些日子里，英国人冒着相当大的风险从埃及撤出大批军队，或减少他们在运河及其入口处的战舰。

　　沙漠地区的气候很快让欧洲人无法忍受。

　　8月5日，冯·克雷斯上校担任杰马尔帕夏的参谋长，杰马尔帕夏指挥总部设在黎巴嫩艾因索法尔的第四军团。8月底，第四军团指挥总部迁往耶路撒冷。筹备新的更广泛的作战行动需要德国总参谋部军官的支持以及德国其他方面的援助。

第十一章　1916年几条战线的情况

军事顾问团

1916 年初，军事顾问团的军官和附属于顾问团的军官人数约为 200 人。1915 年 11 月 1 日，军事内阁发布命令，授予军事顾问团团长德国高级军事指挥官的权力和管辖权，格鲁茨马赫（Gruetzmacher）议员被派往德国驻土耳其司法行政团工作。身为外科医生和高级医疗官员的柯林斯（Collins）于 1915 年 12 月成为德国在土耳其的卫生服务机构负责人。通过长期不懈的努力，他把在土耳其的德国医疗机构的工作水平提升了很多。柯林斯的工作特别有助于改善交通沿线非常糟糕的卫生条件。在那里，他必须到处与斑疹伤寒、疟疾、痢疾和有时是霍乱进行斗争，由于居住地环境的肮脏和土耳其军队内部的多种疾病以及与驻扎在交通线沿线的劳工营的接触，德国军人也存在被疾病感染的风险。

作为军事顾问团的负责人，我与恩维尔有过几次不愉快的争执，我将提到其中几次，以表明一个在土耳其军队中处于高位的德国人所面临的困难。

如前所述，我已于 1 月 6 日请恩维尔免去我的职务，因为他在 1 月 5 日发命令要把部队从我手中撤走，而这些军队准备用于应对加里波利半岛的敌人发动最后的大规模进攻。当恩维尔取消命令时，我认为此事已经结束了。1 月 22 日，我收到他的信，大意是说，他将把我要求从土耳其军队中辞职的请求呈交给素丹。奇怪的是，我在同一天收到一封来自普莱斯军事内阁领导的电报，内容是德皇认为，在目前情况下，我作为军事顾问团团长，抛弃在土耳其军队中的德国军官们是不可取的。我与恩维尔会晤后，他放弃了向素丹报告的打算。

其他摩擦接踵而至。3 月初，我让我的副官普里格上尉——我自己没有来——到德国大使馆去，带了一份关于我指挥的第五军团卫生条件很差的书面总结。卫生状况如此之差，严重威胁了军队的作战效率。在达达尼尔海峡的艰苦作战之后，成千上万的人被送往医院。因为身体虚弱造成的士兵死亡率是可怕的，迫切需要通知德国最高当局，以防止他们对土耳其部队的价值及其进一步使用产生错误认识。3 月 7 日，我收到了恩维尔的来信，他反对泄露任何关于土耳其军队状况的信息，并要求我惩罚普里格上尉，因为他把这些信息提供给了"外国大使"。我从沃尔夫 – 梅特涅伯爵那里知道，他没有和任何一个土耳其人谈过这件事，所以我只是问他从谁那里得到了按我的命令送给德国大使的正式文件。当时，我没有收到他对我的询问的答复。只是要求提供相关涉事人员的姓名，就足以使这件事被搁置。

大约在同一时间，土军总司令部要求没收一种出版物，其中我的一名副官简要地描述了他作为我的工作人员从头到尾参加达达尼战役。它通过了德国的审查而没有遭到反对，并在德国销售了一段时间。恩维尔本人去年也已收到了第一份样书，并被告知计划出版。恩维尔本人向该书的作者表示，希望将其翻译成土耳其语，并向作者提交了他的签名照片，希望将其添加到那本书中。土军司令总部声称，那本书可能会为敌人在达达尼尔海峡重新展开行动提供有用的信息。

那本书陈述了从报道和报纸文章中早已知道的事实，并包含了对地形的描述，部分内容取自旅行指南（Baedecker）。任何熟悉情况的人都知道，在战役发生之前英国人比土耳其人对加里波利半岛的地形有更好的了解，而且英国地图上的地形标注比土耳其地图上的更好。在战役中，甚至土耳其的军官也尽可能多地从英国伤亡人员身上寻找地图来使用。

1916 年 2 月，恩维尔发给所有土耳其军队的通告引发了最严重的冲突。

他下的命令规定，从那时起，只有他才可以下令在土耳其军队中雇用德国军官，而不需要征求军事顾问团团长的意见。因为根据协议，土耳其军队雇用德国军官必须征求军事顾问团团长的意见，这是一个违反规定也是难以忍受的命令。恩维尔和土军总司令部都不清楚派往土耳其的德国军官的资质，也无法判断他们适合做什么工作。在这种情况下，土耳其人事科将不得不处理德国人事文件，那里混乱的管理令人难以置信。有时需要几个月的时间才能查明土耳其军官在哪些部队中任职。有时甚至发生很久以前已阵亡的军官被调动的事。土耳其人经常重复使用个人名字而不是姓氏，这无疑使管理更加混乱。在土耳其人事部门，德国军官的名字经常被写错，以至于无法辨认。根据德国的设想，必须谨慎行事，以免将德国军官分配到对德国不友好的土耳其指挥官控制的职位上。以前，这引起了令人不愉快的摩擦，并且对德国军官提出了不公正的、牵强附会的指控。

基于这些原因，我坚决反对恩维尔的命令，并把这件事提交给德国军事内阁首脑，由德皇决定。当冯·克雷斯上校拒绝执行恩维尔的命令时，事情还没有得到德国的妥善处理，恩维尔就威胁要把这位优秀的军官从土耳其军队中开除。当我一再告诉恩维尔，我必须得到德皇的决定才能执行这些违反协议的行为时，他写信给我说，除非我立即妥协，否则他将请求素丹解除我在土耳其军队中的指挥权。于是，我于 1916 年 4 月 21 日向德皇提出回德国的请求，还陈述了我的理由，并通知了恩维尔。我做好了离开的准备，希望能从这一切我所面临的不愉快的局面中摆脱。在我准备离开的时候，第五军团的参谋长卡齐姆贝伊中校给我带来了一封来自恩维尔的信，他在信中正式道歉，并要求和我会面，我不得不接受，因为这符合德皇的意愿。根据这次长谈的结果，德国军官的任何职位的变动，都将同以往一样征求军事顾问团的意见。

这是非常必要的，因为在短暂的冲突期间，恩维尔曾下达过一些让人完全不能忍受的命令。在这里我列举其中一个，我要说的是，他任命了一名德国驻君士坦丁堡的高级驻军军官在达达尼尔海峡的土耳其第五十八步兵团任连长，而那里的其他连长都是中尉或准尉。这些命令和与之类似的命令最后被撤销了。

根据前面的叙述和我手头掌握的书面证据，任何人都可以看出，在达达尼尔海峡的胜利并没有引起土军总司令部对我的感激之情，却使反对军事顾问团的人联合起来，努力将其领导者赶下台。

尽管在军事行动期间，双方的摩擦从未停止过，但在 1916 年秋，情况有所改善，冯·伦特（von Lenthe）上校被派往土耳其担任军事顾问团的参谋长。德国国内当局还是设法保护和加强军事顾问团的地位。

小亚细亚战线战情

在达达尼尔战役结束后不久，敌人似乎要进攻小亚细亚和士麦那的海岸。我无法判断敌人这样的意图是否真的存在，或者只是猜测，缺乏有说服力的凭据。

早在 1915 年春天，就有关于士麦那受到攻击威胁的传闻，在那些日子里，英国人占领了克斯滕（Kösten）岛，控制外港。内港曾被土耳其人埋设了地雷。1916 年 3 月，在士麦那附近集结的第四军团和在艾登集结的第五十七师都被移交给第五军团，第五军团现在将其指挥总部转移到马尔马拉海南岸的班德尔马。从那时起，第五军团不得不守卫从黑海的米迪亚①（Midia）延伸到色雷斯、萨罗斯湾、达达尼尔海峡、小亚细亚的整个西海岸，一直到地中海的安塔利亚这一整个区域，需要守卫的海岸线长达 2000 多千米。可以理解的是，这一长海岸外的所有岛屿都在敌人的手中，可以被敌人当作作战的据点，而在亚洲海岸附近水域没有一艘土耳其军舰。

占领克斯滕岛

英国人在克斯滕岛上安装大炮，建立了一个航空站，并清除地雷和路

---

① 米迪亚，土耳其欧洲部分的北部海岸城市。——译者注

障，以保护其停泊在该岛西侧小海港的军舰。科斯滕和米提利尼之间的交通线十分繁忙。敌人的监测船占据了该岛东北海岸和梅内门（Menemen）海岸之间的位置，敌舰经常轰炸士麦那的陈旧防御工事、耶尼卡勒（Yenikale）和邻近的炮台。

从士麦那到乌尔拉（Urla）的沿海岸的公路经常遭到轰炸，建筑物和桥梁被毁，因此白天的交通和通信是危险的，经常中断。乌尔拉是一个几乎只有希腊人居住的小镇，也曾多次遭到敌舰轰炸。在距离城市 3 千米的乌尔拉港，许多土耳其船只被敌舰击沉。由于接连不断的危险，这个海滨小镇上仅有的几栋房子最终被居民们遗弃了。

如果协约国考虑对士麦那采取重大的军事行动，克斯滕岛将是一个具有重要军事价值的中间基地。因此，我们要做的第一件事就是占领这个岛。

1916 年 3 月，第四军团的三个师集中在士麦那和附近的城镇。这里就发生了很大的变化。各师被推进到海岸的北部和西北部，外湾海岸的炮兵在夜间行动。

我们对克斯滕岛的攻击准备充分，完全出其不意。在士麦那，要保守准备工作的秘密是特别困难的，一是这座拥有 40 万人口的城市主要居住着希腊人，二是作为敌人的外国人在这里有充分的行动自由。在这方面，土耳其人当然不能被指责为不宽容。通过传播误导性新闻和转移注意力，我们的真实意图在市里没有被泄露。

我们观察了新月的时间，在 5 月 3 日到 4 日和 4 日到 5 日的两个夜间，我们用两艘旧拖船把两艘装满大炮和弹药的驳船从士麦那港拖到卡拉海角（Kara Burun），它就在该岛西北端英国锚地的对面。该炮兵部队包括一个排的野战炮兵、一个奥地利 150 毫米口径榴弹炮排和一个 120 毫米榴弹炮排。保护炮兵部队的步兵在同一时间被派往那里，他们沿着仅存的一条小路进行夜间行军。

从理论上讲，速度很慢的驳船是不可能航行的，因为它们必须经过敌人控制的克斯滕岛附近，更不用说与敌军的巡逻船相遇的可能性了。然而，实际上，它成功到达了目的地。

在距敌人克斯滕岛锚地 7.5 千米附近，大炮在 5 月 5 日凌晨 3 时在卡拉海角被卸下。白天，他们做了周密的准备把大炮藏了起来，这样，无论是陆地上的人，还是飞行员都不会发现这些大炮。5 月 5 日到 6 日晚，炮兵部署到位。

5 月 6 日凌晨 4 时 45 分，我们突然开火。一艘敌军驱逐舰刚刚巡逻归来，它在该岛西北侧的两艘监测船的旁边停泊了下来。

据英国报道，其中一艘监测船 M30 多次被击中，一枚炮弹打进弹药库引发了一次大爆炸，该船慢慢地向岸边漂去，完全成了一堆残骸。另一艘监测船在浓烟中逃走了。英国驱逐舰立即开航并猛烈地开火，不久就离开海湾向米提利尼方向驶去。

下一个问题是在大炮的支援下占领该岛。一段时间内，敌军的帐篷营地和机场仍然可见，他们夜间与米提利尼岛保持着频繁的联系。此后敌船避免在该岛附近的锚地进行任何长时间停留。

我们准备在古尔巴格切（Gülbagtshe）湾登陆克斯滕岛。6 月 4 日晚，一支数量可观的土耳其船队在克斯滕岛南角登陆，发现英国人已经离开。飞机库已被废弃，但仍能够使用。

我们占领了克斯滕岛，在岛上的高地上搭建起了炮台。更多的大炮被推到卡拉海角的北角和梅内门海岸的对面，从而关闭了外港的入口。敌人对士麦那及其邻近地区的轰炸已经不可能了。

直到战争结束，克斯滕岛一直在土耳其人的手中。这次行动的成功首先要归功于利罗（Lierau）少校及其可靠助手米苏韦特（Missuweit）中尉、迪辛格（Diesinger）中尉和奥地利马努舍克（Manouschek）上尉。几位勇敢的土耳其军官也以无畏和沉着而著称。

土耳其军队的报告只是简短地提到了这一勇敢的行为。我是在唯一一家用德语出版的土耳其报纸《奥斯曼利劳埃德报》（*Osmanli Lloyd*）上看到这篇文章的。它在栏目 5 "高加索"下写道："克斯滕岛已被我们占领。"我认为栏目下的细目写"高加索"可能是一个印刷错误。

1916 年春天，我去了安塔利亚的第五军团最左翼的阵地视察防御工事。

我又有机会看到土耳其国内道路的独特之处。从铁路的终点站巴拉第斯（Baladis）到意大利的势力范围安塔利亚，有 130 千米的乡村公路。道路的质量与该路段土耳其官员的工作效率有关。他们效率高的地方，道路很好；反之，在恶劣的天气里几乎不能通行。在我们看来，有些山脊上只有些小路。

在安塔利亚，我们看到了保存完好的、不同寻常的土耳其城市景象。当地的穆特萨里夫①（Mutessarif）维持着良好的秩序。他不赞成统一与进步委员会的意见，当他强烈抗议没收他所关押的人的财产时，他被判有罪。在我们访问后不久，他就被免职并被征召为普通的土耳其士兵。我派他到军事顾问团做翻译，成功地救了他——他的法语说得很好。

土耳其出兵欧洲

1916 年，土耳其开始积极参与欧洲战场作战。

夏季期间，第十九师和第二十师合并为第十五军，由雅各布·谢夫基（Jakob Schefki）帕夏指挥，并被派往加利西亚博特默（Bothmer）伯爵的部队。到了秋天，在罗马尼亚加入协约国一方参战后，第十五师、第二十五师和二十六师合并为希勒米（Hilmi）帕夏领导下的第六军，并被派往冯·马肯森（von Mackensen）元帅的部队。年底，第五十师被派往斯特鲁马（Struma）的保加利亚第二军，第四十六师在 12 月中旬被派往那里，这两个师将组成由阿卜杜勒·卡里姆（Abdul Kerim）帕夏指挥的第二十军。此外，土耳其第一百七十七步兵团是隶属于贝洛（Below）军团的贝勒斯（Beles）支队的一部分。

第一批调往加利西亚、多布罗加和瓦拉吉亚的几个师是从我指挥的第五军团中分出的。

我一直认为把军队派到加利西亚是个错误，现在仍然这么认为。1916年夏天，我把我的严重疑虑通过军事内阁首脑传达给德皇。

我同样认为把土耳其军队调入保加利亚第二军团也是一个错误。

---

① 穆特萨里夫是奥斯曼帝国时期桑贾克或省的管理者或省长。——译者注

对罗马尼亚的作战就不同了。在那里，我认为为保卫土耳其领土，出兵是合理的。如果没有这支部队，土耳其将在罗马尼亚战役开始时被迫在色雷斯组织一支军队保护本国。因此，积极参与这次战役的决定是最好的，与前两个分遣队的考虑是完全不同的。

1916 年甚至更早的时候，对整个局势的全面了解表明，土耳其已无法再保护自己的领土和边界。

在遥远的战场上，例如在高加索、美索不达米亚和西奈半岛，土耳其军队总是面对更多的对手。保护小亚细亚沿海地带和重点保护君士坦丁堡，对土耳其的军事力量提出了很高的要求。土耳其要保持国内部队处于可用和高效的状态，但这一点在任何时候都无法满足。

当土耳其深陷泥潭的时候它选择帮助别人，它就走上了一条错误的道路。国内的土耳其军队现在开始越来越多地成为空架子军队，而不是有效的作战部队。德国本应避免造成这种后果，即使是间接的。这既不符合土耳其的利益，也不符合德国的利益。

被派往欧洲的土耳其军队与留在土耳其的军队呈现完全不同的面貌。在出发前，每个师中能力差的军官、成千上万身体素质较差的人与留下来的部队中最好的军官和士兵进行交换。所有的好军服和装备都从全军收集好给这些派往欧洲的部队，又从预备役中给了他们许多人，这降低了留守部队的战争力。土耳其战争部同样下令，只有最优秀的军官和最优秀的士兵才能被派往欧洲作战。

留在土耳其的军队在各个方面的能力都大不如前。早在 1916 年 8 月，步兵团的年龄普遍在 16 ~ 50 岁。我相信，在土耳其维持一支战斗力强的军队，会比派遣相对微不足道的增援部队到加利西亚和马其顿作战能更好地服务于更大的战争目标。不管存在的问题和缺陷，土方高层认为这种派军行动是合理的。世界大战期间，上述提到的其他地区领导人几乎很难做出这样的决定。

在 1916 年 10 月 12 日之前，我指挥的第五军团几乎全部由新兵和 22 个师留下的残兵组成。此外，因为土耳其司令部的各种命令还不得不放弃约 10000 人。根据我关于部队情况的报告，鲁登道夫将军随后停止了向欧洲进一步派兵的计划。他在 1916 年 11 月 28 日的电报中是这样写的：

> 鉴于土耳其的局势，我们放弃了恩维尔帕夏为欧洲战区提供另外两个师的计划。

鲁登道夫

那时，第五军团几乎全是新兵和 22 个师留下的军事素质较差的人。要保持土耳其军官的工作热情几乎是不可能的，他们经常被剥夺和熟悉的部下一起训练的权利。军官们对自己部队的情况一无所知，因为他们的职责仅限于招募新兵，而且连队的训练（更不用说更大的部队了）已不能进行了。

辎重团中的许多士兵是由德国军官指挥的，由于他们必须与最基本的困难作斗争，即使进行最艰苦的工作，也不能完全发挥作用。举个例子，我引用 1916 年 3 月 14 日巴勒克艾希尔发给土耳其战争部的一份电报的开头：

> 今天视察了这里的辎重团，人数超过 8000，只有 1050 支型号不一的步枪。没有一个弹药箱，许多拿着步枪的人没有随身武器或刺刀等。

与这些事实相比，1916 年春天，两名来自东线的德国高级军官向德军总司令部发出的一份电报值得注意。他们当时和恩维尔一起巡视。他们说，土耳其的军事情况从来没有比现在更好，并说土耳其的资源是取之不尽的。这样，德国最高统帅部就无法对土耳其现有的情况形成正确的认识。

我于 6 月 25 日发电报给德国军事内阁首脑，我要求亲自向德军总司令部汇报现有情况。我收到了一个肯定的答复，但是没有说明时间，所以汇报暂时推迟了。

以下是对距离土耳其遥远的战场上所发生的事件的简短描述，这些描述将展示 1916 年土耳其的军事形势。在许多其他报告中，冯·克雷斯上校于 1917 年 1 月 19 日从耶路撒冷发来的一份报告显示了 1916 年底土耳其军队兵源紧缺、素质欠佳的情况，报告开始内容如下：

　　他们派我去增援第一百六十步兵团，其中 1250 名训练有素、身体健康的士兵在前往叙利亚之前，被换给派往加利西亚的一个步兵团，交换了数量相当、身体虚弱、没有受过训练的士兵，等等。

高加索

　　1916 年 1 月 14 日，俄国军队对第三军团正面部队发动了一场意料之外的进攻，俄军的攻击从阿拉斯河①以北的主要高地开始，接着在南边毗连的地区发动进一步的进攻。由于某种原因，指挥官马哈茂德·卡米尔帕夏恰好在这时来到了君士坦丁堡，而他的德国参谋长则因患斑疹伤寒不得不前往德国疗养。阿卜杜勒·卡里姆帕夏在这里指挥军队。

　　俄国人打垮了第三军团正面部队。土耳其人首先撤退到附近山脉的东部和东北部的埃尔祖鲁姆。俄国人对埃尔祖鲁姆的第一次进攻以失败告终。俄国人另一次从东北部发动的进攻成功了。埃尔祖鲁姆于 2 月 15 日陷落。在埃尔祖鲁姆西部，一个土耳其师遭遇俄军突袭并被全歼。

　　马哈茂德·卡米尔帕夏回来继续指挥。他率领组织混乱的土耳其军队主力越过马马哈顿②（Mamakhatun）以西的幼发拉底河。第五军的增援部队也有少许抵达。幼发拉底河战线位于河流从北转向南流的地方，俄土在巴伊布尔特（Baiburt）高地经过激烈的战斗后，该地被俄军占领。撤退给土耳其人造成巨大的人员和战争物资损失。

　　与此同时，维希布帕夏接管了第三军团，并在埃尔津詹建立了他的总部。第三军团不可能迅速得到大规模的增援。自英国人从加里波利撤军之后，第二军团一直驻扎在色雷斯，土军总司令部未能把该军团按梯队次序，沿着安纳托利亚铁路向土耳其东部前线的方向依次部署，至少一直延伸到乌

①　阿拉斯河，发源于今天的土耳其和亚美尼亚边境山区，向东注入里海。——译者注
②　马马哈顿，位于土耳其安纳托利亚东部地区小镇。——译者注

卢克什拉。该种调动是可取的，因为东线在 1916 年对土耳其而言变得更加重要了。

由于没有采取行动，出现了一种特殊的情况。2 月，土耳其的三个军团在色雷斯集结，那里没有敌人。第一军团在埃萨德帕夏的指挥下驻扎在君士坦丁堡附近，第二军团原由维希布帕夏指挥后来由伊泽特帕夏直指挥驻扎在乔尔卢，第五军团在我的命令下驻扎在吕勒布尔加兹。同时在土耳其东部，俄国和英国军队正在向土耳其领土深入渗透。

1 月和 2 月的进攻使俄国人与他们前些时候到达凡湖的左翼部队建立了更密切的联系。他们的下一个计划是让右翼部队向前推进，拿下特拉布宗。第三军团左翼的海岸支队两次被击败并被迫撤退。他们在 3 月得到增援，特别是洪格尔（Hunger）少校指挥的第二十八步兵团的到来，使土耳其人能够在特拉布宗以东 30 千米处的舒尔梅内（Surmene）阻击俄国军队。由于俄国人在土耳其人后方登陆，特拉布宗于 4 月陷落。虽然整个俄国军团已经在特拉布宗登陆，但土耳其人继续控制着这座城市南部的山脉。

特拉布宗这个整个战区中最重要的土耳其黑海港口落入了俄国人手中。

埃尔祖鲁姆的陷落被土军总司令部严格保密，没有出现在军队新闻中，甚至素丹及其随从在之后的几个月都不知道这个情况。

失去的要塞和广大的领土对土军总司令部来说很重要，土耳其决定采取大规模的行动，使战役发生决定性的转折。这就产生了用整个军队从俄军侧翼和后方攻击的计划。

第二军团被选来执行这项任务。该军团由 10 个师组成，在伊泽特帕夏的指挥下分为 4 个军，将在凡湖—穆什—基伊（Lake Van-Mush-Kigi）一线集结。从那里，他们要向埃尔祖鲁姆及其以东地区进发。开拔的部队从海达尔帕夏出发到军队的目的地及左翼阵线需要很长时间，如果加快速度最快估计为 40 天。通过铁路将军队运抵到托罗斯山，并穿过阿曼山脉，还有550～650 千米的路程要走。右翼的部队将利用这条铁路到达拉斯艾因，然后通过迪亚尔贝克尔向前推进。德军总司令部指示将德国第五百一十汽车纵队和第五百一十四汽车纵队移交给土耳其军队，用于迪亚尔贝克尔和拉斯艾因之间的汽车货运。

第二军团的集结从 4 月开始，一直持续到 8 月。它的指挥官伊泽特帕夏当时在马拉蒂亚①（Malatia）。第三军团（第七师和第十一师）的指挥官们还在行军靠近。他对 7 月 8 日的土耳其军事局势做了如下的描述：

第五师的土耳其士兵在比特利斯以南的山区，他们不得不从那里撤退。第八师在穆什南部的山区，他们将组成第十六军，处于第二军团的指挥下。邻近的西北边是两个混合的分遣队，一直延伸到埃尔马鲁（Elmalu）山谷，排成一条细长的队伍，他们也加入了第二军团。

在埃尔马鲁山谷，我们与驻扎在那里所属第三军团的第十一骑兵旅取得了联系。第三军团的防线从那里向北延伸，西出阿什卡莱（Ashkale），然后通过一个向西的急转弯到达黑海海岸，大约在特拉布宗西边 40 千米处。

我的计划是把第二军团的大部分驻扎在迪亚巴克尔，小部分在哈尔普特②（Kharput），然后从那里向埃尔祖鲁姆前进，直到埃尔祖鲁姆东边。

就目前所知，我们面对的是增援的俄国高加索第四军。

计划很清楚，但没有执行。我将用几句话简述第二军团的命运。

土军总司令部认为，6 月俄国将把军队从高加索地区转移到欧洲，因此，总司令部敦促对高加索前线采取进攻行动。

在军团司令看来，第三军团是唯一一个已经到达并且仍在休整的部队，不会有什么严重的问题。

第三军团的司令部已转到居米什哈内（Gümüsh-Khane），于 1916 年 5

① 马拉蒂亚，土耳其东部城市。——译者注
② 哈尔普特是位于今天的土耳其城市埃拉泽（Elazig）附近的一个小城。——译者注

月 31 日占领了马马哈顿。6 月 21 日至 22 日，该部队在特拉布宗以南的高地，在费瓦兹帕夏的指挥下，从东南方向发起进攻，占领了一座山顶，但所有这些攻击都没有足够的后援。

7 月 7 日，俄军优势部队袭击了第三军团正面部队，该军团右翼在 8 日遭受重创。第三军团请求第二军团进行援助。这里的土军只有一个弱小的支队，支队领导人下命令不采取行动。第三军团的正面部队和右翼部队不得不撤退，巴伊布尔特和埃尔津詹都落入敌手。

7 月 12 日至 16 日，第二军团第八师在穆什以南的高地遭到俄国人的攻击，在那一天战线向南回撤了 30 千米。

第三军团的后撤陷入混乱，因为俄国骑兵的两次突击造成了后方真正的恐慌。在埃尔马鲁山谷的军团右翼也陷入混乱。伊泽特帕夏现在不得不放弃先前的计划，放弃对埃尔祖鲁姆及其以东地区发动大规模进攻的计划。他决定集合第三军团和所有从南方和西南方向来的军队，在指定地点战线的左翼集合，然后进攻埃尔祖鲁姆西边俄军的侧翼和后方，这个决定是合理的，但却没有被执行。

第三军团撤退得越来越远，最终于 8 月 8 日在从埃尔津詹以西 30 千米处幼发拉底河上的城市凯马赫（Kemakh）向北到黑海海岸的一条战线上停下来。俄国人在那里停止了追击。

第二军团的第一师、第十四师和第五十三师火速被安排在前线，并逐渐开始了战斗。土耳其军队在 8 月取得了一些战斗成果，但没有取得决定性的胜利。这场战斗发生在奥格诺特（Ognot）。

8 月 10 日，伊泽特帕夏不得不放弃他的第二个计划，决定在的基吉（Kighi）到奥格诺特再到穆什以南的战线上采取守势。

第二军团计划的"虚张声势"的攻势到此结束。

预料到土军总司令部的决定，俄国人在土耳其第二军团的集结接近完成之前，就已经迅速击败第三军团。在那时，第二军团和第三军团之间还没有进行过任何战斗合作。

由于需要重整他们的交通线和第二军团在侧翼的牵制，俄国人停止了对土耳其第三军团的进一步追击。虽然俄国军队对第二军团占优势,但俄国人不敢忽视第二军团。

在决定保持守势时,伊泽特帕夏必须考虑其他的一些困难,这些困难妨碍了其军队在那个地区的行动。

第二军团缺乏山炮,在山地区域作战,只有山炮能给步兵提供支援。第二军团只有 18 门这样的炮,炮弹缺乏。驮畜数量不足,特别是骆驼队更是不足,而骆驼队可以适应在任何地方的作战行动。军列和货列上也没有足够的驮畜。有些驮畜的数量只有规定数量的 1/3,有些只有 2/3。流动的卫生设施完全达不到要求。

土军总司令部成员在组织大规模进攻时没有充分考虑这些问题,也没有及时做更好的准备,他们对此负有责任。在集结地购买牛车根本无法弥补驮畜数量的不足,因为在狭窄的山路上,牛车不能到处跟着。此外,还发现民政当局关于集结地牛的数量的说法是错误的,明显夸大了事实。

由于缺乏必要的交通工具,后勤部队无法在冰雪覆盖的雪道上运输食物,造成第二军团在随后的冬天里损失了大量人员和牲畜,处境十分悲惨。同世界大战期间在土耳其开展的所有进攻行动一样,这次战役失败的最终原因是交通线漫长并且不完善。

战略性的偷袭暗含着一定程度的出其不意。但出人意料的是,军队的集结,就像这次,花了三四个月的时间。此外,对于侧翼进攻,必须保证敌人大致停留在原来的阵地上,即在我军完成了漫长的进军准备后,进攻才会开始。第三军团至少应该得到增援,使其能够守住阵地,直到第二军团的这次行动生效。毫无疑问,俄国人的军事力量被土军总司令部低估了。

由于撤退和恐慌,第三军团失去了大部分的有生力量,成千上万的人擅自逃离队伍。大约在 8 月中旬,第三军团报告说已抓获了 13000 名逃兵。锡瓦斯的长官在短时间内抓到了 30000 名逃兵。

9 月,第三军团进行了改组,军改成师,师改成团,团改成营。这些部队的名称也改变了,在这种情况下,在第三军的前线出现了高加索第一军和高加索第二军。

10 月，第三军团中出现了一些关于格鲁吉亚军团（Georgia Legion）作用的争论。这支部队大约有一个营的兵力，不包括拉西斯坦（Lasistan）支队的格鲁吉亚人，他们没有参与战斗，驻扎在黑海沿岸的克拉森（Kerason）。该组织的最初目的是给第三军团争取到少量的增援力量，并把一些用来宣传的东西交给格鲁吉亚革命委员会。该部队的职责与其说是军事性质的，不如说是政治性质的。它的组织，像所有在土耳其的非正规编队和远征队一样，是由德国驻君士坦丁堡全权军事代表领导的。维希布帕夏不信任这支军队，想要像对待土耳其军队一样对待它，这引起了许多争议。最终，1917 年 1 月，这支军队被解散了，没有产生任何战果。

在维希布帕夏的统一指挥下，第三军团很快恢复了秩序。不过，他不能指望在不久的将来使用这些部队展开有效的进攻。土耳其部队长时间士气低落，他们需要很多时间来恢复士气。

为了协助运输第三军团在其目前阵地上的给养，在乌卢克什拉至锡瓦斯的交通线上设立了德国汽车纵队。由于食物不足，在高加索地区初冬之后，部队的情况变得越来越糟。在前线小规模战斗中遭受的损失微不足道，但饥饿和寒冷正迅速摧毁整个队伍。

11 月，俄国人把他们的先头部队撤回到距土耳其防线 12 ~ 30 千米的地方，只占领了主要的高地和关口。土军总司令部决定将第二军团的大部分士兵转移到后方，这样可以更好地减少气候带来的不利影响。这一步绝不能弥补运输能力不足的巨大缺陷。在 1916 年 11 月 29 日一名师长的报告中，出现了以下对可悲情况的描述：

> 缺乏生活必需品和保暖衣物给部队带来了重大损失。许多土耳其士兵穿着薄夏装，没有大衣，也没有靴子，脚上大多裹着破布，露着脚趾。
>
> 这里配给的食物不超过总需求的 1/3，因此所有人都严重营养不良。

不给牲口喂饲料，每天给有鞍的马喂 1 千克或 1.5 千克的大麦。牲畜每天的死亡量非常大，我们的交通工具的数量从来都不够，而且越来越少，运输效率越来越低。

难怪在这样的条件下，暴风雪或其他恶劣天气过后，整个分队都被发现死在了山洞里。

我相信这些可怜士兵们的英勇行为不比那位倒在希普卡①（Shipka Pass）雪地里死去的、著名的哥萨克人逊色。

在目前的情况下，我们很难使卫生条件恢复正常。一位德国外科医生席林（Schilling）在 1916 年 12 月 16 日的报告写道：

在迪亚巴克尔有 5000 或 6000 人生病，土耳其运输部门显然无法应付这么多病人。在马尔丁②（Mardin），我看到有 500～600 患病和筋疲力尽的人从早上 6 时开始在空荡荡的德国运输专列中。病人处于最惨、最肮脏的环境中，等等。

尼考（Niekau）医生于 1916 年 12 月 24 日从哈尔普特发回报道：

送来的病人情况很糟糕。除了伤口污秽，长满寄生虫之外，这些人还处于营养不良和虚弱的危险境地。

后来：

在军医主任的帮助下，我成功地指定了两个埋葬死者的地方，每月埋葬多达 900 人。

---

① 希普卡位于保加利亚境内。——译者注
② 马尔丁，土耳其东南边境城市。——译者注

第二军团已经开始出现大规模士兵死亡的情况。

1916 年高加索地区的作战情况令人不满。

伊拉克

在 1916 年的前几个月里，英国人几次试图解救被包围的汤森德将军的部队。来自法国的两个师和其他一些部队被派往巴士拉。

土耳其人在底格里斯河两边各有三个固守的阵地，呈阶梯分布。在 1 月 7 日到 9 日、13 日和 14 日的血腥战斗中，土耳其人被赶出了前两个阵地。在第三阵地，他们顶住了敌人的进攻，击退英军，英军损失惨重。

3 月 7 日，英国军队在埃斯辛①（Es Sinn）发动了新的进攻并被击退。

土耳其人随后返回费拉利耶（Fellalieh）第二阵地，于 4 月 9 日和 22 日遭到英军猛烈攻击，但英军的进攻失败了。

根据土耳其的报告，只有大约 2000 名土耳其步兵留在库特继续围困英军。可以推测，由于长期的围困，汤森德将军的部队人数大为减少，再也无法从这支软弱的土耳其部队中杀出重围了。

汤森德将军于 4 月 29 日率军投降。

冯·德·戈尔兹元帅于 4 月 6 日在巴格达死于斑疹伤寒。这是一种不幸，他无法目睹过去几个月的胜利战果。

土耳其军官普遍对这位备受尊敬的领袖和教官的离去充满不舍。1916 年 6 月 24 日，土耳其政府在君士坦丁堡为他举行了盛大的葬礼，之后，他的遗体被庄严的仪仗队转移到塔拉比亚的荣誉墓地，戈尔兹元帅在世界上最美丽的地方之一找到了他最后的安息之地。

德国人对这位陆军元帅的去世感到更加悲痛，因为他们失去了对土耳其人的巨大影响。库特的英军投降仪式是在土耳其军队领导人哈利勒

---

① 埃斯辛，伊拉克幼发拉底河下游城市。——译者注

帕夏的安排下进行的。哈利勒帕夏是恩维尔的一位非常年轻的叔叔,他在很短的时间内就接替了陆军元帅的位置,担任库特部队的司令。哈利勒为最后的战果所做的贡献是不容否认的,但这次胜利把哈利勒和土耳其人的利己主义提至如此高程度,以致他们在战争中不再谦虚地接受德国的建议。

冯·德·戈尔兹元帅的影响很快就被忽视了。

第一个影响是库特的胜利并没有使土耳其军队重新攻击英国和收复失去的一大部分伊拉克领土。相反,土耳其第十三军挺进中立国波斯。

1916 年 7 月 11 日,我在一份正式报告中表达了我的意见,我在此逐字引用该报告,对此我没有任何补充:

> 伊拉克第六军团似乎缺乏明智的领导。哈利勒帕夏绝不是一个合适的军队领导人。在库特 - 阿马拉地区取得成功后,他们没有在费拉利耶袭击英国人,也没有迫使英国人从一部分伊拉克土地上撤离。哈利勒帕夏命令伊赫桑(Ichsan)帕夏(该人非常有影响力、精明狡猾,但德国人十分厌恶)向坎尼金(Kannikin)和克尔曼沙阿①(Kermanshah)前进,对抗几个俄国骑兵团(约五个营)以获得廉价和夸大的荣誉。整个波斯之战不过是徒劳的出击,成功不可能持久。对波斯地区的出击和施压对世界大战不会产生丝毫影响,因为那里的人不可靠,没有接受过军事训练,不可能被动员起来为我们所用。

英国人需要一个安全的基地以便进一步进攻巴格达,由于土耳其人的不作为,英国人得以留在费拉利耶完成他们的防御工事,并逐渐地、有系统地改善他们的水路和陆路交通。

库特陷落后的几个星期,天气变得非常炎热,在接下来的几个月里不可能有大规模的军队调动。在秋季,可以开展军事行动时,土耳其方面已经没

---

① 坎尼金和克尔曼沙阿都是伊朗西部城市。——译者注

有可调动的军队了。与此同时，土耳其第十三军向哈马丹挺进，在与英国人的战斗中失败了。

第六军团的前线只有第四十五师、第五十一师和第五十二师，这些师无法进行有效防御。

在那些日子里，波斯在土耳其政治中扮演着重要的角色。不幸的是，德国自己也在某种程度上卷入其中，这是不容易理解的，我对此感到遗憾。

1915年冬天，德国向波斯派遣了一个庞大的使团，在土耳其人的帮助下对波斯军队进行改编。德国的"德国和土耳其在不追求自私政治目的的情况下解放波斯"的计划可能是非常值得称赞的，但它肯定是不切实际的。

在我看来，我们开展工作的唯一目标是赢得世界大战，而每一个被用于其他目的的军官和人员都意味着是一个错误。

以现有基础在波斯成立新的波斯军队，期望靠他们把俄国人从波斯北部赶出去，这是完全不现实的。

到那时为止，波斯唯一的军队是宪兵部队，他们的训练是由技艺高超、有献身精神的瑞典军官负责的，他们的工作很投入。宪兵部队无法取得持久的成果，因为这些人不是为军事目的训练的，预算也很有限。

现在德国军官在土耳其人的帮助下正在建立能用的波斯部队。他们试图招募宪兵和志愿者，并在克尔曼沙汗前总督、波斯陆军元帅纳赛姆·萨尔塔内赫（Nisam Saltaneh）那里找到了一些军事政治支持，这花费了德国大量的经费。

在与俄国人的交锋中，新组建的波斯军队的战斗力被证明是低下的，这也在意料之中。1916年4月和5月，俄国人带着一个骑兵师和几个营从东部向土耳其边境推进，向巴格达方向推进，新成立的波斯军队迅速崩溃。

宪兵们向四面八方逃散或向敌人投降，德国军官接到命令撤退到巴格达以北的巴古拜（Bakuba）。这件事没有提升土耳其人或波斯人对德国军官的尊敬。

许多聪明的德国军官建议不要德国积极参加波斯事务，但是他们的建议没有得到重视。5月，波斯使团解散后，德国外事部门继续执行其政策。

1916 年 5 月，恩维尔带着大量随员抵达巴格达，在德国全权军事代表的陪同下，确定了德国进一步积极参与波斯行动的细节。

哈利勒帕夏当时的参谋长是冯·格雷奇（von Gleich）上校，他在 5 月和 6 月的报告中强烈建议德国不要进一步插手波斯事务，他了解得更多，他恰当地描述了援助波斯军事行动的价值，他说：

> 波斯宪兵的数量不断发生变化，取决于即将到来的是战争还是发薪日。如果是前者，宪兵的数量会减少。

他在 5 月 23 日报告：

> 我对波斯军队的任何成功都失去了信心，我认为花在它身上的每一分钱都是不可原谅的浪费。

6 月 11 日：

> 我认为我有责任在此声明，我认为现在和将来，至少在今年，组建波斯军队是不切实际的。

在同一份报告中，他将他的意见总结如下：

> 我深信，我们永远无法在波斯获得足够的军事力量，来实现我们为波斯的政治独立而制定的计划，而且，即使有德国的帮助，波斯也不可能成功地解决其内部的矛盾。

他的观点没有被接受。

现在有人试图让波斯宪兵在交通线路保障方面发挥作用。

当时，德国人和土耳其人对在波斯采取进一步必要措施的意见分歧很大，显然也缺乏相互信任。许多事务都是由第六军团指挥官下令的，德国参谋长和军官是后来才知道的或者根本就不知道。

此后不久，冯·格雷奇上校不得不返回德国，因为这里的气候不利于他的健康。总参谋部的撒克逊人克雷奇默（Kretschmer）少校接替了他。

毫无疑问，在巴格达的时候，恩维尔和纳塞姆·萨尔塔内赫签订了秘密协议。这位波斯元帅认为现在与土耳其人建立更紧密的联系是明智的。

波斯军队的军衔不应该像我们对待其他军队那样严肃。

一个名叫哈斯（Haase）的德国准尉，是个又能干又活跃的人，曾在短时间内当过波斯上校。

纳塞姆·萨尔塔内赫的另一名随员马苏德·尚（Masud chan）的职业履历就不那么清楚了。他在纳塞姆·萨尔塔内赫的总参谋部担任要职，是唯一的专家。他曾就读于法国士官学校，在波斯战争爆发前曾是德黑兰一家商店的店员。

在恩维尔和德国全权军事代表的会议上，已经决定由德国上校阿道夫·弗雷德里克（Adolf Frederick）公爵率领摩苏尔纵队进入波斯。哈利勒很快就遇到了困难。起初，摩苏尔纵队拥有一个师的实力，后来被缩编为一个拥有一些机枪纵队的骑兵旅，最后缩减为一个大约有700支步枪的土耳其步兵团。其他战区也出现战斗，阿道夫·弗雷德里克公爵拒绝了他在摩苏尔纵队的任命，回到欧洲战场。

我们参加了土耳其第十三军进军波斯的令人遗憾的行动，因为我们为土耳其第十四营和第十五营提供了一批德国军官和人员，他们被用来监督巴格达到克尔曼沙阿公路上最简单的道路建设。在我看来，这并不是与他们相称的工作，因此我向德国报告，并减少了一些军官的使用。德国的兵站医院在苏莱曼尼亚①（Suleimanie）和克尔曼沙阿建立起来，德国的卡车已被第十三军征用。

---

① 苏莱曼尼亚，伊拉克东北部城镇。——译者注

9月,我从德国空军军官和从第六军团归来的其他军官那里得知,沿底格里斯河修建的通往英国前线的铁路进展迅速,英国在这条河上各种运输工具数量也大大增加。

我通知了恩维尔并告诉他,在未来较短的时间内巴格达将面临危险。

几周前,我曾向恩维尔建议将第三军团、第二军团和第六军团,也就是整个土耳其东线的军队交由一名指挥官指挥,但他就是不下达这个命令。

我无法在君士坦丁堡为提升巴格达的安全防卫做任何事情,我把我的忧虑告诉了当时在土耳其的副官冯·切利乌斯(von Chelius)将军,并向鲁登道夫将军报告。冯·切利乌斯将军亲自把这个报告交给鲁登道夫将军。因此,我于12月接到命令要亲自到普莱斯的德军总司令部汇报工作,关于此事我将在下文作说明。

报 告

君士坦丁堡 1916年10月25日

1916年10月底,土耳其战场的局势

东线:从安纳托利亚东部前线撤退后,第三军团驻守在从北部的提尔波利(Tireboli)到南部喀拉湖(Kara Lake)边的凯马赫战线。

俄国人把铁路线从萨里卡默什修建到哈珊卡尔堡和埃尔祖鲁姆附近,现在可能已经修建到了埃尔祖鲁姆。

在第三军团和第二军团之间是德尔西姆(Dersim),那里住着库尔德人,在此之前,俄国人和土耳其人几乎无法进入该地。

第二军团驻扎在穆什比利斯以南的泰穆尔(Temur)湾-基伊-奥格努特-穆什南部-比特里斯一线附近。

这支军队向东北方向的进攻很快就被制止了,因为俄国人在击退了第三军团之后,有时间加强了左翼的力量,而第二军团的军用物资又没有得到及时补充。

现在冬天来了,两军都想把俄国人赶出土耳其领土,但在地形复杂的山区发动进攻是不可能的。

目前还没有新的部队来巩固东线。

被俄军占领的土耳其领土纵深有 200～230 千米，俄军在该地区的交通主要依靠前面提到的铁路、从埃尔祖鲁姆到埃尔津詹的道路、新建的从特拉布宗到埃尔祖鲁姆和埃尔津詹的道路，以及从埃尔祖鲁姆到卡拉基利萨①（Karakilissa）和巴亚泽特②（Bayazid）的旧军用道路，从那里到波斯。黑海的高加索海岸完全被俄国舰队控制。

在第二军团和第六军团之间有一些不太重要的小股部队正在作战。

俄国人有可能向乌鲁米亚湖东南部萨吉布拉格、萨克兹（Sakiz）和比亚尔（Biiar）挺进，因为俄国人在那里有一些交通优势。

1916 年 1 月，我建议恩维尔帕夏在摩苏尔集结一支强大的军队，有效地控制该地北部、东部或南部。这个建议还没有被执行。

第六军团：第六军团的情况不能认为特别乐观。库特－阿马拉地区的成功后我军并没有驱逐英国人。此时英军的作战形势比 1916 年 4 月底要好。

据推测，他们将在时节允许的情况下尽快恢复对巴格达的进攻。

在这种情况下，他们夏季修建的从巴士拉到科纳（Korna）及更远地区的铁路将为他们的军事运输提供便利。

已经挺进到克尔曼沙阿和哈马丹的第六军团的第十三军很难及时到达巴格达以南，因为除了这段距离之外，他们还将被前面的俄国军队（主要是骑兵）牢牢地牵制住。

费卢杰和库特的 3 个土耳其师战斗力不错，每个连有 120～150 支步枪。患病的军人很多。在巴格达受疟疾、痢疾等疾病影响，在夏天患病的军人上升到 10000 人左右。

除了有一门精良的德国 150 毫米口径榴弹炮外，重炮武器匮乏。

纳西里耶（Nasrieh）的土耳其军队没有重型火炮。土耳其第六师

---

① 卡拉基利萨，亚美尼亚城市，1828 年建城名为卡拉基利萨，1935 年更名为基洛瓦坎（纪念苏联领导人谢尔盖·基洛夫），1992 年更名为瓦纳佐尔（以瓦纳佐尔河命名）并沿用至今。——译者注
② 巴亚泽特是位于土耳其东南部靠近伊朗边境的城市。——译者注

即将到达那里。（事实证明这是一条错误的信息）

在我看来，土耳其在伊拉克要取得进攻胜利的所有先决条件都不具备。

根据我的想法，第六军团应该在很久以前就被增援，因为作战的重心现在是在伊拉克的东部前线。鉴于此，我在两个月前建议恩维尔指示第三军团和第二军团修筑壕沟严守阵地。

这样一来，这些军队就能成为第六军团的增援力量。恩维尔拒绝了，因为他相信，在这样一个命令下达后之后，如果俄国削弱在高加索的部队，土耳其第三军团和第二军团将无法迅速向高加索地区推进。

把第三军团、第二军团、第六军团联合起来统一指挥的建议也同样被拒绝了，我认为这是为在东线有效作战奠定基础的唯一举措。

必须考虑到部队调动和补给线的距离问题。从君士坦丁堡到巴格达，一支军队平均需要花费两个月的时间。

希贾兹：反抗的阿拉伯人袭击了麦地那西南约 60 千米处的土耳其军队。从麦地那到麦加的距离大约有 350 千米，它表明阿拉伯人反抗运动已经相当广泛，把这些反抗运动说成不重要是错误的。

从那时起，就没有收到土耳其驻也门部队的任何消息。

第四军团：冯·克雷斯领导下的第一支远征军以其目前的兵力无法恢复在阿里什的作战行动。

我无法判断英国人是否在考虑占领西奈半岛，卡蒂亚（Katia）铁路扩建可能表明了这一点。然而，可以肯定的是，自 1916 年春天以来，英国人就一直努力在运河以东筑起一道防线。

英国人在海上控制一切，他们可以在任何时候轻易地加强他们在埃及的军队，而我们则被限制在漫长的陆地道路上。

此外，英国人总是能及时从阿拉伯人那里得知关于我们军队动向的情报。因此，自从第一次运河远征以来，我就赞成对埃及采取小规模的军事行动，目的是牵制那里的英国军队，并且反对进行大规模的作战行动，除非有更多的军队可以支援攻击运河，交通运输能够得到充分保障。

最好把我军在伊拉克、希贾兹和苏伊士运河以东地区等多个战场的作战行动综合起来考量。

杰马尔帕夏的冷酷无情使叙利亚的阿拉伯人无法为土耳其的军队提供帮助。这个月大马士革附近发生了严重的骚乱,目前被军方镇压。

穿越托罗斯山和阿曼山脉的通道是我方最重要的要道,自战斗开始以来,有关当局并未适当重视,涉及4个军要从那里通行,所以所有可利用的劳动力都应首先在那里工作。

如果这一点得到正确的认识,在穿越托罗斯山和阿曼山脉运输通道安全地建立起来以满足4个军所有需求之前,从安卡拉到锡瓦斯的铁路、到迪亚尔贝克尔的铁路以及其他大的工程就不会开始建设。

第五军团:第五军团从黑海的米迪亚延伸到地中海边的阿拉尼亚(Alaja),在第五军团的区域内,敌人目前还没有站稳脚跟。

第五军团的第二十六师被调离之后,该军团还有在士麦那的第十六师,在达达尼尔海峡亚洲海岸的第二十四师,在达达尼尔海峡欧洲海岸的第四十二师。它们是较老的战斗部队,其他的都是新组建不完备的部队,还有后备作战部队。

第一军团:它由两个师组成,一个在君士坦丁堡,另一个在黑海沿岸。我要强调,当时敌人萨洛尼卡有一支数量庞大的军队,当我们沿海的岛屿成为敌人的基地时,并不排除今后敌人对达达尼尔海峡采取军事行动的可能性。

无论如何,我不建议把达达尼尔海峡上的军队全部撤走,协约国正通过一个广泛的间谍系统了解我们所有军队的动向。

当这方面的成功显得很有把握和容易实现时,协约国肯定会采取行动。

另一处令人担忧的的土耳其西海岸易受攻击的敏感点是第四军团防区的亚历山大勒塔湾①和梅尔辛(Mersina)湾。如果敌人在这里采取大规模军事行动,可能会中断土耳其四个军团之间的交通联系。敌人在萨

---

① 亚历山大勒塔湾今天归土耳其共和国所有,改称为伊斯肯德伦湾。——译者注

洛尼卡附近的行动停止后，可以使用萨洛尼卡的部队在这里作战。目前没有发现敌人这种行动的可能性，因为在塞浦路斯均还没有建立基地。

利曼·冯·桑德斯

骑兵将军

呈给军需官阁下

步兵将军

鲁登道夫

普莱斯

埃 及

我军计划于1916年2月对苏伊士运河进行一次大规模的远征。德国和奥地利的军事援助由于铁路运输的问题被迫推迟几个月，这次作战计划被推迟到夏天进行。

听说英国人开始从埃及撤出更多的军队，德军总司令部下令一个小型混合部队发起进攻，以重新造成英国人对运河地区局势的忧虑。

该部队由3个营、6个中队、1个炮兵连和1个机枪支队组成，向坎塔拉挺进。在运河以东45千米的卡蒂亚，混合部队突袭了英国骑兵团的营地，占领了相当大的一部分地区，达到了出击的目的。

更大的远征作战计划随后在7月展开。远征军没有期待新的德国增援部队到来，因为德国也不知道远征军什么时候出发。

远征军的组成如下：

在雷费特（Refet）贝伊上校的指挥下被加强的土耳其第三师

6个德国机枪连

1个德国150毫米口重型野战榴弹炮连

1个德国100毫米口径远程大炮连

1 个德国航空中队

1 个德国汽车运输队

2 家德国野战医院

4 支德国防空部队

1 个奥地利野战榴弹炮师，包括 2 个连，每个连 6 门炮

这次远征不是在 2 月进行的，而是在一年中气候最热、最不利的季节进行的。

参加这次远征的土耳其军队尽管付出了很大的努力，但他们的训练水平一般，装备也很差，并且缺乏优秀的军官。德国和奥地利的部队中有很多士兵患病，但其他方面都很好。

1799 年，拿破仑沿着海岸走过的从阿里什到卡蒂亚和坎塔拉的古老商队路线，被选为前进路线。这条路线饮用水和物资供应条件最好。

远征军收到的指令（他们说是从君士坦丁堡发来的，但我不知道是谁发布的命令）要求他们向运河附近挺进，他们远程大炮可以阻止船只从苏伊士运河通过。

这些指令我一直不明白。现在的问题是，这种大炮干扰能持续多久。如果这是一场旷日持久的战争，而其本身的价值那就完全取决于英国人是否能容忍它，或者土耳其和德国军队是否能执行它。毫无疑问，对前者和后者都必须做出否定的回答。

这些指令显得不伦不类，类似提醒人们洗手时不要弄湿手指。

还有其他情况妨碍了行动的执行。

冯·克雷斯上校对形势不抱任何幻想。7 月 4 日，也就是提前十天，他报告说：

在过去的几个月里，英国人花了大量的人力、物力和财力在运河以东建立了完整的防御体系。他们在那里等着我们，他们的力量比我们的远征军强大很多倍。

任何一个在复杂情况下负有责任的人都知道，在战争中，有时有必要去做一些没有希望的事情。"必须"经历的痛苦和希望的火花帮助领导人克服困难，希望他们会创造奇迹。进攻分三个纵队，分梯次行军，以尽量减少供水的困难，每个地方可获得的水量是有限的。艰苦的行军要穿过起伏的沙丘，在沙丘里，士兵们的脚一直陷到脚踝位置。由于天气炎热，只能在夜间进行，以免被敌方飞行员发现。

经过 7 天的行军，8 月 4 日，敌人位于运河以东 40 千米处的罗马尼（Romani）宿营地遭到我方攻击，我军主要的攻击目标是营地最薄弱的西侧。

土耳其 – 德国军队的进攻完全失败了，因为使用的兵力太少。英国人发现了远征军的行动，远征军到达敌人阵地时已经筋疲力尽。这一次，英国人没有撤退。

远征军没有绕向敌人的侧翼发动攻击，敌人通过训练有素的骑兵部队以及从坎塔拉乘火车赶来的增援部队巧妙地绕向我军的侧翼。最后，远征军成功地摆脱了敌人，敌人起初紧追不舍。在进攻和撤退到阿里什的过程中，远征军损失了大约 1/3 的兵力。

这是土耳其针对运河和埃及的第二次也是最后一次有一些影响的作战行动。

敌我双方的攻防角色现在交换了。在此之前，土耳其人一直处于进攻状态，英国人处于守势。根据克罗默勋爵的备忘录，英国的战略进攻开始了。英国的目标很明确，凭借在殖民地战争中积累的丰富经验，不慌不忙地进行。英国还通过赢得阿拉伯人的支持而获得了他们宝贵的帮助。

1916 年夏天，在协约国的支持下，巴勒斯坦和叙利亚的阿拉伯人反抗运动愈演愈烈，麦加的埃米尔与英国结盟，宣布独立。这是协约国对阿拉伯人有组织、有系统争取独立的运动的坚定支持。

以杰马尔帕夏为代表的土耳其政府的阿拉伯政策彻底失败了。

为了夺回麦加，任命另一位埃米尔，恩维尔现在决定组织一次对希贾兹地区的远征。

这支远征队的组成和管理不让基督徒参加，土耳其人发现这支远征部队的组建非常困难，所以在秋天就放弃了。

英国国务大臣张伯伦先生在 1915 年 10 月 21 日致电印度总督时说：

> 阿拉伯人正在犹豫，如果我们不给他们很大的诱惑，他们很可能会加入土耳其人的行列。

早在 1916 年夏天，阿拉伯人就已经倒向了英国。这是英国在打下的基础上继续进行经营的需要。英国人经营得如此成功，以至于在后来所谓的埃及战役中，他们就像是在本国战斗，而土耳其人为保卫自己的国家却不得不在敌对的人群中战斗。

英国人在西奈半岛有系统的推进，这完全依赖于他们建立的安全和有效的交通设施。这与土耳其所采取的方法正好相反，土耳其在所有行动计划中都低估了交通运输的困难。

英国人控制着海洋，并拥有沿海岸的坎塔拉–阿里什的旧商队路线。根据土耳其人的说法，这是调动军队的绝佳线路。英国还在以每天 1 千米的速度在这条路上修建了 1 条铁路。这条铁路什么时候能到达阿里什以东的土埃边境是可以计算的。预计是在 1917 年 1 月。

为了对付敌人缓慢而有力的进攻，土耳其本应调来大批新补充的部队。但是土耳其政府什么也做不到，因为土耳其卷入加利西亚、罗马尼亚和马其顿战场的战事，两个军驻扎在高加索地区、伊拉克和波斯，而第五军团，土耳其当局不顾其重要的职责，不顾一切警告，已把它调整为一支守仓库的部队。驻守阿达纳和亚历山大勒塔的第四军团的条件糟糕、缺乏训练，根本不能考虑让这两支部队来巴勒斯坦前线增援。

所能做得最不可能的事，就是把所有可用的土耳其军队以及那些分散在沙漠和腹地、远至耶路撒冷的军队，都集中在现在受到敌人威胁的地区——加沙地区。只要对情况有清楚的了解和判断，我们仍然有可能在那里筑起一道坚固的防线。

然而，政治上的考虑妨碍了这一简单而明显的军事举措。土耳其人仍然相信他们可以让世界和阿拉伯人把西奈半岛看作是土耳其的附属地。沙漠地区的土耳其军队也没有及时撤离，所以他们遭遇几次失败是不可避免的。在阿里什南部马格达巴（Magdaba）的一个孤立的土耳其混合支队被英国军队俘虏，阿里什最终被放弃。1917 年 1 月，在汉尤尼斯遭遇失败后，一个团丧失了机枪连和炮兵连。之后，土耳其军队逐渐被集中到加沙到贝尔谢巴地区。

其他事项

个别的霍乱病例出现在不同的地方，特别是在交通沿线，并且在夏天的时候，隔离检查工作很难开展。1916 年夏天，士麦那暴发了一场严重的流行病，从一开始，各个阶层的人都成为受害者。

有几次，有几个士麦那的希腊人来找我，他们眼中含着泪水，悲叹士麦那即将毁灭，恳求我让他们离开或拯救士麦那。我们尽力使他们平静下来，并答应帮助他们，但他们仍然不被允许离开这个地方。

士麦那的瓦利拉赫米（Rahmi）贝伊很快就意识到了疾病带来的这种危险，尽管土耳其的医生们提出了很多抗议，但他还是给予外科医生罗德瓦尔德（Rodenwaldt）教授广泛的特权使他能够应对这种流行病。在这位杰出和经验丰富的卫生专家的努力下，在其他德国医生，特别是在索尔瓦尔特（Sauerwaldt）和蔡斯（Zeiss）的有效协助下，这一流行病在几个星期内迅速得到了控制，并被完全消灭。

这一年里，德国的医务人员在士麦那建立了一个诊所，这几乎完全使希腊人受益，但遭到土耳其医生的强烈反对，因为它影响了他们的生计。

德国外科医生很多次被派往艾丁的维拉耶特（Vilavet）城用一切可用的方法来对付霍乱、斑疹伤寒和疟疾，并使卫生条件得到很大改善，他们的工作几乎没有得到过感谢。

当所有德国人包括卫生官员在内，在停战后不得不离开士麦那时，所有人都抱怨黎凡特地区希腊人的态度立刻转变，咄咄逼人。我自己的处境也好不到哪里去。

我在士麦拿和整个小亚细亚沿海地区保护过希腊人，我无数次不让他们受到土耳其人的侵犯。我的画像被挂在一所很大的希腊学校里作为答谢，士麦那希腊社区的希腊人总代表为我举行了一次宴会。我的接待室里一直都有希腊请愿者，有男有女。然而停战以后，希腊人大肆诽谤我，让我不知所措。

不难理解，我们对土耳其黎凡特地区的居民没有特别的同情。我们的所有警告和掌握的一切手段都无法阻止希腊人在土耳其沿海地区开展间谍活动。

间谍们与敌人控制的岛屿不仅通过船只而且使用各种技术手段进行联系。

一位德国专家的调查得出了如此令人吃惊的结果，我们不得不停止调查，以免牵扯到一个身居高位的人。

我们在士麦那的一个家族（该家族是当地最显赫的家族之一）的一名成员家里发现了一本日记，其中详细记录了特罗默（Trommer）将军的军事活动，他是士麦那的总指挥官。日记中还有我本人在士麦那的活动。碰巧这位先生的兄弟是驻扎在海岸的一艘敌舰上的一名军官。在1916年上半年，希腊强盗团伙，根据这一间谍活动的情报，从这些岛屿过来，袭击了小亚细亚海岸的土耳其村庄，他们掳掠未成年人、妇女和牛群，并烧毁村庄。然而，在下半年，我们采取了小规模的积极行动极大地限制了这些掠夺性活动。

几名德国军官在一些小规模远征中脱颖而出，这些远征具有海军的作战特点，尤其是舒勒（Schuler）上尉和赫塞尔伯格（Hesselberger）中尉，他们都是骑兵，没有海军经验，除非他们是在巴伐利亚湖上取得这些经验。

9月18日，林斯迈耶（Linsmayer）中尉在艾瓦勒克以西的基姆努尼斯（Gimnonisi）岛对敌对武装团伙的突袭中一举成名。敌对武装团伙的一些文件被截获，其中一些提供了间谍活动的信息。

11月3日，赫塞尔伯格中尉率领的一支由12艘船和180人组成的较大规模部队进行远征，敌军在梅斯（Meis）以东地中海的凯科瓦（Kekova）岛上遭到突然袭击。经过激烈的战斗，敌人在遭受相当大的损失后逃到了梅斯。

在爱琴海和地中海的许多其他小型远征队的活动导致海盗对土耳其领土的入侵次数大大减少。

1916 年 12 月初，我在达达尼尔海峡时收到了鲁登道夫将军的一封电报，要求我亲自到德军总司令部汇报工作。由于种种原因，我非常珍惜这个机会。首先是我先前对巴格达战局的担忧。接着，从君士坦丁堡开始的各种谣言又在德国传播开来，说我和恩维尔之间又有了分歧，但在这种情况下，这些谣言是没有任何事实根据的。1916 年 11 月 6 日，我收到军事内阁的一封信，要求我向恩维尔表示敬意。11 月 18 日，我给军事内阁首脑打了电报，说我不明白为什么要这样做。我补充说，这要么是土耳其蓄意捏造的谎言，要么是德国的不实报道，这些报道没有经过我的允许就被发布了。我强调说，军事顾问团团长的职位在得不到德国支持的情况下变得无法维持。

毫无疑问，我访问普莱斯地区不受恩维尔和土军总司令部的欢迎。恩维尔很难同意，一星期后他同意了，他说：

> 由于冯·兴登堡元帅曾说过，他只是想谈谈德国军队，阁下可以去普莱斯。

12 月 18 日，当我和普里格上尉到达普莱斯的时候，恩维尔发来一封电报，大意是"不必重视德国军官对巴格达局势所表达的任何担忧"。他所指的那位军官是毫无疑问的。冯·兴登堡元帅已下令向土军总司令部做出适当的答复。

12 月 18 日和 19 日，我向陆军元帅提出了我对土耳其的忧虑，26 日向从凡尔登前线回来的鲁登道夫将军提出了我的忧虑。

结果，德军总司令部的电报建议恩维尔立即派三到四个师去增援第二军团。恩维尔回答说，巴格达的形势是有利的，哈利勒帕夏正在考虑等这个季节过去后立即向伊拉克发动进攻。我提出的对巴格达部队进行大规模增援的建议没有得到重视。

在这两个汇报之间，我奉命到波茨坦的新皇宫里向德皇汇报。在这次和德里的谈话中，我没有太多话可说，因为德皇谈到了土耳其军队在达达尼尔战役和加利西亚的出色表现。德皇对达达尼尔战役的情况并不了解，认为潜艇的参与范围比当时的情况要广泛得多。经过向德皇长时间的解释，我陈述了潜艇只是在有限的时间内取得成效，并提供了确切的日期。德皇似乎对我修正先前的说法感到不快，他很快地结束了谈话，而在其他所有场合，他都对我表示了善意。

在那些日子里，我也有机会向帝国总理冯·贝斯曼·霍尔维格（von Bethmann Hollweg）讲述我在土耳其的经历，如果对恩维尔过于殷勤，过分强调德国对土耳其援助的价值会使土耳其人产生虚荣心，从而使军事顾问团开展工作变得困难。

泰克（Jaekh）教授为在君士坦丁堡建立的德土友好之家筹集了大量的资金，必然会被土耳其人视为这是对他们的讨好，这是我们要做的最后一件事。在土耳其人看来，某种含蓄更受尊重，在我看来德国更符合这一点。

临时访客和一些肤浅的批评家在国内传播了许多错误的观点，并在很大程度上夸大了对土耳其文化进步的赞美。

让我们感到遗憾的是，在君士坦丁堡有德国人，他们在抵达后几周内就认为仿效土耳其的习俗有助于他们开展工作。有一天，我在首相的办公室里遇到了3位戴土耳其毡帽的绅士，他们给我土耳其式的问候。在询问这些可疑的土耳其人的名字时，我得知他们是实实在在的德国人，其中一个叫施密特（Schmidt），不久前他们被派往土耳其执行公务。

几天前，我在新宫殿的皇帝接待室里有过这样的经历：土耳其人的制服可能会造成国籍识别上的错误。值班的副官一早就没有被告知访客的情况，他怀疑地打量了普里格上尉和我之后，以不常用的法语 *Le soleil vient deja* 开始对话，于是我用德语告诉他，我觉得天气很冷，并消除了误会。

为了说明德国官员对土耳其情况的估计是多么不正确，我要说的是

1916 年，所有载有军用物资的汽车从德国开往土耳其有一段时间都附有一个标有"恩维尔之地"（Enverland）的标签。土耳其军官看不出这个词是土耳其的缩写或代称，这让人感觉很不好，而且即使在那时恩维尔也在军官里有许多个私敌。这种做法已经被叫停。

12 月 30 日，我启程返回君士坦丁堡。

第十二章　吉尔德里姆组建前的战况

军事顾问团

随着军事顾问团新任参谋长冯·伦特上校的到来，从1916年和1917年之交的冬季开始，军事顾问团的任务和职责被扩大，这是为了管理在土耳其隶属于德国军队的所有德国人的需要。

直到那时，我与在土耳其前线值班的德国军官和在土耳其为数不多的德国部队的联系，都是通过派驻在各主要通信线路的联络官来维持。从那时起，除了处理所有个人和法律事务外，军事顾问团扩大为一个庞大的德国通迅办公室（Etappen Behoerde），分支机构遍布土耳其全境。军事顾问团参谋部增加了很多来自德国总参谋部的军官，第一个是博恩斯泰特（Bohnstedt）上校，他做事谨慎勤奋，接着是茨希尔纳（Tzschirner）和其他人。

德国人负责的卫生设施继续得到改善，他们建立了新医院和医务室，增加现有的医疗点，并在交通线路上增建了医疗点。

督察顾问布尔查迪（Burchardi）是军事顾问团经验丰富的管理员，他扩大现有设施增加补给供应，扩大仓库，还在君士坦丁堡及其附近扩建仓库，建立各种工厂和车间，这些充分展现了他的管理才能。

这些工作大部分得到扩展，有可能遵照德军总司令部的意愿，从1916年11月到1917年1月，93名德国军官和医务人员返回德国。

鉴于恩维尔在尽力限制军事顾问团的职责范围，军事顾问团的新组织有特殊价值，这个组织它得到了德国当局的支持。

此外，这也给恩维尔那里的一些德国军官上了有益的一课，因为他们一直依靠土耳其人。

尽管有一些相反的说法，但所有人都必须承认，这个新组织没有参与一点政治活动。

德国最高当局于1916年开始派遣特别代表前往土耳其，监督该国向德国采购、运送矿石和其他产品的事务。这些代表并没有像德国国内许多人错误地认为的那样被派往军事顾问团。在土耳其战争部，土方为他们设立了单独的办事处，他们直接与国内当局或通过大使和军事全权代表联系。

这些代表在经济方面的努力收效甚微，他们与土耳其官员在各个方面都不断出现摩擦。德国当局派遣这些代表和委员们缺乏组织，对其活动范围也缺少适当的界定。

在土耳其，他们都遇到了特殊的困难。因为这些德国人的种种努力都涉及土耳其总监督员，土耳其总监督员掌握了所有的经济权力，有时他们并不知情。土耳其总督员利用一切手段阻碍和拖延了出口，土耳其总督察员玩弄他们，利用一些德国人对抗另一些德国人，有时甚至是奥地利人。他完全按照自己的计划和准则行事。除了一些他认可的服务项目外，他不会让任何东西出口。

在简要描述土耳其战场的战情发展之前，最好先简要回顾一下1917年初土耳其军队的分布情况。

高加索地区：

第三军团，维希布帕夏指挥

高加索第一军，下辖第九师、第十师和高加索第三十六师

高加索第二军，下辖第五师、第十一师和第四十九师

第二军团，穆斯塔法·凯末尔帕夏指挥

第二军，下辖第一师和第四十七师

第三军，下辖第七师，该师奉命前往君士坦丁堡土军总司令部；第十四师被派往第六军团

第四军，下辖第十一师和第十二师

第十六军，下辖第五师和第八师

伊拉克：

第六军团，哈利勒帕夏指挥

第十八军，下辖第四十五师、第五十一师和第五十二师

第十三军，下辖驻扎在波斯的第二师和第六师以及驻扎在摩苏尔的

第四师

叙利亚和巴勒斯坦：

第四军团，杰马尔帕夏指挥

第八军，下辖第二十七师和第四十三师

第十二军，下辖第四十一师

第一远征军，下辖第三师

阿达纳军团，下辖第二十三师和第四十四师

驻扎在希贾兹的第二十二师

驻扎在阿勒颇的第五十三师和第三骑兵师

达达尼尔海峡和小亚细亚：

第五军团，利曼·冯·桑德斯指挥

第十四军，下辖第四十二师

第十九军，下辖第二十四师和第五十五师

第十七军，下辖第五十六师

第二十一军，下辖第五十七师

君士坦丁堡：

第一军团，埃萨德帕夏指挥

第一军，目前下辖第五十四师，后来派往阿勒颇

第十六师，土军总司令部的预备师，后来派往阿勒颇

欧洲战场：

第十五军，下辖第十九师和第二十师

第六军，下辖第十五师、第二十五师和第二十六师

第二十军，下辖第四十六师和第五十师

也门：

第七军，下辖第三十九师和第四十师，驻扎在阿舒尔（Assur）的第二十一师

以及这里没有列举的其他分队和作战部队。

如前所述，土耳其战场的作战力量是变化的，与1915年相比，军队的作战能力因素不断的分调大大削弱了，存在兵源恶化和士兵培训时间不足的问题。

高加索地区

对土耳其第三军团的大规模军事行动结束后，俄军大大改善了他们与前线之间的交通条件。从萨里卡默什到埃尔祖鲁姆、从特拉布宗到居米什哈内的窄轨铁路已经完工并投入使用。在此之前，俄军的物资供给问题一直被诟病，本次得到圆满解决。俄军在特拉布宗、埃尔津詹、穆什和凡城的战线保持不变。

厄德尔①—巴亚泽特—卡拉基利萨铁路已经完工，从卡拉基利萨经亚美尼亚延伸到图塔克和马拉兹吉尔特的铁路也在开始修建。根据现有的土耳其方面的报告，俄军从焦勒法②到大不里士的标准轨距铁路将延伸到乌鲁米亚（Urumia）湖以东，从巴统到特拉布宗的标准轨距铁路正在建设中。

尼古拉大公打算在恢复作战之前为他的军队提供足够的后勤补给，但他的这些有战略意义的作战计划受到了俄国国内革命的阻挠。

俄国革命在1917年4月爆发③，到那时为止，俄军还没有在高加索地区发动大规模的军事行动。在这一年的前几个月里，前线除了有时发生小规

---

① 厄德尔，今天土耳其东部城市，位于与亚美尼亚、伊朗和阿塞拜疆三国交界处。——译者注
② 焦勒法，今天伊朗西北部边境城市，邻近阿塞拜疆和亚美尼亚。——译者注
③ 这次革命就是俄国历史上著名的二月革命，按照俄历是二月。——译者注

模战斗外，别的没有什么变化。这种情况并不经常发生，因为在这些广阔的战线上，双方的阵地相距几千米。在俄国革命开始之前，革命思想已经在高加索的俄军中传播，削弱俄军的进攻意志。只有少数军官和一些特别优秀的部队不受革命思想的影响。

此外，土耳其军队不得不进行防御作战，因为第三军团和第二军团都不被允许开展大规模的作战行动。这两个土耳其军团兵力很少，生活条件很差，服装、装备和弹药不足，而任何进攻行动中必不可少的运输工具也和前面所说的一样不足。

土军总司令部将伊泽特帕夏领导下的两支军队合并成高加索军团，但是军队的改编并没有改变军队的情况。高加索军团的参谋长是德国的冯·法肯豪森（von Falkenhausen）少校。军团司令部先设在迪亚巴克尔，后来又设在哈尔普特。穆斯塔法·凯末尔现在指挥第二军团。

在这个严冬，第二军团吃尽了苦头。该军团所驻扎的地区由于亚美尼亚人被驱逐而变得人烟稀少、异常荒凉。当地的经济发展遭受打击，大部分田地还没有开垦。没有工程师，工厂难以找到需要的技术工人。因此，土地既不能为军队提供生活必需品，也不能提供其他帮助。供应体系完全不足，而且如前所述，供应太少，以至于成千上万的士兵死于饥饿或虚弱。德国外科医生利伯特（Liebert）从阿舒尔发来报告：

> 值得注意的是，这些身体虚弱的人即使做一点轻微的手术后，身体也没有多大的抵抗力。如果我们不给他们动手术，他们就会死。如果我们做手术，他们也会死。

由于卫生设施不完善，斑疹伤寒夺去了数千人的生命。这里缺少给防疫机构和医院病房供暖的燃料。拉斯艾因有足够的医疗用品，但由于缺乏运输工具而无法运送。第二军团的德国卫生人员中有许多人生病了，再也没有回家。2月份的斑疹伤寒最严重，42名土耳其外科医生死于该疾病。

对亚美尼亚人的驱逐给土耳其军队带来如此严重的负面后果，这几乎是命运的报应。在这里不讨论亚美尼亚人被迫害的原因。所有的谴责和指责都理所当然地堆积在土耳其当权者身上,一位公正的法官不会忽视,不是土耳其的统治们出台了土耳其对亚美尼亚人政策。土耳其人就是在这样的思想中长大的,他们相信通过消除这些对政府怀有敌意的因素,为国家的未来做出了爱国性的贡献。不平等条约被废除后的陶醉状态导致了"土耳其人的土耳其"这一口号的出现,它点燃了人们的激情,蒙蔽了人们的判断力。驱逐的理由常常是亚美尼亚人加入俄国人的队伍中,以及亚美尼亚人对穆斯林犯下的诸多罪行。在执行驱逐令的过程中,出现许多可怕的、应受谴责的和残酷无情的案件,毫无疑问地可以归咎于下级官员,他们的个人仇恨和贪婪导致了上级下达的命令被更加严酷无情地执行。在高加索的这些地区,土耳其的下级官员尤其是土耳其宪兵,他们首先执行驱逐令,他们对欧洲文明的概念并不了解。

我不明白,黎凡特地区的民众对德国军官进行诽谤,说他们参与了这些迫害行动。这些诽谤怎么会得到如此广泛的传播。在亚美尼亚人生活地区的参谋人员和部队中,只有少数德国人能够做得更多,以弥补供应和训练方面的非常困难的局面。经常发生的情况是,德国军官没有从他们的土耳其指挥官那里得到关于军事事件和措施的充分信息,当然,更不用说关于内部政治事务了。认为他们能够施加职权以外的影响力是完全错误的,德国人的职责范围受到土耳其人的严格限制。

任何了解土耳其情况的人都知道,这些指控也是针对我的。战争结束后,所有黎凡特地区的人注定要把所有的过错都归咎于德国人。只要看一眼地图就会发现,我作为土耳其军队指挥官的军事活动范围仅限于奥斯曼帝国最西部的战区,而且距离亚美尼亚有 1000 多千米。迄今为止,我从未踏上亚美尼亚人的土地或毗邻的土地。

伊拉克

英军的进攻在 1917 年 1 月开始,最终攻占了巴格达。

唯一能抵抗英国进攻的部队是土耳其第十八军。当时该军驻扎在巴格达东南约 170 千米处的底格里斯河两岸。在那里，底格里斯河从库特－阿马拉地区向东北方向急转，在乌姆赫纳（Umm el Henna）恢复原来的流向并向波斯湾流去。这一段河流的长度是 35 千米，流向东北方向，像是保护巴格达的一个前沿阵地。库特位于土耳其军队的右翼，在沙特哈伊（Shat el Hai）在那里，盖拉夫（Gharraff）河流入底格里斯河。在土耳其军队的左翼，乌姆赫纳以西大约 4 千米处，有几处叫费拉利耶的泥屋，费拉利耶是一个很常见的名字。土耳其军队的右翼驻扎有第四十五师和第五十二师，左翼驻扎的是第五十一师。

从这里开始，由第一百五十六步兵团、3 个中队和 2 个炮兵连组成的幼发拉底河支队在右翼梯次配置，一直部署到沿幼发拉底河下游 150 千米处的费拉利耶附近。英军一条连接巴土拉和古尔纳的战时铁路已延伸到那里。

土耳其第十三军驻扎在波斯高原的哈马丹，距离巴格达的航线距离有 400 千米，与底格里斯河低地之间隔着一座高山。它的正面被俄国军队牢牢牵制，俄军中大部分是骑兵。

第二军团的第十四师是唯一一支增援第十八军的部队，因为恩维尔和他的顾问们认为巴格达没有危险，没有理会冯·兴登堡元帅和鲁登道夫将军在圣诞节前后提出派遣增援部队的建议。

在巴格达陷落之前，尽管有及时的和有充分依据的警告，但几乎没有哪个陆军司令部比土耳其人更轻率。恩维尔重要的德国顾问和其他许多人一样，坚决不听劝告。如果听从劝告，他们就会纠正错误的号令并采取正确的行动。

1917 年 1 月 9 日，一场针对土耳其在库特北部河流拐弯处伊玛目穆罕默德①（Imam Mohammed）据点的大规模进攻拉开序幕。土耳其人报告说，这次袭击是由英属印度拉合尔第三师发动的。在综合考虑各种结果之后，土耳其人不得不放弃他们的第一道防线。1 月 11 日，敌军队对库特和伊玛目

---

① 伊玛目穆罕默德，伊拉克地名。——译者注

穆罕默德的阵地进行轰炸之后，12 日又对伊玛目穆罕默德进行了一次较小规模的攻击。

1917 年 1 月 14 日，土耳其向德军总司令部提交的秘密报告中指出：

> 库特的形势被认为是非常有利的，军队也这么认为。

从现在起，土耳其军队不断受到敌人的攻击而陷入混乱，一步一步地被赶出了他们的阵地。土耳其士兵作战英勇，但无法永远阻挡比他们强大得多的、具有火炮优势的英国军队的系统推进。英军的骑兵还从土耳其军队侧翼向前推进，一次又一次地威胁着土耳其的侧翼和后方。

接下来的敌军袭击发生在盖拉夫和伊玛目穆罕默德。1 月 18 日，土耳其军队在伊玛目穆罕默德阵地的优势地位被打破，也不得不在 2 月 3 日撤离库特的外围阵地。2 月 9 日，英军占领了土耳其后方的新阵地，土军在大约 1300 米的后方恢复了防御。

这一天，第四十一步兵团带着山地炮，组成了土耳其第十四师的先头部队，到达了阿齐齐耶（Azizie）。

2 月 15 日，经过激烈战斗，土耳其人不得不放弃他们在盖拉夫以西的阵地，剩余的部队在夜间被转移到底格里斯河的东岸，这样就把西岸地区让给了英国人。

巴格达的格勒斯曼将军控制着第六军团的所有德国军官和部队，他对形势的判断比土军总司令部更准确，在 2 月 16 日发来电报：

> 底格里斯河前线形势严峻，英军在兵力和弹药上的优势不容忽视。

2 月 17 日，土耳其士兵在费拉利耶遭到猛烈轰炸，轰炸之后，敌军步兵对土耳其第五十一师进行攻击，部分敌军属于英印马拉塔师。根据土耳其的报告，敌军师占领了土耳其的两条前线，但在我军的一次反击中敌军再次失去了这两条防线。

22日，在连续四天的轰炸之后，敌军步兵又发动一次大规模的进攻，土耳其人在遭受惨重损失后退回到位于后方的阵地。

2月23日，英国人成功将军队转移到底格里斯河东岸靠近舒姆兰（Shumran）的转弯处，他们在那里盘踞，无法被赶走。然后，他们在河上架了一座桥。

2月24日，一支强大的敌军步兵部队越过河流，突破第五十二师的正面防线。土耳其第四十步兵团几乎被全体阵亡。2月25日晚，土耳其人退回到塔维勒（Tawil）的阵地。

在库特的底格里斯河拐弯处的第一阶段战斗以土耳其军队失去所有阵地而告终。土耳其人的失败使第四十五师不得不解散，它的残余力量被分遣到其他各师中。

鉴于巴格达现在面临的危险，2月25日，第十军的军官们从哈马丹出发，向坎尼金挺进。果然不出所料，俄国骑兵立即跟了上来。3月1日，最后一批军队终于离开哈马丹。当然，在做出决定之前，这支军队无法到达巴格达。一半的波斯军人在军队离开哈马丹后立刻逃离，这并不奇怪。

2月25日，一个敌军步兵师逼近距离塔维勒不到1千米的位置。一个敌军骑兵团杀向土耳其军队左翼，袭击了土耳其军队的辎重和火车，造成了很大的混乱。在底格里斯河上也发生了战斗，4艘英国炮艇俘获载着土耳其伤员的"巴士拉"号汽船和另外两艘土耳其炮艇"塞尔曼帕克"（Selman Pak）号和"多森"（Doghan）号。

就在这一天，英国人突破了第十八军的阵地，第十八军在26日晚上损失惨重后撤退到阿齐齐耶。一个由步兵和骑兵组成的敌军师向阿齐齐耶追来。

27日晚，第十八军继续撤退，并于28日晚到达了底格里斯河在塞尔曼帕克的转弯处，并那里立即开始构筑防御工事。

这时，敌人的进攻出现了短暂的停顿。根据土耳其的报道，英国人在阿齐齐耶建立一个稳固的阵地。我们可以猜想，在对巴格达的最后进攻之前，英国人想坚守阵地并修缮他们的交通线。土耳其在3月初对英国作战行动的报告如下：

两个英国步兵师和一个骑兵师好像出现在阿齐齐耶。在通往巴杰勒（Baghele）的路上，敌军中似乎有一支印度旅。载着敌军的运输船正在向那个地点移动，汽船正拖着浮动码头驶向阿齐齐耶。

包括第十四师在内的第十八军总共有 6200 支步枪和 80 艇机枪，还有 22 门野战炮、12 门山炮和 21 门各种型号的榴弹炮，但弹药有限。部分大炮在最后的激烈战斗和撤退中丢失了。土耳其军队从巴格达的撤离行动已经开始，在最后几次战斗中受了轻伤的人被转移到萨迈拉。

3 月 5 日，战斗又开始了。敌军的一个步兵师和一个骑兵师向前推进，后者攻击土耳其军队左翼。3 月 6 日晚，第十八军撤回到迪亚拉（Diala）的阵地。

3 月 6 日早晨，敌军正向迪亚拉的土耳其军队阵地挺进。3 月 9 日晚，英国对土耳其阵地进行了猛烈的炮火打击。在炮火的掩护下，英军步兵带着机枪成功到达了迪亚拉河的右岸。尽管第五十一师第四十四步兵团发动了猛烈的进攻，这些敌军先头部队还是坚守住了阵地。在这个支队的保护下，英国人架起一座桥使一支数量庞大的军队向北岸挺进。根据土耳其人的报告，这支敌军包括 15 个营和 1 个骑兵师。敌军步兵在当天下午开始进攻，但起初没有取得什么结果。

3 月 10 日晚，敌人持续的进攻迫使第四十四步兵团撤退。持续的战斗和长期的撤退削弱了土耳其军队的力量。现在，在迪亚拉河的两边，土耳其军队都受到敌军优势部队的威胁。土耳其军队必须放弃迪亚拉的阵地。底格里斯河右岸的第五十一师和第五十二师在右边，左岸的第十四师向北撤退。

巴格达在 3 月 10 日晚被土耳其人放弃。在巴格达陷落前的最后几天里，所有的物资都被运往北方。那座尚未完工的德国大型无线电台被炸毁了，全部车辆被开往萨迈拉。

3 月 14 日，第十三军的先头部队没有进行什么战斗就到了坎尼金，当时的后卫部队在凯林德（Kerind）。

一个骑兵师和几个营的俄国军队紧随其后。第十三军继续向基兹尔罗巴特（Kizilrobat）进军。

所谓的幼发拉底河支队，在 3 月 15 日的撤退中到达了费卢杰。在 3 月 19 日遭到袭击后，它撤退到拉马迪（Romadi）。

埃　及

1917 年 1 月，英国通过西奈沙漠的铁路到达阿里什。

恩维尔经常出于政治动机询问第四军团，进攻阿里什是否可行。远征部队在极其困难的情况下不得不放弃这个重要位置，部队指挥官强烈反对这种做法。他的军队实力不足，训练不够，士兵营养状况糟糕，难以支撑这样的行动，驮畜的数量不足难以支持军队进行任何大的调动。现有的战马、役畜和驮畜由于长期饥饿，完全不能长时间行军。恩维尔不得不放弃进攻的想法。

1917 年 3 月，英军已逐步、不断地增援已越过沙漠作战的部队。我方远征部队也得到了一些援助。由两个小团部队组成的第三骑兵师于 1 月抵达前线，第五军团的第十六师于 2 月抵达，从阿勒颇来的第五十三师于 3 月抵达前线。从加沙到贝尔谢巴，土耳其军队被集结在不同的位置。

3 月初，强大的英国骑兵向汉尤尼斯挺进，并于 3 月 8 日占领了这个地方。不久，他们在阿里什—拉法土丘（Tell Rifah）地区集结了一支相当强大的军队。3 月 22 日，大批英国侦察部队向瓦迪拉兹（Wadi Razze）推进，在接下来的几天里，我们发现敌人在汉尤尼斯附近集结了大量的兵力。

第一次加沙战斗在 3 月 26 日上午 9 时开始，一个师被部署到加沙以南的土耳其阵地。一支强大的英国军队在斯克姆土丘（Tell Dschemame）越过了瓦迪拉兹河。英军两个旅带着大炮向加沙北部地区推进。上午 10 时，加沙被包围。城内有土耳其军队第一百二十五步兵团、第七十九步兵团和第八十一步兵团的第二营，他们有机枪和大炮。中午以后，他们只能通过无线电联系。

加沙城前面的 83 号高地是这次行动的焦点。英国人不顾土耳其军队顽强的抵抗，从后面进入守军的炮台并成功占领了它。土耳其军队通过一次反击夺回高地。该阵地在白天两次被英军占领，傍晚时分，它仍在英军手中。

英军从北部、东部和东南部进入这座城市。双方围绕每一道篱笆，每一所房子展开战斗。

驻守在斯克姆土丘和谢里亚土丘（Tell Scheria）的部队立刻得到警报，但由于土耳其人习惯性的推迟出发，救援加沙的进军行动被推迟到下午。从斯克姆土丘来的援军由北部和东部进攻英军，从谢里亚土丘来的援军由南部进攻英军。这两支军队没有在 26 日到达预定位置，因为这两个部队在行军中多次受阻，直到 3 月 27 日上午 9 时才接近加沙地带，救援行动开始发挥作用。

英国人不得不放弃从北部和东部的进攻，并在土耳其人的白刃战攻击下失去了 83 号高地。上午 11 时，救援部队已同加沙驻军建立联系。

英国人开始向瓦迪拉兹河西岸撤退。他们在东岸留了一支殿后部队，但在夜间撤走了。这样到 28 日早晨，瓦迪拉兹河东岸也摆脱了敌人的控制。

斯克姆土丘地区的部队追击英国人来到瓦迪拉兹。27 日晚，谢里亚土丘和贝尔谢巴的两支部队撤回到谢里亚土丘。

土耳其人埋葬了大约 1500 名英军的尸体。他们缴获了 12 挺机枪和 20 支自动步枪。在土耳其军队中，第一百二十五步兵团表现特别突出，德国军官蒂勒（Tiller）少校表现很好。

冯·克雷斯上校在这场艰苦的战斗中所取得的战果具有重大的价值，这对英军来说，是他们在从运河经过漫长、系统的准备后遭受沉重打击。

在这两天的战斗中，土耳其军队在行动中发生了许多摩擦，部分原因是军队的状况，军队经常缺乏足够的食物。军队的集团化部署需要更大的机动性和更强的进攻力量，因此做出调整。一条连续的防御线被选在加沙－叙利亚前线，这条是最容易受到敌人攻击的防线。

防线左翼防御空虚，考虑到部队的兵力有限，前线似乎太长了，但我们不得不忍受。大约在 4 月中旬，土耳其军队的部署情况如下。

在加沙，驻守有增援的第三步兵师。

在加沙和谢里亚土丘之间，有增援的第五十三师。

在斯克姆土丘驻有第三骑兵师。

在谢里亚土丘驻有第十六步兵师。

第五十四步兵师正在贝尔谢巴集结，第七步兵师正在路上。

4月19日，英国在第二次加沙战斗中再次发起进攻，主要的攻击目标是针对加沙和谢里亚土丘之间的第五十三师阵地，目的是打破土耳其军队的前线。

凌晨5时，敌军在两艘巡洋舰、几艘鱼雷艇和一艘宽底船（fat-bottomed boat）的支援下向加沙地带的土耳其第五十三师猛烈开火，舰炮的作用很小。

此后不久，敌军一阵猛烈的炮火射向第五十三师。上午8时，大批步兵开始进攻，在此过程中，第五十三师和第三师的部分前沿阵地被摧毁。这些阵地中的大部分在下午被土军用白刃夺回。

在一次对第五十三师左翼阵地的进攻中，英军遭遇了来自第十六师猛烈炮火的攻击。在进攻第五十三师右翼阵地的一次战斗中，英军遭遇到在土耳其第三师的侧翼火力的打击。

英国骑兵向第三师的左翼和第十六师右翼推进，但没有取得任何效果。

土耳其第三骑兵师和贝尔谢巴支队在瓦迪到谢里亚土丘以南的推进导致英国骑兵撤退。快到晚上7点时，战斗停止了。

总的来说，敌人不是被赶回到原来的阵地，就是自动撤退了。

在加沙前线，敌军夺去了一小部分阵地，4月21日又放弃了其中的一部分。

土耳其计划于3月20日上午对英国右翼发动反攻，但由于缺乏弹药，这一计划无法实施。20日下午，领导战斗胜利的领导人冯·克雷斯上校接到军队领导人杰马尔帕夏的电报，电报命令他不要发动攻击。

为了欺骗土耳其人，英国无线电台在战斗前宣布了在土耳其后方登陆的消息，但最终没有登陆。

战斗结束后，英军在蒂内土丘—艾什谢鲁夫—曼苏拉—马斯克拉菲（Tell et Tine-Esch Schaluf-El Mansura-Ch. el Maschraf）的战线上固守阵地，特别是保护他们的右翼。

土耳其在战斗中有 391 人死亡，1336 人受伤，242 人失踪。他们俘虏了 6 名英国军官和 266 名英军士兵。英军在战斗中的损失被土耳其人估计为很高，并且被英国俘虏证实了这一点。

在随后的几个月里，这条战线上没有发生任何值得注意的军事行动。英国的不断加强削弱了土耳其的相对实力。

上述对加沙春季战斗略为详细的叙述对于正确理解秋季该战场所发生的事件是必要的。

小亚细亚

1917 年初，土耳其军在小亚细亚海岸进行了一次军事行动，这是积极防御的要求。应该记住，第五军团这时没有一艘军舰可供使用。

这是对地中海梅斯岛海港的一次突袭。该岛被敌军占领，还在此配备了大炮、无线电台等设施，成为许多敌军进攻土耳其海岸的基地。经过四周艰苦的工作，战备工作终于完成了。一个榴弹炮连和一个山地连从巴拉迪斯的铁路终点站拉出，首先移到一条可以通行的公路上，然后穿过没有公路的山区，到达该岛对面一个多岩石的海岬，并布置在适当的位置。几百名工人把一条狭窄的小路改造成一条 3 米宽的路，把榴弹炮运到海岸。道路通过的山区海拔 1500 米，多岩石的海岬高达 220 米。

1 月 6 日，炮兵连在距离用雷场封锁的港口入口约 5 千米的地方就位。他们可以直接在距离雷区 50 米的入口处埋伏。这些弹药是由大约 400 头骆驼运来的。敌人什么也没有发现。

1 月 9 日，敌军一艘漆成灰色的大型战舰驶入港口，在港口附近停泊。我们的炮兵把它当作一艘巡洋舰，但它原来是一艘水上飞机母舰。

下午 1 时 30 分，炮兵连开火了。在遭受几次直接炮火打击之后，那艘大船着火了，还没来得及使用它的舰炮还击。随后，大船的弹药库发生爆炸，第二天早晨，船的残骸就躺在锚地上，船体从两个烟囱之间的位置断开，前半部几乎完全被水淹没了。

敌军的几艘鱼雷艇在港口开始参战，他们的一艘武装商船被击中几次，但逃脱了。敌人无线电台被我们的大炮击毁。土耳其炮兵连立即遭到岛上大炮和鱼雷艇的射击，暂时撤出了战斗。

从此以后，再也没有敌人从梅斯岛进入土耳其领土。

这次精心准备的突袭之所以能取得成功，要归功于炮兵队长施密特-科尔博（Schmidt-Kolbow）少校、舒勒上尉、赫塞尔伯格中尉和伊特曼恩（Ittmann）上尉。伊特曼恩上尉于次年在巴勒斯坦战死。

这些小型作战行动的获胜有助于保持第五军团的士气，第五军团的兵力正被土军总司令部完全抽空。2月，第十六师被调离后，第四军团第五十三师的3个营被调走。3月，每个营的第四连被派往第二军团。面对被派遣的局面，指挥官们必须从剩余的部队中获得全部兵力。

通过这种不断的军队调遣，土耳其军队中没有指挥官认识他的下属，这些人既不认识他们的上级，也不认识他们的同伴们。如果有一场关于如何通过连续的错误措施摧毁军队的竞赛，土军总司令部肯定会获得第一名。

1917年4月，恩维尔提出了前所未闻的要求，要求用第五军团用18个营的兵力交换杰马尔军团18个阿拉伯营的兵力。由于恩维尔不顾我坚决的反对，坚持进行交换，我给冯·库尔曼大使发了以下电报：

1917年4月23日

不顾我急切而认真的劝告，恩维尔刚刚命令把第五军团的很多个营换为从第四军团调来的阿拉伯营。根据仍然有效的命令，交换的营的数量是18个。

我从德国军官那里得到充分的消息，那些被移交的营完全不适合用来对付敌人。他们既没有受过训练，也不遵守军纪。

尼曼少校知道德国指挥官指挥下的第五军团不可能进行这种交换的

军事原因。还有一个额外的政治原因，随着海岸警卫队在海岸沿线的广泛部署，这些地方几乎都是希腊人居住，这些完全没有纪律的部队对于防范间谍活动和逃兵逃到附近被敌人占领的岛屿是毫无用处的。因此，我不得不请求解除我第五军团司令的职务，并向陛下报告。

利曼·冯·桑德斯

当鲁登道夫将军试图调解冲突时，我在4月28日写信给他：

> 我相信，如果把杰马尔帕夏完全没有纪律的部队部署在小亚细亚海岸的希腊人居住地之中，那里的军事和政治局势就会得到维持，那里经常受到土耳其人的严重压迫。
>
> 这与几千米以外岛上的维尼泽洛斯的军队以及沿整个前线附近活动的英国舰船有关，这一举措必然会对唯一完好无损的土耳其前线产生严重的影响。

4月28日，我收到军事内阁首脑的一封电报，内容如下：

> 陛下认为，阁下在目前情况下放弃指挥权，将有损于我们的利益。陛下表示，希望能够找到解决目前冲突的方法和手段。陛下相信那些方法和途径的存在。

从来都是这样。当我反对土军总司令部发布的一些毫无意义命令并最终导致了不利结果时，我被指示要顺从，而且必须留在我的位置上。

根据鲁登道夫将军的建议，恩沃尔的命令到目前已经被取消，只交换了4个营。

当时，我对土耳其司法系统有了初步的了解，但作为一名德国军官，我对土耳其司法系统的影响并不大。此外，这也毫无用处，因为我和我的德国同事都不懂土耳其刑法和书面语言。

　　1 个希腊显赫家族的儿子与 1 名土耳其军官发生争执，并被逮捕。有人请我帮忙。由于翻译员失误，我被带到了关押军事犯人的大楼里等候。

　　我进去时，囚犯们正躺在几间大房间的木床上。他们都向我冲了过来，通过翻译员向我寻求帮助。许多人声称，迄今为止，他们还没有被告知他们被捕的原因。还有一些人被监禁了两年，没有举行听证会。另一些人说，他们被指控谋杀或在他们从未到过的地方偷窃。不管怎么说，这是许多可怜的人发出的呼救声，他们觉得自己完全受专制司法的支配。

　　我请土耳其司法部门的官员到这些房间来，问他们为什么这些人没有得到听证。得到的答案是，在遥远的战场上，证人都不见了，调查也就没用了。当我问那两位先生，如果主要的证人在这期间被杀了，下一步该怎么办时，他们没有回答。

　　因为不能采取其他正式行动，我立即以书面形式告知恩维尔这些令人吃惊的情况。

第十三章　吉尔德里姆

吉尔德里姆

在埃尔祖鲁姆战役失败后，土耳其第二军团开始对俄军发动大规模进攻，我们已经描述过这次失败的进攻。

巴格达失守后，吉尔德里姆①（Tilderim）低估了作战计划的巨大困难，公开宣称准备从英军手中夺回这个在各方面都很重要的城市。在拿破仑攻打埃及时，土耳其人使用了"吉尔德里姆"这个词，这个词选得很好。吉尔德里姆在土耳其语中意为"闪电"。

这里有必要详细介绍吉尔德里姆的细节，因为德国在土耳其的工作原则以及军事顾问团在土耳其工作所依据的原则完全被打破。

这一原则是对土耳其进行适度军事援助。在和平时期，它包括军队的整编改组。战争期间，这导致德国军官数量的有限增加，并派遣了数支德国编队参加西奈战线的作战，并将一些炮兵部队、飞行分队和卡车分配到其他战线，并提供了金钱和军用物资的援助。

德国人是军事教官，有时也担任指挥官，后者与土耳其人合作。在一场激烈的斗争之后，当时存在的反对意见已经消除。

---

① 吉尔德里姆是德国组建的 F 集团军群的别称。集团军群（Heeresgruppe，英文名为 Army Group）是 1915 年德国为了适应第一次世界大战故事需要采用的新军队编制，由若干个集团军或军团组成。——译者注

吉尔德里姆建立在一个完全不同的基础上。该集团军群有一个像德国陆军集团军中存在的参谋部，几乎完全由德国军官组成，由一位德国将军领导。

该集团军群将由土耳其军队组成，为了有效地在土耳其战场上进行战争，各德国军队和许多德国辅助部队将附属于土耳其军队，尽管物资供应极为困难，吉尔德里姆还是得到了德国的特别资助，这笔资助可能不容易筹集到，是价值 5500 万英镑的黄金。

冯·法金汉将军被任命为吉尔德里姆的司令。他是普鲁士战争部前部长，后来成为野战军总参谋长，再后来成为在罗马尼亚作战的军队的总司令。

他于 1917 年 5 月 7 日抵达君士坦丁堡进行初步考察。

德国人将吉尔德里姆称为"F 集团军群"。

我多少有点预料到，在这里，我将列举根据 1917 年 7 月 2 日普鲁士战争部的一项法令所规定，分配给吉尔德里姆的德国部队和编队：

1. F 集团军群司令部（冯·法金汉将军）

2. Pasha Ⅱ 分遣军①参谋

3. 3 名步兵营参谋

4. 3 个步兵营，每营 3 个连，3 个步兵营编号是：701、702、703

5. 3 个机枪连队，每个连有 6 挺机枪

6. 3 个骑兵排，持有两挺机枪

7. 3 支迫击炮部队，持有 4 门轻型迫击炮

8. 1 个炮兵营参谋

9. 两连轻装野战榴弹炮，每连有炮 16 门

10. 1 个野战炮连，拥有炮 16 门

11. 1 个轻型迫击炮连队

12. 1 个步兵排，带有轻型弹药专列

---

① 也称为亚洲军（Asia Corps），第一次世界大战爆发后德国多次派军队支援奥斯曼帝国军队作战，其中包括 1917 年派遣的 Pasha Ⅱ 分遣军。分遣军包含多个步兵营、飞行单位、工兵营、野战炮火营。——译者注

13. 两个山地榴弹炮排，带有轻型弹药专列

14. 1 支高射炮纵队

15. 1 辆轻型迫击炮炮弹自动运弹车

16. 1 支先锋队，拥有 1 个火焰喷射器排

17. 1 支军电话分遣队

18. 1 支师电话分遣队

19. 3 台重型无线电台

20. 5 台轻型无线电台

21. 4 支空军支队

22. 1 支卫生队，编号 300

23. 两家野战医院，编号为 218 和 219

24. 汽车纵队

根据命令，吉尔德里姆的工作人员包括 65 名德国军官和 9 名土耳其军官，土耳其军官中除了 1 名少校之外，其余的人级别较低。

德军承担了沉重的责任，当为吉尔德里姆制定计划时，不仅提供了所要求的帮助，而且积极参与了土耳其军队的工作。任何失败都必须记在德国的账上。

如果德国当局了解土耳其军队、国家和人民，他们就会以其他方式促成土耳其人所需的帮助。

军事顾问团在土耳其有三年半的军事经验，当局根本没有同军事顾问团协商，我们只是面对这样的一个既成事实。

奇怪的是，即使是在德国军事顾问团的德国军官或在土军总司令部长期指挥炮兵和训练的德国军官，他们积累了广泛的经验，当局在制定产生具有重要后果的计划时也没有向他们进行咨询。这些军官是施里（Schlee）上校、比斯科夫（Bischof）上校、波茨切尔尼克（Potschernick）上校和军医杰恩格斯（Jungels），杰恩格斯在殖民战争中有多年的经验，并且担任土耳其战地卫生服务的参谋长。也没有咨询科林（Collin）教授，他是德国在土

耳其的卫生服务负责人。

根据吉尔德里姆发起者的想法，在土耳其军队丢失巴格达之后，这支新军队成立的目的是给军事顾问团提供一个惊喜。

这种对军事顾问团的漠视并不是德军总司令部的意图。1917 年 11 月，我被叫到德国在克罗伊茨纳赫（Kreuznach）的总部。鲁登道夫将军告诉我，他理所当然地认为，所有有关吉尔德里姆的提议都得到了我的批准，整个计划的负责人是驻君士坦丁堡的德国全权公使。

如前所述，吉尔德里姆的第一个行动是夺回巴格达。土军总司令部为这次行动采取的第一个步骤是于 1917 年 6 月 11 日以杰拉布卢斯①（Jerablus）为总部建立"幼发拉底河巡视兵站"。

同月，汽修人员对从阿勒颇到希特（Hit）的道路进行了勘察，库纳（Kuhn）中尉和赫克纳中尉作为汽修军官为 500 辆载重 3 吨的卡车护航。在即将进行行军和部署的地区，关于道路状况和一年四季的饮用水供应情况以及其他必要资料都被忽略了。

吉尔德里姆随后下令进行的侦察和收集的其他资料使人们对这场作战的可行性产生各种怀疑，他们推迟了发布最后的指令。

吉尔德勒姆的德国参谋人员遇到了很大的困难，因为他们对土耳其军队和这个国家并不熟悉。这个或那个曾经在土耳其做过地形测量工作的人或曾在土耳其军队中担任过职务的人，都无法改变这种情况，就像分配给德国参谋部的少数土耳其军官一样。

德国军官当然是根据他们在德国前线战场上积累的经验采取行动的，他们认为在这里和在德国一样，所有下达的命令都会得到执行。这种错误的想法必然造成各种各样的耽搁。

在土耳其，人们可以制定最完美的计划，并通过图纸和完美的决议准备执行这些计划，然后采取一些完全不同的措施或者干脆什么都不做。

单是翻译问题就会引起不断的摩擦，而执行命令的人又会增加摩擦，他

---

① 杰拉布卢斯是位于今天的叙利亚境内的城市。——译者注

们不会经常完全赞同德国的指示；他们将确信，这种令人讨厌的德国式匆忙是多余的，许多事情的结果将与人们想要的不同。

"欲速则不达"（All haste is the devils），是一句著名的阿拉伯谚语。在这里，出自宗教书籍上的神圣戒律，就像在许多其他事情上一样，为理解土耳其人的性格提供了一把钥匙。受人尊敬的陆军总参谋长冯·多姆斯上校，由于土耳其人的迟缓，不得不长叹了好几声。

当然，土耳其军队总司令部办公室答应了吉尔德里姆提出的一切要求，即使只是出于土耳其人认为直接拒绝是不礼貌的理由，但能否信守诺言则是另一回事。

毫无疑问，土耳其军官从一开始就对吉尔德里姆有某种不信任，因为它被视为德国的机构。不信任在各地发展成为被动抵制，各省的文职当局也部分参与了这种抵制。

军事顾问团从一开始就对吉尔德里姆采取了唯一可能的立场，即在其权力范围内进行无保留的合作。有时很难这样做，因为吉尔德里姆想要进行彻底的改变，而由于该国和行政当局的特殊情况，熟悉该国的人会把这些彻底的改变抛在一边，这尤其适用于交通线路问题。

夏季期间，军事顾问团与吉尔德里姆之间就德国管理的交通线路做出了安排。军事顾问团负责君士坦丁堡和阿勒颇之间的区域，吉尔德里姆负责从阿勒颇的南部和东部，最远到达摩苏尔的区域。因此，军事顾问团负责组织和管理将所有供应品运送到阿勒颇的工作。

在为吉尔德里姆组织的新编队中，有所谓的亚洲军。其参谋人员，部分工作人员已在先前吉尔德里姆构成中列出。它的基本单位是第七百零一步兵营、第七百零二步兵营和第七百零三步兵营，由适合在热带服役的、身体素质好的人员组成。这些营都配备了轻型机枪、重型机枪和迫击炮，并根据战术要求配备了骑兵、大炮和先锋部队。亚洲军由冯·弗兰肯伯格上校和普罗什利茨（Proschlitz）上校指挥。

这些部队的个人专用设备以及卫生设备的供应，完全适应在热带气候地区作战的所有要求，这与土耳其军队平时相比需要更多的运输工具。所有必需的马匹都要在土耳其购买，许多铁道兵也要从土耳其军队中招募。这支部队组建的完成需要相当长的时间，没有摩擦是不可能完成的。

组成后的亚洲军需要从君士坦丁堡向前线运送大量的车辆，由于单轨铁路的运力有限，这个任务非同寻常，与土耳其军队的需求极不相称。德国向更远的军队不间断地运送补给，加上前线又增加了几支部队，这必然会增加德军的困难。在德国，人们大概没有意识到，德国在土耳其的部队构成了一个多么大的外国机构，在土耳其的最大边界范围内服役，其维持的交通运输工作量是土耳其部队的 3 倍。

为亚洲军和附属于吉尔德里姆的其他德国编队运送各种补给品，需要在交通线上大量增加德国工作人员。任何规模的运输工具都必须有人护送和把守，否则物资很可能被抢。

德国没有派单独的交通部队到吉尔德里姆，因此必须从部队和编队中调集更多的人员。这就把战斗力量削弱到最不尽人意的程度。最后，德军在交通线上的兵力远远多于在前线的兵力。

这一切的结果是，亚洲军的大部分人不得不等待数周甚至数月，才能启程前往阿勒颇。1917 年 11 月，这支部队还在海达尔帕夏的营地里。

1917 年秋天，吉尔德里姆将其进攻计划从巴格达前线转移到西奈前线，这是众所周知的。自从在加沙的第二次战斗以来，英国人在巴勒斯坦前线不断加强兵力，因此那里的土耳其军队面临的局势被认为是严峻的。

当然，英国人已经知道了土耳其军队要夺回巴格达的计划。他们选择用最有效的手段来挫败它，他们决定在巴勒斯坦发动猛烈的进攻。与此同时，土军总司令部利用夏季的时间，在最大范围内集结了所有的部队，以便对巴格达或巴勒斯坦采取进攻行动。

1917 年春，第七军团由第三军和来自加利西亚的土耳其第十五军组建。恩维尔最初把第七军团的指挥权交给了维希布帕夏。

不久，对维希布帕夏的任命被撤销，穆斯塔法·凯末尔帕夏被选为该军团的指挥官。他不想要这项任命，也不遵守命令。在军事行动开始前，法乌兹（Fewzi）帕夏接替了他的位置。

被调往托罗斯山南部的部队在离开君士坦丁堡之前就已经整装待发。由于先前所述的原因，许多部队的士气已经很低迷，在长时间的运输过程中出现的逃兵使这些队伍之间出现了很大的差距。

6月11日，第十九师从加利西亚出发，第五十师从马其顿出发。7月初，第二十四师从达达尼尔海峡撤出。第二十师于8月8日离开加利西亚，第五十九师于8月18日离开艾登，第四十二师于9月离开达达尼尔海峡。这些师都以阿勒颇为最初的集结地。

从前属于第二军团的第四十八师和第三军团的高加索骑兵旅从东侧开始行军。

吉尔德里姆的总部在8月底被转移到阿勒颇。当决定在巴勒斯坦进行第一次紧急行动时，土耳其总司令部发出了下列命令，并于10月送达各军指挥部：

> 总参谋部，行动组
>
> I 235，秘密
>
> 给第四军团和和吉尔德里姆
>
> 1. 第四军团司令部停止工作。
>
> 2. 海军中将兼部长杰马尔帕夏被授予叙利亚和西阿拉伯地区总司令的头衔，他负责指挥着叙利亚、希贾兹、巴勒斯坦的军队。
>
> 3. 属于吉尔德里姆的第七军团将被派往西奈前线。只要第七军团还在西奈前线，西奈前线的军队就将提归吉尔德里姆管辖。
>
> 4. 吉尔德里姆将在西奈前线和耶路撒冷不同的桑贾克①（Sanjak）独立开展行动，但吉尔德里姆将随时通知叙利亚和阿拉伯西部地区的总司令。
>
> 恩维尔

我们补充说，当冯·克雷斯上校领导的西奈前线部队和第八军团一样接

---

① 桑贾克，奥斯曼帝国时期的区级行政单位。——译者注

受吉尔德里姆的管辖，而第七军团被派往西奈前线，这个来自土军总司令部的命令就变得显而易见。两军的行动范围，北部以耶路撒冷省的北部边界为界，西部以死海为界，在美索不达米亚方向的行动仍然由吉尔德里姆负责。

叙利亚和阿拉伯西部地区的军队司令部统辖第七军、第八军和第十二军和赫贾斯远征军。

吉尔德里姆接管西奈前线的指挥权必然会引起与海军部部长杰马尔帕夏的摩擦。自1914年秋天以来，他在那里担任了3年的最高指挥官。他在全国各地都担任过类似总督的职务。

让杰马尔在国家后方和巴勒斯坦战场担任总司令的权宜之计实施的那一刻，该地区的作战行动无论如何都注定失败。

武断的划界不可能消除不可避免的摩擦，因为这两个司令部必须在许多方面进行合作，而且相互依存。此外，杰马尔帕夏对民政当局的影响如此之大，只有经他的同意，才能从该国的资源中给吉尔德里姆援助。恩维尔的影响力在托罗斯山脉以南或多或少地终结。杰马尔帕夏不愿意全力配合恩维尔，因为他觉得他被从原来的位置推了出去。

12月，杰马尔帕夏被解除了叙利亚和阿拉伯西部地区总司令的职务，此后他一直在君士坦丁堡担任海军部长。他的军队指挥权被交给吉尔德里姆。

在这一点上，我们将简要回顾自春天以来在吉尔德里姆目前防御范围内发生的军事事件。

伊拉克

3月11日，第十八军脱离了敌人，撤退到巴格达以北22千米的地方。

第六军团分成两部分，第十八军驻扎在底格里斯河附近，第十三军驻扎在迪贝尔哈姆林（Diebel Hamrin）地区。在德里阿巴斯（Deli Abbas）的第十四师也被分给第十三军。

4月9日和4月10日，第十八军的两个师经过多次交战，攻占了萨迈拉以南的伊斯塔比拉特（Istabilat）。

俄国人一直推进到克兹勒罗巴特（Kizilrobat），与英国人取得了暂时的联系。

经过 4 月 22 日的血腥战斗，第十八军不得不撤退到萨迈拉以外，后来又撤退到杜尔（Dur），放弃了巴格达—萨迈拉铁路的终点，铁路设施和列车被毁。

当时第十三军驻扎在德米卡布（Demirkapu）以南，大约在 5 月中旬，第十四师再次被分配到第十八军，并转移到提克里特。那是吉尔德里姆出场的时候了。

炎热的季节带来了某种平静。与此同时，根据土耳其人的报道，英国人加强在费卢杰和幼发拉底河左岸运河的防御。

9 月 28 日和 29 日，英军袭击了位于拉马迪的土耳其幼发拉底河支队，俘虏了土耳其军队中的大部分士兵。

土耳其第四十六师于 4 月从马其顿撤出，此时正逼近底格里斯河。

目前，英军第一印度兵团和第三印度兵团控制了巴格达前线。报告说我军的第三师、第七师、第十三师、第十四师、第十五师和一个骑兵师在那里。

英国人新修建了一条从巴格达到巴库拜的铁路，并修复了从巴格达到萨迈拉的铁路。

1917 年秋天，英国和俄罗斯之间的实际联系已不复存在。

11 月 6 日，英军缓慢稳步地占领了巴格达以北 150 千米处的提克里特。他们距离摩苏尔还有 200 千米。

第十八军被撤到位于费瑟（Fethie）的阵地。

埃 及

夏季，英国人对贝尔谢巴进行了几次骑兵侦察和强有力的突袭，那个地方的铁路建设进展很缓慢。

仲夏时节，土耳其军队坚守阵地，具体部署如下：加沙以南和毗邻的第七师和第五十三师；向东是靠近谢里亚土丘的第五十四师；谢里亚土丘西南的第十六师；驻扎在贝尔谢巴的第二十七师和第三骑兵师；驻扎在赫奇（Hudsch）的第三师作为预备队。1917年春天从罗马尼亚撤出的第二十六师正在拉姆莱（Ramleh）集结，当时由土军总司令部支配，但后来分配给了第二十二军。

9月，英国人把他们的左翼兵力向土耳其军队阵地推进。当时他们的总兵力估计为8个师。

土耳其进一步加强军力：第二十四师正在拉姆莱集结；第十九师跟着驻扎在那里；没有配备大炮的第五十九师驻扎在阿勒颇；第二十师于9月12日从海达尔帕夏那里出发赶过来。

1917年，通过安纳托利亚铁路运送到叙利亚的军队数量是惊人的少，尽管有各种障碍，但从3月1日到1918年秋天，没有一个完整的师可以从君士坦丁堡一路开到前线。

从第二军团中分离出来的第四十八师驻扎在大马士革——德拉地区，隶属于第八军，接受叙利亚和阿拉伯西部地区总司令的指挥。

同样来自第二军团的第一师于11月底到达大马士革，而原来属于第二军团的第十一师则被命令前往阿勒颇。两者都是为了加强巴勒斯坦前线的兵力。

从1917年11月19日至1918年3月1日，在巴勒斯坦战线上发生的事我不愿描述，因为这些战事是在德国军官的指挥下发生的，而细节我并不熟悉。然而，应当指出的是，对于整个事件来说，重要的是通往巴勒斯坦前线的东约旦地区的海港城市亚喀巴于1917年6月被敌人从土耳其人手中被夺走。此后不久，谢里夫费萨尔正式进入那里。

9月6日，海达尔帕夏火车站的大型弹药库发生爆炸，这对吉尔德里姆影响很大，爆炸摧毁了海港的大部分地区，包括铁路设施、仓库、生活仓库等。弹药经过半个欧洲的运输，当然不会像上面说的那样，因为一个弹药箱的掉落发生爆炸。因此，这次爆炸很可能是故意的，目的是破坏土耳其军队的战斗力。

第十四章　土耳其其他战场

从 1917 年春天到年底，在其他的土耳其战场上，没有发生任何重要的事件。

高加索地区

在第二军团前线，俄军在 4 月底开始从一些村庄撤离并撤回一些军队。5 月 1 日，土耳其人兵不血刃重新占领了穆什。

第三军团正在进行频繁的侦察活动，并发射了一些炮弹。

这两个军团的军事活动在整个夏天都处于停滞。俄军的撤退行动一直持续到冬天。

11 月，第三军团几乎没有遇到什么战斗。土耳其的埃斯皮耶①（Espije）、卡拉苏（Kerason）、泰尔梅（Termeh）和锡诺普（Sinub）等港口有时会遭到俄国海军军舰的轰炸，直到 12 月 7 日停战协议签署后俄军才结束进一步的敌对行动。

小亚细亚

从土军总司令部寄到德军总司令部的那些制作精美的军队作战示意图，

---

① 埃斯皮耶是位于土耳其吉雷松省的黑海沿岸城市。——译者注

很容易使人对第五军团的情况产生错误的看法。1917 年 7 月，鲁登道夫将军从土军总司令部那里得到通知，第五军团的两个师将于 7 月底满员，另外两个师将于 8 月底也满员。我在一份电报中逐字逐句地更正了这一说法：

1917 年 7 月 20 日

向阁下通报的关于两个师于 7 月底满员和另外两个师于 8 月底也满员的消息完全不正确。

7 月底

a) 第六十师。7 月 20 日，该师 6 个野战炮排的配置缺少 5 个。规定的 9 个机枪排和许多其他东西也缺乏。

b) 第六十一师。该师还缺少 4 个野战炮排、9 个机枪排和许多其他装备。

到 8 月底

c) 第四十七师。已组建 1 个步兵团，但只有一半的兵力。此外，这个师大约有 600 名骨干成员，没有枪、机枪和战马。

d) 第四十九师。它仅由 600 人的骨干成员组成，没有枪、机枪和战马。

要填补 4 个师的空缺，只能逐步地、以小支队的方式获得，因为填补这整个师的人员空缺已变得极为困难。

利曼·冯·桑德斯

如果允许用逃兵充实队伍，那就很容易让这几个师超过规定的人数。我所在的地区，秩序还算正常，估计有 16000 名逃兵，他们到处使国家不安全，并让国家付出代价。我们的总部警卫几次被派去在班德尔马周边地区执行任务，在一次针对这些逃兵的行动中有 5 人丧生。

我们用几门远程大炮积极防御沿海地区，在各地移动改变阵地，取得了许多小小的成功。特内多斯岛的目标几次被成功轰炸，那里的无线电台被摧毁。伊姆罗兹岛东岸的一个港口也遭到轰炸。

7 月 21 日，敌人的一艘装有深水炸弹的 40 步长的摩托艇在考尼蒂

（Conidie）附近（士麦那以西的切什梅附近）被缴获。

8月17日，一支由3艘士麦那制造的汽艇组成的队伍摧毁了卡洛林尼（Kalolimni）岛上的敌军灯塔。

12月13日，敌人的一艘辅助巡洋舰在安塔利亚以南的阿瓦（Ava）附近被击沉，52名船员被俘。

许多其他的小型作战行动成功地在沿海岛屿上开展起来。

其他事项

1917年秋，军事顾问团再次似乎注定要停止运行。德国驻君士坦丁堡军事全权代表与德国当局合作，于1917年初夏准备和土耳其缔结一项德土军事协议，以取代德土两国原来签署的有关军事顾问团的协议。这意味着除了一些土耳其的地方高级军官实施一些监督外，德国改革者们要回到以前独立运作的机制。

德国军官和土耳其军官完全平等，后者中的一些人将被送往德国进行培训。土耳其师的组织将与德国师的组织相同，以便在发生战争时方便进行协调。

土耳其军官团的彻底改革完全被忽视，这是提高他们作战效率和使他们能够自己训练军队的首要条件。我认为军事协议的整个构想是一个巨大的错误，而提出这项建议的时间则是一个更大的错误。但是，由于没有规定军事协议何时生效，这个问题直到世界大战结束才被讨论。我认为在此之前的任何讨论都是毫无价值的，当协议交给我的时候，我什么也没说。

在磋商中，从军事顾问团的协议过渡到军事协议的方法没有改变。我认为，只有在军事顾问团成员复员时才能这样做，因为军事顾问团的整个通信服务及其为数众多的固定设施必须予以处理。军事顾问团的协议将于1918年12月14日结束。德国全权军事代表与德国国内当局联合提出这些建议，而不向军事顾问团透露任何关于该计划的信息，这将使任何一个士兵都感到震惊，但更大的震惊还在后面。

1917年10月，我被告知，德皇要来土耳其视察达达尼尔海峡战场。与此同时，我被告知，在德皇访问的时候，军事协议将由两国战争部部长签署，在他们签字后立即生效。

我立刻给普鲁士战争部部长冯·斯泰因发去电报，说从军事顾问团协议过渡到军事协议的唯一切实可行的办法是废除所有的协议和召回我，而不伤害有关军官。目前，军事顾问团协议的基本条款已经被完全废弃了。

我现在希望摆脱这种使我无法忍受的局面。在答复时，我被告知关于军事协议生效时间的一段话已做了修改，该协议要到缔结和平协议之后才会生效。在德皇访问之际，战争部部长冯·斯泰因和恩维尔正式签署了军事协议。德皇于 10 月 17 日视察了达达尼尔海峡战场。我当着一群人的面，在苏夫拉湾作了一个简短的报告，其中有几位高级海军军官，解释了潜艇战在达达尼尔海峡的有限活动及其原因，陛下却丝毫没有不高兴的样子。

11 月 1 日，我被召回到克罗伊茨纳赫的德军总司令部，在那里我陈述了我对土军总司令部不断出错的担忧的理由。

10 天后，英国报纸报道说，我被叫到德军总司令部参加了一个关于土耳其局势的重要会议，与德皇进行了长谈。看来，敌人的情报工作已经渗入克罗伊茨纳赫。

12 月，恩维尔任命了新的参谋长，由冯·塞克特（von Seekt）少将担任，他在德国和奥地利前线的战争中做出了很重要的贡献，但他对土耳其的认识仅限于理论层面。

为了及时向他提供信息，我于 12 月 13 日向他发送了以下关于当时土耳其军队情况的简短报告，同时由"东方"行动科科长负责把一份副本送交德军总司令部。

班德尔马

1917 年 12 月 13 日

今天土耳其军队的状况

由于一系列的错误决策，土耳其作战部队的人数和作战效率已经下降到不容忽视的程度。要想出补救办法，必须清楚地找出这两个缺陷出现的原因。由于运输道路和运输工具的条件不理想，任何补救措施都可能遇到困难。

兵力

在各个战场不可避免的战斗中，土耳其军队遭受了严重的损失，这是无法逃脱的。但它遭受了更大的损失，如果稍加小心，这些损失本来是可以避免的，而且可以在未来发挥重要价值。后一类的损失如下。

a）1914年12月和1915年1月的第一次高加索战役。

1914年12月初，第三军团（指挥官是恩维尔帕夏、参谋长是冯·布朗萨特将军）人数约为9万。

第三军团在哈珊卡尔附近的山区，在边界附近，处于有利的防御位置。敌对的俄国人在人数上并不占优势。

他们不顾我的紧急劝告，决定对萨里卡默什—卡尔斯一带发动进攻，尽管军队成功地在山里开辟出一条通道，但土耳其人没有攻城火炮，它将无法占领卡尔斯。

左翼的两支部队在积雪覆盖的山路和小路上向前推进，物资供应不足，导致两军各自为战，而第三军团在前线打得毫无进展。根据官方报道，只有1.2万人返回，而且这些人的情况非常糟糕。其余的或者被杀死了，或者死于饥饿和寒冷，或者被俘虏。

战争史上永远找不到理由为这次进攻失败辩护。

b）1916年初夏，第三军团在兵力不足的情况下对俄军发动进攻。

撤退时，军队的相当一部分人死亡了。

c）1916年夏天，第二军团从凡湖—穆什—基伊一线出发，向埃尔祖鲁姆方向开展集中进攻，但无果而终，进攻从一开始就崩溃了。

针对敌人侧翼和后方的作战计划是完全不可能的，因为土耳其军队通往前线没有合适的道路，土军后方也没有切实的交通运输保障。陆上机动战所需的运输火车也不存在。

根据最保守的估计，这支军队因饥饿、疾病和后来的寒冷而损失6

万人，而真正和敌人交火造成的损失是最小的。

d）第十三军在1916年夏天和1916～1917年冬天进军波斯，从军事角度看这是一个巨大的错误。在伊拉克的英军被赶回古尔纳（如果不是巴士拉的话）之前，这次进军波斯的行动就不应该开始。失去巴格达就是一个直接的后果。因为土耳其军方1917年3月的决定致使该军没有参与巴格达的战斗。

我在这里指的是我在1916年10月25日或26日的报告，当时这个报告由杰勒纳尔·冯·切利乌斯交给鲁登道夫将军，以及我在1916年12月在普莱斯德军总司令部的个人报告。

e）1916年8月土耳其远征军对苏伊士运河开展没有获胜希望的进军，目的是征服埃及。

这支只有1.8万名战士的战斗部队从一开始就注定要失败，还导致英国人沿着沙漠前进，尽管他们最初只是为了保卫运河。英军今天在巴勒斯坦战线取得的进展就是由于土军总司令部的这个错误决定导致的。

在此，我还要提一下1916年10月我提交给鲁登道夫将军的报告。

我非常清楚，一个人不可能总是在战争中获胜，即使是最优秀的人也难免遭遇挫折，但我也意识到，如果一个人不知道该采取进攻还是保持防御，就不应该在没有成功希望的地方牺牲有战斗力的军队。

f）无法控制的土耳其逃兵。

如今，土耳其军队中有超过30万人逃离部队。他们没有投靠敌人，而是在大多数情况下回到后方的农村，他们在那里进行抢劫掠夺破坏国家安全。为了追击这些逃兵，到处都要派分遣队。

造成这种情况的原因在第二部分中已有说明。

只有那些熟悉事件的人才能理解土耳其人的战斗力是多么的弱。

第一军团除了在君士坦丁堡及其附近替换的师外，只有一些临时组建的师，而劳工编队只是纸面编队，没有什么军事价值。

第二军团和第三军团（高加索军团）的指挥官伊泽特帕夏几天前

告诉我，他们的有效兵力是约装备 2 万支步枪的军队。

第五军团负责保护从保加利亚边境到地中海的阿拉加（Alaja）的海岸（约 2000 千米），拥有 26000 多支步枪。

根据当时参谋长克雷茨施默（Kretzschmer）少校几个月前的一份声明，第六军团拥有大约 31000 支步枪。

我现在还不知道驻扎在巴勒斯坦和叙利亚的军队的战斗力。

战斗效率下降

土耳其士兵，尤其是安纳托利亚士兵，具备极好的战斗潜力。他们如果有很好的待遇，获得足够的营养，接受适当的训练，在沉稳的指挥官领导下，他们将实现最高的战斗目标。

如果从一开始就受到严格和公正的对待，很大一部分阿拉伯人可以成为有用的好士兵。

土耳其军队中很多部队作战效率的降低是由于土军总司令部的错误决策造成的。

大约两年来，大部分部队没有获得足够的训练时间。在各部队内部没有实现融合之前，它们就被拆开派往各地作战了。

各营、机枪连、炮兵连的守备部队已被派遣到其他地方。被抽调的部队的兵力在最后时刻得到了稍微训练或完全未经训练的部队的补充，或者从刚刚开始产生战斗力的部队中调遣，而这些部队在恢复战斗力之前又必须被调遣。

当这些人被送到火车站时，他们大多数互不认识，也不认识其上级。他们只知道自己被送到了一个糟糕的地方。因此，他们一有机会就逃离，冒着被枪杀的危险也要逃跑。他们从行进中的汽车里，从行进纵队里逃走，或者从宿营地和帐篷中逃走。

在乘火车或者行军到托罗斯山东部或南部途中，几乎每个师都要损失数千人。

土耳其士兵需要一定程度的关怀和医疗保障。当他们对上级有了信心，他们就能和德国军官一起完成任何事情。

目前士兵这种大量出逃的情况，并不是在土耳其军队中长期存在的问题。高加索军团的领导人伊泽特帕夏是一个完全可靠的人，他告诉我，这种士兵出逃的行为在过去是不可想象的。

毫无疑问，交通工具和生活资料令人担忧的状况促成了这种情况的发生。

土耳其军队目前的情况表明，当前所走的道路是错误的，必须采取另一种方式才能取得成功。不应忘记，现在很难找到替代选项。

利曼·冯·桑德斯

第十五章　1918年3月1日前的战况

1918年1月下旬，我被临时命令到德国西线前线向希克特·冯·阿尼姆（Sixt von Arnim）将军指挥的德军第四集团军汇报军情。

出发的前一天，我登上了停泊在金角湾的"将军"号轮船，德国海军总司令部就是在这艘轮船上建立起来的，我请求几个士官给一支分队作特别指示，这支分队要参加一场进攻一个大岛的行动。

在那里，我向海军参谋长提供了一幅达达尼尔海峡外雷区的地图，那是我们在一条沉在上克塞罗斯湾的小轮船上找到的。他急切地要求我马上把地图给他。"戈本"号和"布雷斯劳"号定于那时离开博斯普鲁斯海峡，并于次日早晨离开达达尼尔海峡。我立刻派人去送地图并在"戈本"号离开前到达了该舰。但是我提请参谋长注意，我应该被私下提前告知情况，因为加里波利半岛外海岸和达达尼尔海峡亚洲一侧的军队是由我指挥的。当船开出去的时候，军队必须坚守岗位。

没有人需要知道警报的原因，但外海岸的炮兵必须准备好他们的大炮，飞行员必须准备好爬上他们的战机。我通过电报下达了这个命令，大家都知道这次行动的结局，证明了这种预防措施的必要性。

如果没有任何命令，土耳其炮兵连可能会在黎明时犯错误，向我们自己的船只开火。

当"戈本"号在那加拉（Nagara）停泊时，我命令士麦那的飞行员们上来保护该舰。

1月22日晚上，我离开了，从君士坦丁堡穿越欧洲到比利时的蒂尔特①（Thielt）。

我在佛兰德斯海岸看到了海军前线，这是瓦显蒂（Wytschaete）战役②战场的一部分，后来我还参观了那幕尔（Namur）的信息学院和色当③（Sedan）的参谋学院。

除了普利格少校之外，我还被允许带上卡齐姆贝伊上校，他是第五军团的参谋长，从1914年秋天起他就是我忠实的助手，帮我解决了许多困难。然而，我作为在土耳其的德国将军并没有完全摆脱困难。

2月初回程时，我在克罗伊茨纳赫的总部停留。在那里，我得知新的土耳其总参谋长冯·塞克特少将，不久将接管军事顾问团在土耳其运输线路上建立和管理的所有设施，我感到很吃惊。这意味着土耳其军队总司令部将直接和统一管理所有军队的供应。那些局外人和不熟悉土耳其情况的人会发现这个主张是合理的，因为所有的事情都处于直接管理中。但是，在那些对土耳其军队的内部管理有深刻了解的人当中，这必然会引起很多质疑。

土耳其总参谋长的人选在许多方面取决于土耳其军队副总司令恩维尔帕夏的立场。德国军事顾问团团长的职务或多或少是独立的，尽管有摩擦，协议的规定还是得到了执行。正是这种独立性使恩维尔不喜欢军事顾问团的工作。

军事顾问团与土耳其当局在交通线路上的总体合作并不理想，但已取得了许多成绩和进步。

我认为，如果恩维尔的参谋长刚从欧洲抵达，并且受陌生的环境和恩维尔个人某些不可避免的考虑的限制，在土耳其取得任何进展之前，他（指参谋长）面临冲突时遇到的困难要比在土耳其工作多年的军事顾问团更多。

铁路和煤炭供应的情况表明，土耳其军队总司令部的德国机构在土耳其和德国利益发生冲突时，往往无法坚持其立场或施加决定性影响。目前，铁

---

① 蒂尔特是位于比利时西佛兰德省部的一座城市。——译者注
② 瓦显蒂战役发生于1914年秋。——译者注
③ 色当，1890年，普法战争期间的色当战役发生地。——译者注

· 160 ·

路部门和煤炭部门都没能解决这两个部门中存在的最严重的问题。在出租汽车方面存在着灰色的交易，因此无法为军队和平民提供生活必需品。事情发展得如此之快以至于在士麦那、阿达纳、阿勒颇和大马士革，用于商业目的的私人汽车租赁费高达 1000 英镑。这笔钱落入负责处理这些汽车的土耳其官员的腰包。在运送每周从德国运来的煤，或宗古达尔克、索马（Soma）和索利亚（Solia）等土耳其煤矿中开采的煤时，除了军事考虑外，还频频受到其他因素的干扰，引起军方的抱怨。在两个方面，土耳其军队总司令部都无法进行改善。而现在，这个机构必须承认前线的土耳其军人饿得半死，或者饿死，衣衫褴褛，它又要担负起为德国人提供补给的额外任务。如果土耳其采用如此放任的方法，这只会有一个糟糕的结局。以我的判断，在土耳其军队总司令部设立德国代表团是对德国利益的损害。

根据东方行动科主任的说法，面对这个既成事实，我要求这位主任向鲁登道夫将军提出我立即从土耳其被召回的请求，而鲁登道夫将军恰好不在，我要亲自向冯·兴登堡元帅报告。现在我确信能早日回到德国，并在回住所后等待着让我返回德国的决定。

2 月 19 日，恩维尔让我去战争部见他，我们没有讨论我想要回德国的事。恩维尔问我是否愿意指挥驻守在巴勒斯坦的吉尔德里姆。我表示只要德皇和德军总司令部批准，我愿意接受。我告诉恩维尔，我认为前线的形势非常不利，除非土耳其领导人毫无保留地提供军队和一切我想要的东西，否则我不可能保住目前的阵地。我说，这是未来成功抵抗敌军推进的基本条件。恩维尔承诺毫无保留地支持我。

根据我的愿望，驻伊拉克的第六军团与吉尔德里姆的指挥权被分离。由于距离太远，我认为我无法影响在伊拉克的作战行动。

我还请求授权把我的参谋长卡齐姆贝伊上校和第五军团总部的一些土耳其军官一起带走。卡齐姆贝伊从 1914 年秋天起就在我手下工作，这一点也得到了批准。

我必须明确指出，恩维尔一句话也没有说，土耳其军队总司令部正准备在阿塞拜疆开展新的大规模作战行动。如果我知道这一点，我就会无条件地坚持我在德国时提出的从土耳其被召回的请求。我太了解土耳其军队了。我不明白的是，土耳其目前的人员和物资只够在一个战线上进行激烈战斗。我在 1917 年 12 月 13 日对土耳其军队发表的意见以及前文所引用的材料充分证明了这一点。当我知道土耳其将在帝国的另一个最遥远的边境地区展开新的行动时，我也知道恩维尔不会信守他对巴勒斯坦战线毫不保留地支持的承诺。我真诚地接受了命令，相信在这次会议上他所做的承诺，即毫无保留地支持巴勒斯坦前线。

因为德国军事内阁命令还没有从德军总司令部发出，我不得不推迟几天离开。最后我被允许出发了，在出发途中我收到了电报。

2 月 24 日晚上，我离开君士坦丁堡。显然有人反对这次德国人匆忙的出行，因为我发现在我和工作人员乘坐的专列上有大量的车厢，里面乘坐着隶属于土耳其军队总司令部的骑兵中队。土耳其军队总司令部在最后一刻决定让我去阿勒颇，我对此一无所知。第二天早晨，火车的超载已经造成比预定时间晚了 5 个小时（铁路沿线给骑兵战马喂水消耗掉了其中的 1 个小时），所以在埃斯基切希尔（Ekischehir）火车站，我干脆下令卸下骑兵中队的车厢。骑兵中队没有去阿勒颇而是被安全带回到君士坦丁堡。

由于托罗斯山脉隧道交通条件不好，以及山南的轨距差异，许多列车需要转调。3 月 1 日中午，我到达了提比里亚湖附近的塞马赫火车站。

第十六章　1918年3月的巴勒斯坦前线

我将根据行军日志的信息和数据，按照月份分次叙述巴勒斯坦战役最后阶段的情况。一些数据已经被添加，不重要的细节被省略了。

在这里似乎有必要深入了解更多的军事细节。第一个原因是在德国，从未与这些部队一起在前线作战的人，或者对实际情况和战斗没有深刻了解的人，已经传播了欺骗性的消息。

第二个原因是，德文翻译的英文报道产生了一种完全错误的想法，认为我军在这场战役最后半年的表现是一场胜利的行军。下面的叙述将指出，直到1918年9月19日，还没有这样的胜利进军。

这也将解释为什么巴勒斯坦战线的土耳其军队在秋季不再拥有对抗强大敌军的力量，以及为什么在撤退期间许多土耳其军队士气低落。

为了解造成丢失巴勒斯坦最北部和叙利亚地区的事件，有必要一字不差地引用信件的主要部分。它们是描述这场战役无可争议的信息来源。

每个人都可以从中形成自己的观点。

在塞马赫车站，我遇到了第七军团的参谋长冯·法肯豪森少校以及他手下的许多军官。他们正经过德拉，经希贾兹铁路前往安曼，军团司令部要从纳布卢斯迁到安曼。根据参谋长的说法，第七军团司令官法乌兹帕夏正赶在他们前面经约旦河东岸地区到达安曼。

我请各位军官不要再往前走了，因为在我接管了吉尔德里姆指挥权之后，就会立即把第七军团司令部迁回纳布卢斯。冯·法肯豪森少校是一位高效率的参谋长，他告诉我，英国人在整个战线上都处于优势地位，他们可以选择在任何时候、任何地点突破前线，这并没有改变我的决定。

下午 3 时，我们到达了去往拿撒勒的阿富拉（Affuleh）火车站。从那里经过了 3 千米的深沟道路，我们的车才到达一条弯弯曲曲的路，一直延伸到拿撒勒。由于与土军总司令部的骑兵连分开，我们不到 5 天就完成从君士坦丁堡到拿撒勒的旅程，这个行程通常需要 10 天。

在拿撒勒，最高指挥权的移交工作很快完成了。这支军队的总部设在卡萨诺瓦（Casanova）的古老朝圣之家。冯·法金汉将军奉命前往德国前线，指挥一支军队。

同一天晚上，我不得不去纳布卢斯，因为据报道大批英军集结在第三军战线前面的纳布卢斯公路上。

3 月 1 日，吉尔德里姆的情况如下。

在失去特鲁萨勒姆和雅法（Jaffia）之后，经过漫长的撤退战斗，我们不得不在 2 月 20 日放弃杰里科（Jericho），该地在 2 月 21 日被英国占领。

第八军团和第七军团各占据一片阵地，前线的最右翼是山脚下和大海之间的沙土丘陵地带，大约与卡尔基利耶（Kalkilje）火车站位于同一纬度。这片完全开阔的海岸大约有 14 千米宽，旁边是一个多山的区域，地形极其崎岖，有许多光秃秃的山峰和山坡，散布着数百万块巨石。这些山一直延伸到约旦河。

从这个多山国家的西部山脚开始，土耳其的阵地沿着高地，首先是在南部，然后向东南部，穿过纳布卢斯公路和阿祖尔山丘（Tell Azur）延伸到约旦，与奥贾（Audja）平行。土耳其军队的战线长度为 75 千米。

第七军团第二十军从杰里科撤出后，已经渡过了约旦河东岸，在杰里科到尼姆林山丘（Tell Nimrin）路的桥头留下了一支混合分遣队，准备拆毁旧约旦桥。有几个骑骆驼的人在约旦河下游到死海的路上警戒。

因此有两个战区：约旦河西岸战区，大部分巴勒斯坦的英国军队在那里与我们对峙；约旦河东岸战区，阿拉伯人正在与我们交战，他们由英国人领导，英国还为他们提供各种战争物资。

约旦河西部和东部地区被南北向延伸的洼地分开，约旦河从赫蒙

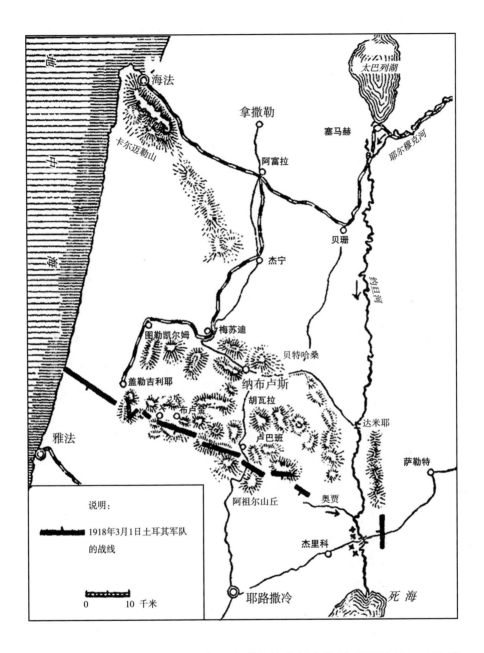

说明：

▬▬▬ 1918年3月1日土耳其军队的战线

0　　　10 千米

（Hermon）山南麓流向死海。这个地球裂缝的底部在海平面以下 200～400 米，宽度为 7～10 千米。它的两旁是陡峭的岩壁，岩壁上有一些荒凉的沟壑。在这片夏季酷热的洼地上，约旦河水蜿蜒曲折，落差很大。渡口是天然的通道，在夏天，河水甚至有齐胸深。许多"该国的专家"告诉我，在夏天，约旦河几乎没有水，不再是一个障碍，结果是这像其他信息一样被证明是错误的。然后，黎巴嫩山脉和外黎巴嫩（Anti-Lebanon）山脉的融雪为这条河提供了水源。

约旦东部地区是没有树木的广阔平原和草原，从这里再向东就进入无边无际的叙利亚沙漠。

希贾兹铁路的守卫部队属于第四军团，是3月在更远的约旦东部地区唯一的部队。第八军团是这支军队中唯一的大部队，该军团在亚洲军1个营的协助下，正在与占领位于死海东南富产粮食的塔菲拉的阿拉伯反抗部队作战。

第七军团和第八军团由我全权指挥，第四军团的司令部设在大马士革，我只负责补给。这支军队还负责为摩苏尔前线的第六军团提供补给，第六军团直接归土耳其军队总司令部统辖。

司令部设在阿勒颇的第二军团直接隶属于土耳其军队总司令部。它守卫着从海法和贝鲁特到亚历山大塔湾和摩西纳（Mersina）湾之间的海岸。这种把第二军团和吉尔德里姆分开的做法是不妥当的，因为第二军团是在吉尔德里姆的后方驻扎的。

3月2日早晨，我到达了纳布卢斯，以前该地叫西克姆（Sichem）。这座主要居住着阿拉伯人的大城市，位于约旦河和地中海之间的峡谷入口处的群山之中。在那里，我遇到了第八军团司令杰瓦德帕夏，他是我在达达尼尔战役中认识的。杰瓦德帕夏刚刚获得从地中海到约旦河之间的军队的指挥权，他亲自来报告。法乌兹帕夏在希贾兹铁路旁的安曼指挥约旦东部地区的所有军队。

经过长时间的协商，我要求杰瓦德帕夏回到图尔克恩（Tulkern），继续单独指挥第八军团，我还通过电报命令法乌兹帕夏和他的参谋长回到纳布卢斯。

在纳布卢斯，所有的军用电话、电报机等都被拆除了，必须重新安装。出席会议的最高军事人员是1名负责某些通信分遣队的骑兵少校。

我骑马到第三军的前线，向该军指挥官伊斯梅特贝伊上校了解情况。去耶路撒冷的路上出现了不愉快的情景。经过长时间的降雨，道路和两边的乡下都成了一片泥泞的海洋。仅在通往胡瓦拉（Huwara）的 小段路上，我就看到 17 辆德国卡车一直陷在泥里，泥浆没过车轴。骑着虚弱无力的马，我们花了将近 5 小时才到达汉鲁班①（Chan Lubban），通往耶路撒冷的道路蜿蜒在另一个陡峭的山脊上。在那里，我遇到了伊斯梅特贝伊，他是最有能力的土耳其高级指挥官之一。毫无疑问，前线的情况很糟糕。

第三军的两个师，第一师和第二十四师都归德国指挥官指挥，指挥官分别是古尔（Guhr）中校和伯梅（Boehme）上校，他们的位置都很好，但和所有土耳其部队一样，他们在数量上较少，没有后备部队。该军左翼的防守形同虚设，主要阵地和约旦河之间有 20 千米的距离，只有几个小分队把守。

因此，我从汉鲁班给第二十军打电话，命令他们抄近道到约旦河西岸，沿河逆流而上，驻守到第三军和约旦河之间的地区。

为了欺骗敌人，一支规模较大的支队将留在约旦河桥的桥头，如果有必要，还可以炸掉桥后退到约旦河东岸去。

第二十军的夜间行军和随后分遣队渡河的行动都进行得很巧妙。

3 月 3 日的早晨，我回到了拿撒勒。在我于 3 月 1 日到达那里的时候，部队的大部分士兵已经奉命行动，前往即将建立总部的大马士革，他们现在被命令回到拿撒勒。

吉尔德里姆控制下的包括总部警卫在内的所有能作战的部队都被命令立即转移到第三军的前线进行增援。

驻守在大马士革的第十一师奉命加速从大马士革经拿撒勒向纳布卢斯行军。与此同时，英国人在纳布卢斯前线集结了更多的军队，但尚未发动进攻。

3 月 5 日，我和杰瓦德帕夏一起视察了海岸地区以及阿拉伯人正在建设的第二个和第三个据点。这一段海岸没有提供良好的防守位置。在这一边，下一道防线是卡梅尔（Carmel）山脊。

我不能把右翼部队向后移动这么远，因为它已经比前面的其他部分向后移了一些，必须把前线的其余部分撤到杰宁—贝珊高地。

那样的话，我们就会放弃巴勒斯坦的一大片地区，而我从恩维尔那里得

---

① 汉鲁班，耶路撒冷以北 45 千米处的一个地方，位于约旦河西岸。——译者注

到了明确的命令，要守住巴勒斯坦的北部。那将为英国人通过萨勒特和安曼与约旦东部的阿拉伯人建立直接联系打开大门。

在这次视察中，我与这位军队领导人讨论了撤退时所需要采取的一切措施。第八军团的撤退是从一段到另一段直达后方，为此，途经杰宁（Jenin）的南北大路。

我确信，占据优势的英军如果在某一地点集结，可以在任何一个地点突破。

我在前线看到的土耳其营有 120～150 支步枪。根据一份书面报告，第八军团有 3902 支来复枪，可用于前线 28 千米的左翼防御区域。

当我于 3 月 8 日回到第三军前线时，到处都是这种情况，第二十军的最后一部分刚刚到达分配给它的前线，对第三军的小规模增援部队也已经到达。

3 月 9 日，英国人开始了对纳布卢斯公路发动猛烈进攻，这是自 3 月 1 日以来一直预料到的。土耳其人称之为图尔穆斯阿亚（Turmus Aya）之战。

从 3 月 9 日到 11 日，激战持续了 3 天，双方都损失惨重。阿祖尔山丘高地得失多达 5 次，最后仍落入英国人手中。图尔穆斯阿亚是另一个双方争夺的要地，该地在第二天和第三天仍然在土耳其人的手中。土耳其军队在纳布卢斯公路两旁的阵线受到轻微的挤压，但没有受到影响。

激烈的战斗发生在纳布卢斯公路以东，事实证明，第二十军进入第三军和约旦之间的地带具有决定性的影响。第三军的前线被大大收缩，并得到了第二十军右翼第二十六师的积极支持。敌人遇到的不是 1 个土耳其军，而是 2 个土耳其军。

根据在被打死的英国士兵身上发现的作战命令，我们发现英国人打算占领纳布卢斯，但他们直到 6 个半月后才到达那里。

驻扎在约旦的第二十军小分队圆满完成了欺骗敌人的任务。英国人没有清楚地发现该军的兵力不足和退到约旦河西岸的事实。战斗中，土耳其军在桥头留下了一支庞大的部队。

经过 3 天的战斗，土耳其军队充满斗志。

由伯梅上校指挥的第二十四师承担了进攻的重任，但损失惨重。幸运的是，第十一师师长正在纳布卢斯公路上接管第二十四师的阵地。第二十四师被撤到前线后方的库巴兰（Kubalan）进行休整。

这是在随后的几个月里，吉尔德里姆中有时可以作为后备部队使用的军队只有 1 个师。

吉尔德里姆接到命令，要尽一切可能加快纳布卢斯—贝特哈桑—贝珊公路的建设，这条公路是第七军团右翼和正面部队撤退的主要路线，以防我军在不得不放弃目前阵地时使用。

这条公路的建设非常困难。道路建设沿着一条古老的小径展开，必须从陡峭的山坡上开挖，沿着峡谷的垂直峭壁蜿蜒曲折一直到贝特哈桑，在此，道路分叉到贝珊和达米耶（Ed Damije）。除了低矮的地面上有一座古老的阿拉伯水磨外，路上只看到一间孤零零的、名叫贝特哈桑的破旧泥屋，附近也没有村庄。鹰在陡峭的、光秃秃的峭壁上空翱翔，这些峭壁挡住了视线。在这个显然毫无生机的地方，鹰是唯一能使人感受到生命存在的物种。

欧洲人很难想象这条路会成为我们最重要的交通线路之一。

从贝特哈桑到达米耶的约旦河渡口的道路可以通行马车，由于没有材料来建造一座能抵抗高水位的桥，我们在达米耶建造新渡船。

阿里·里萨帕夏被任命为约旦东部地区的军队指挥官，冯·哈根中校担任参谋长。在塔夫勒（Tafileh）远征队返回之前，阿里·里萨帕夏领导下的军队规模很小。

约旦东部地区的局势并非没有担忧，该地区阿拉伯叛乱军队正逐步变大变强。他们配备了英军军官、机枪、野战炮、飞机和装甲车。自从阿拉伯人占领了亚喀巴，英国可以从海路对阿拉伯人进行任何形式的援助。希贾兹铁路一次又一次被谢里夫费萨尔领导的阿拉伯军队炸断，英军先锋队随身携带炸药，而土耳其军队兵力虚弱，很难沿着这条长长的大部分穿越沙漠的铁路布防，他们无法阻止这种破坏。

1914 年夏，我在君士坦丁堡结识了谢里夫费萨尔，他是典型的阿拉伯大封建主，接受过欧洲教育，英语说得很好。共同的体育兴趣爱好使我们在不同的地方相聚，我们还互相登门拜访。土耳其政府严厉的阿拉伯政策使他成为土耳其的死敌。

希贾兹铁路是与麦地那联系的唯一交通线路，法赫丁（Fachreddin）帕夏的军队成功控制该地，麦加已落入叛军手中。土耳其人称谢里夫侯赛因和他麾下的阿拉伯人为敌对哈里发和敌对的阿拉伯人。在现有条件下保护希贾兹铁路是一项几乎不可能完成的军事任务。关于土耳其军队在叛乱地区的防御，应该记住，从德拉到麦地那的铁路长度为1220千米。除了土耳其的政治和宗教利益，恩维尔一次又一次地呼吁人们注意麦地那的重要性，以及麦地那这座城市唯一的交通联系线路。这条铁路是由整个伊斯兰世界捐资修建的，而沿着这条铁路一直到麦地那的军队是土耳其人在这一大片阿拉伯地区的唯一支持者。军队是土耳其与伊斯兰圣城之间唯一的联系纽带，红海的航运早就停止了。

如果只考虑军事因素，防线早就应该撤退到与死海南岸平行的卡拉特赫萨（Kalat el Hesa）部分地区。在死海西部和西南部的领土落入敌人手中之后，继续无限期地把防御延伸到麦地那是不正常的，也是行不通的。

土耳其军力本应足以占领卡拉特赫萨地区，为土耳其人占领死海以东富产粮食的地区。

现在分散在希贾兹铁路沿线的土耳其军队可以在某个地方集结。

3月1日至4月1日，我几次通过我的土耳其参谋长试图使上述观点被接受，但总是遭到强烈的反对，这只能用土耳其人考虑问题的方式来解释。

自从英国人占领杰里科并准备越过约旦河进入约旦东部地区以来，我军在约旦东部地区的防卫就变得更加困难了。

除了前面提到的小哨所和在尼姆林山丘的一小部分后备部队外，在约旦河下游的东岸没有土耳其军队。这一防守薄弱环节是由于第二十军撤回西岸造成的。然而，这是不可避免的，否则就不可能控制住吉尔德里姆的前线。

在最初的几个星期里，我用了各种方法来欺骗英国人以赢得时间。有几次，便携式无线电台被携带到侧翼或后方，从那里报告吉尔德里姆增援部队的情况。这些报告是用密码写的，我们知道英国人可以读懂，就像我们经常破译他们的无线电台信息一样，尽管他们经常更换密码。之后英军定期的飞机侦察证实了我们的信息被英国人破译了。为了同样欺骗英军飞行员，在相关地区，骑兵、火车和长长的行军部队的行动计划被提前了。我们好几次在英国的报纸上看到我们得到了大量增援的信息。

在目前的情况下，最好是把所有的骑兵都集中在约旦河开阔的河岸上，在约旦东部地区驻守，这支骑兵当时在第八军团的对面。高加索骑兵旅是杰瓦德帕夏的预备队，驻扎在最西端的海岸。另一支大规模的骑兵部队，是由两个枪骑兵团和一个骑兵连组成的第三骑兵师，被部署在第八军团的前线。第八军团的撤退和与之相关的位置变化必须缓慢地进行，因为吉尔德里姆没有任何后备部队可以用来补充给第八军团。

参谋长卡齐姆上校在非常活跃的土耳其总参谋部穆扎法尔（Muzzafer）少校的协助下，有时会发现表现非同寻常的部队。在大马士革，他发现了一支土耳其部队，通过吸引各种各样的人参军，该部队规模已逐渐发展到1200 人。在土耳其军队总司令部的部队列表中，当然没有列出这些部队。在我们国家（德国），这样的部队要求发薪水时就会被发现。然而，这并没有发生，因为这里的士兵根本就没有薪水。部队只是向最近的仓库索要生活必需品，并定期收到。有人认为某个高级军官正在招募这支部队。当然，这支部队已经好几个月没有开展过军事活动。

在一些地方我们发现炮兵部队没有炮，在另一些地方发现有大炮却没有人和马匹。我们把这些部队聚集在阿富拉火车站，仅在这里就招募到 700 人的队伍。一个德国人不可能发现所有这些军队。但是穆扎法尔少校找到了他们，他们都被派去增援前线，他们休息得很充分。

许多土耳其军官的加入大大降低了使用大量德国军官的必要性，吉尔德里姆的参谋部人员进行了许多改变。在我看来，以德国军官为主领导土耳其人占 90% 的军队是不可能的。

尽管已经对参谋人员进行了许多这种变更，但恩维尔仍越过吉尔德里姆领导人与各级军官沟通。恩维尔总是在他认为适当的时候这样做，即不应该通知德国人采取的某些步骤，或者通知得太晚。因此，他于 3 月 20 日左右下令立即将第七军团和第八军团中的所有犹太人迁移到高加索前线。当无意听说这件事时，我阻止了该命令的执行。

几周后，我收到了来自恩维尔的一份请求，要求我向他说明要执行进攻行动的计划。在我看来，执行进攻行动是不可能的，我们所能做的就是守住阵地。一接到这个请求，我就想起了一个有趣的问题：面对溺水的人，岸上有人问他是否愿意第二天参加游泳比赛。我拒绝说明有关执行进攻行动的事宜。

3月下半月，英国人试图对靠近梅斯德塔巴（Medschdel Taba）的土耳其第七师的先头部队进行局部进攻，我们的部分阵线在一个山脊上向南凸出，从侧面包围了敌人的海岸部分的阵地，让敌人受到威胁。英国人获得了几个没有特殊价值的前线位置，阵地还在我们手里。

到塔菲拉的远征队开始了几次重大但成功的行动，并于3月20日开始向希贾兹铁路地区进军。

第一次约旦之战

3月26日，英国人带着骑兵、步兵和炮兵部队，突然穿过约旦河下游的浮桥，越过浅滩，向东挺进。他们突袭了土耳其在约旦河东岸的分遣队和在尼姆林山丘的后备部队。以澳大利亚骑兵师、一个步兵旅和炮兵为主的敌军主力部队最早被观察到，他们乘坐军列沿着希贾兹铁路从萨勒特和苏埃拉驶向安曼，而敌军中的一小部分军队则转向东南方向。其他的骑兵带着装甲车直接向北转到约旦河东岸，与我们从达米耶出发的骑兵队伍交战。敌人的后一次进攻仅仅是为了保护主力部队的侧翼。

我军在安曼驻有3个土耳其连、1支德国飞行支队、1支汽车纵队和1支负责交通通信的德国编队。

敌人的进攻被认为是企图在安曼取得突破，F集团军命令所有在大马士革或托罗斯山脉以南的部队和后备部队都要立即前往安曼增援，并尽可能迅速。从塔菲拉返回的远征队被要求利用铁路所提供的一切手段，通过盖特拉奈（Katraneh）到达安曼。由于德拉和安曼之间以及安曼以南的铁路在不同的地方同时受到敌军骑兵巡逻队和阿拉伯人的干扰，部队的火车遭到多次攻击，这些战备物资的运输都出现许多延误。

虽然修复铁路花费了几个小时的宝贵时间，但障碍终于被清除了，部分部队是步行上来的。

3月28日，英军的先遣部队遭遇了安曼的土耳其守备部队，他们占据了安曼以西3千米的高地。每个人，不管他属于哪个组织，都被征召了，交火停止了，土耳其的增援部队也来了。在激烈的战斗中，他们在安曼高地多次阻止了得到增援的敌人的进攻。

在前进中，英国人遇到了意想不到的障碍。这里一连下了几天雨，坚硬的泥土都软化了，几天的雨水使坚硬的黏性土壤变得松软，不断推进的增援部队在萨勒特城外的土路上受阻，即使是骆驼也很难穿越这片湿滑泥泞的土地。我们截获了一份抱怨这种情况的英国无线电报。

英国从约旦河附近到安曼的漫长通信线路遭受其他方面的威胁。集团军总部已指示第七军团采取一切可能的手段，攻占敌人后方的交通要道，这是敌人整支军队的弱点。

在这个命令下，勇敢的骑兵第三师的指挥官埃萨德帕夏向萨勒特的高地前进。他只有几个骑兵中队（他的大部分骑兵仍在前线作战）、第一百四十五步兵团的两个连和两门山炮。这些部队被带到萨勒特的高地，在陡峭而艰难的道路上行进，有时会经过石阶。在赶走了一些英国侦察兵后，他在萨勒特附近的低地向道路上的英军开枪。英国人被迫将他们的交通线转移到萨勒特南部，那里的道路情况仍然很糟糕。

在安曼，战斗变得非常激烈。土耳其军队的右翼向北延伸几次，以打消敌人多次从这一侧翼迂回的企图。在敌人的一再攻击下，土耳其军队不得不放弃一些阵地，但仍在安曼以西的高地上，面朝西防守。

3月30日下午，土耳其领导人开始怀疑是否可以进一步守住阵地，因为向北部或东北部撤退似乎是危险的。然后我下令无论出现什么情况都要抵抗到底。

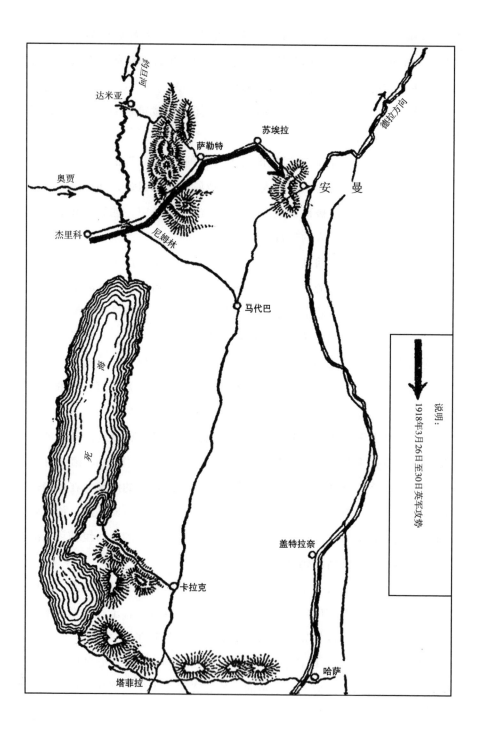

3 月 30 日晚，在格拉斯曼上校的指挥下，土耳其军队右翼和德国第七百零三步兵营进行了反击，将敌人击退。在这次袭击中表现突出的冯·赛多（von Sydow）上尉，在 9 月晚些时候英勇牺牲。

英军没有取得他们所期望的战果，他们的交通运输和通信变得更加困难，我们的部队正在增强，他们的左翼被我们击退，他们在 3 月 31 日晚上沿着整个战线撤退。

在所有这些战斗中，英军无法到达安曼市或安曼火车站，他们遭受沉重的打击，进攻以失败而告终。在战斗的后期，第四军团指挥官杰马尔帕夏从大马士革被调来指挥。他与前叙利亚和巴勒斯坦总司令、海军部部长杰马尔帕夏没有亲属关系（德国人可能会从名字中推断出这一点）。在土耳其军队中有无数名字为杰马尔的人。这个人在这些省服务多年，对阿拉伯地区和阿拉伯人很了解。居民们信任他，认为他是有智慧的。有几次，杰马尔帕夏作为居民的代表，把他们的愿望告诉了政府。他无疑是一位可以信赖的将军。

夜间，土耳其军队接到命令，要追击敌人以取得胜利。然而，由于土耳其方面除了几个巡逻队外没有骑兵，他们只能跟在后面而不能追击敌人。英国后卫部队几次调转方向，也许是为了在撤退中恢复秩序。后卫部队与土军的短暂交战并不重要。

敌军纵队经过萨勒特以南，直接退过约旦河。土耳其军队一直前进，直到尼姆林山丘，在那里构筑了一条通往约旦河的新战线。

上述行动阻止了英国人第一次用正规军在约旦东部地区站稳脚跟的企图。如果他们成功了，塔菲拉远征军和所有往南的军队就会被切断，军队通过耶尔穆克山谷到德拉和大马士革的唯一铁路线就会受到严重威胁。

应当指出的是，在这些战斗的日子中，从叙利亚到希贾兹的铁路发挥了重要作用。

第十七章　1918年4月的巴勒斯坦前线

在英军突破我们的前线进入约旦东部地区的作战计划失败后，英国人撤回他们的部队进行休整。他们在撤退时带走了一些阿拉伯居民，这些人充当向导，或者协助英国人，或者参与了对我们军队的攻击，从而使这些阿拉伯居民陷入困境。据说不久之后，这些居民已经得到承诺，英国人将尽早把这些居民送回他们在约旦东部地区的家园。

吉尔德里姆从这一点以及敌人在约旦河下游的战备中推断，英国人将很快再次试图突破我们的前线进入约旦东部。这支土耳其部队采取了以下措施来应对英军的新行动。

所有在安曼作战的土耳其军队在阿里·福阿德贝伊上校的指挥下向前推进到尼姆林山丘的坚固阵地。他们大部分属于第八军团，于是他们使用这个称号。一旦有足够的兵力，该军就被分成两个师。这个阵地立即得到了巩固。

第八军团得到增援，增援部队数量不多，但有德国和奥地利的大炮。德国第十四步兵团的第四连在4月5日抵达萨勒特，其他的土耳其军队也被派往那里，并在他们到达后尽快进行替换。

第四军团的总部设在萨勒特，位于约旦东北部，受阿拉伯势力影响大，冯·帕彭少校已经担任第四军团参谋长。

在达米耶以南的马菲德多舍尔泽勒（Mafid Dschozele），土军横渡约旦河的交通工具已经准备就绪，被隐藏在柳树林中。

第三骑兵师和高加索骑兵旅向约旦的转移已于4月完成。在萨阿德贝伊上校的带领下，这支骑兵的主力部队仍聚集在约旦西岸与马菲德多舍尔泽勒并排，一小部分被调往东岸进行侦察，并与第八军团保持联系。一个联合组编的德国机枪分队和德国第二百零五连加入了司令部。

当我第一次在约旦河谷的大道上寻找萨阿德贝伊营地时，很难找到，没有一个地方像营地。贝都因人使用的那种独立的帐篷和茅草屋散布在全国各地。看不见马，仔细一看，原来马厩是在没有坑或沟渠的地方建起来的。这些营地都被斜立的树枝环绕着，这些树枝也能遮挡阳光，没有人会怀疑这里有骑兵营地。

第二十军驻扎在梅奇德尔·贝尼·法迪尔（Medschdel Beni Fadil），那里是该军总部的所在地。他们接到命令，要把轻型大炮推进到山脊的边缘，从西岸控制约旦河谷。这就是他们为抵抗英国的第二次进攻所做的一切准备。

第七百零三步兵营在从塔菲拉远征返回后，被移交给第八军团以增援亚洲军。

4 月期间，前线的战斗通常是小规模的，但是在 4 月 10 日，英军对冯·弗兰肯伯格上校指挥的第八军团左翼发起了一次猛烈的攻击，并发展为一场为期 3 天的战斗。这场激烈战斗的焦点是卡夫尔（El Kafr）和贝鲁金（Berukin）这两个村庄。总的来说，英军的进攻被击退了，英国人损失惨重，进展甚微。英国人的袭击首先针对亚洲军和第十六师。在吉尔德里姆的指示下，第七军团已对弗兰肯伯格上校领导下的部队的撤离重新做好准备。在这些战斗中，土耳其各营表现不一。有些营打得很好，有些营缺少作战勇气和耐力。

根据从英军阵亡者身上发现英军指挥部下达的命令，这次袭击要一直推进到卡尔基利耶火车站，这就意味着要深入推进 14 千米。然而，事实上，攻击只向前推进了几处，超过 1 千米。可以设想，万一成功，英国人会接着对海岸地区发动攻击。许多英国骑兵聚集在后方，也许是为了完成一场一直推进到卡尔基利耶的进攻。

4 月的下半月，英军骑兵几次以强大的力量在尼姆林山丘高地向东北方向进攻第四军团在约旦的新前线。每次进攻都以英国骑兵提前撤退而告终，他们可能是侦察那里土耳其军队的数量和战备。

与此同时，英国人在通往尼姆林山丘的约旦河上建造了一座大桥，并在桥上设置了障碍物，大炮也在那里就位。我们还观察到英军在约旦河的门德赛（Mendesse）渡口向北修建一座巨大的桥梁。我们的飞行员报告了几座浮桥和在这些桥头内的步行桥，它们被多次改造和重建。

在巴勒斯坦海岸有我们两个海军哨所，每个哨所都有几个人，负责观察敌方舰船的动向。我想增加海法地区的哨所数量，使他们能够进行战斗，因为这是敌人可能首先登陆的地方，我已预料这里会危及我们目前的位置。海法港被我军用地雷封锁了，但很有可能在港外登陆。在我离开君士坦丁堡之前，我听说吉尔德里姆所在的地区有大约30名海军军官和500名海军士兵。然而，人们发现除了2名军官和50名人员外，他们主要在第六军团辖区的幼发拉底河兵站中服役。当得知他们不能被我使用时，我不得不放弃在巴勒斯坦与海军合作的希望。

被带到拿撒勒的第十七辎重团只能用阿拉伯人补充兵力，除非偶然发现一小部分土耳其人或者碰到被允许离开医院的土耳其人。虽然阿拉伯士兵受过良好的训练，但军队不愿意接受他们。自从英国支持的阿拉伯人独立运动稳步发展后，土耳其人不再信任阿拉伯人。从君士坦丁堡派来的增援部队足以弥补这场战役的损失，并为第四军团在约旦前线和希贾兹铁路沿线提供了一些增援。

我因为更换军队的要求在几周内就与恩维尔发生了冲突。在4月11日他签署的一份电报中，他在完全不了解情况之下就对集团军进行评头论足。他表示，如果我推迟运送分配到集团军（第一百四十六步兵团）的德国部队以支持土耳其部队，前者将用于其他地方。第九段内容一字不差显示如下。

我们不能让这些部队无所事事，战争形势要求这些部队再次听命于最高指挥部。

我在4月13日回复：

关于第九段中描绘的情况，我要求听取贝克特少校的报告。我强烈否认对我想推迟德国军队运输的指控，这些德国军队将用于接替土耳其人。由于吉尔德里姆中土耳其军人的数量是德国军人的 10 倍，阁下将会承认鉴于最近的战斗，我们需要土耳其军队替代我们。从上任的第一天起，我就敦促加快德国军队的运送。

我在电报的结尾部分，请求恩维尔向素丹提交我的请求，解除我对吉尔德里姆的指挥权。在这些完全没有根据的指控之后，毫无疑问，我还会遇到其他困难。我不愿意让他们增加我这项吃力不讨好的工作的难度。

当我去巴勒斯坦时，我以为土军总司令部会对我接受一个没有多大希望得到满意成果的命令表示一些感激。我意识到我大错特错了。

谁也挡不住前面敌人的进攻，也挡不住后面敌人的进攻。

恩维尔拒绝向素丹提出我的请求，并回复了半是歉意和难以捉摸的话。

关于军事顾问团的冲突也没有像我希望的那样结束。军事顾问团的参谋长冯·伦特将军告诉我，一个委员会在君士坦丁堡召开会议，商讨把军事顾问团的工作方式转变成军事协议规定的方式。按照军事协议的规定，德国的军事全权代表、德军总司令部的代表、普鲁士战争部的代表和冯·伦特将军都是委员会的成员。4 月 14 日，我收到冯·伦特将军的一封电报。

内容逐字列明：

根据军事协议中德国代表的机密报告，土耳其陆军现任总参谋长将被视为军事协议规定的高级军官，其未来的地位将由现在赋予他的某些职能来决定。

4 月 15 日，我给鲁登道夫将军发了下面这封电报：

感谢阁下对我的信任，我恭敬地向阁下提出紧急请求，如果德国陆军总司令部已处理了合同及其附件中规定的职务并任命了我的继任者，在此事提交给我在君士坦丁堡的下属军官之前，我必须得到直接的消息。

阁下请放心，当我个人成为最高统帅的障碍时，我随时准备请求陛下召回我。就像现在我在君士坦丁堡处理的情况。在这里的土耳其人眼中，我处于一种困难的、与普鲁士高级将领不相称的地位。我保持这一地位4年零4个月了，与土耳其人发生了多次冲突。

1917年11月13日的附件中的内容如下：

所有被列名的部队、编队和军队成员，在纪律惩罚、军事司法管理、德国部队的替换、生活、服装、工资、邮政、照顾病人等一切内部和经济事务方面均由军事顾问团团长负责。

4月17日我收到了鲁登道夫将军的回复：

我不知道这样的一个初步计划，计划内容是让土耳其军队现任总参谋长担任某些职务，作为他未来担任德国高级军官的储备。只要军事顾问团还存在，阁下的职责就会得到尊重。

吉尔德里姆计划在5月的前几天对马拉贝（Msallabe）发动突然袭击，这座山被英军的小先遣部队占领了。这座陡峭的小山是英军在奥德加河以北最靠前的阵地，对我们来说很不利。第二十四师被带到多马（Dome），与第三骑兵师一起执行今晚的任务。但在4月30日清晨，英国人开始向约旦东部地区推进，这导致了第二次约旦战斗的爆发，战斗历时5天。

第十八章　第二次约旦战斗

在第一次约旦战斗中，英军对安曼发动了直接进攻，但由于我们顽强的抵抗，加之英军交通运输状况较差，英军的进攻失败了。英军的第二次大规模行动计划以出其不意的方式迅速占领萨勒特地区，并将其作为进一步推进的基地。

如果英国驱逐第八军团并永久占领萨勒特地区附近的高地，第七军团和第八军团将被迫撤回耶尔穆克河山谷，因为萨勒特地区高地上的英国军队会威胁到后方第七军团的左翼，并威胁贝珊到德拉的铁路和德拉到安曼的铁路。由于从大马士革运来的补给要经过德拉，军队的补给是不可能得到保障的。

英军这次进攻的准备工作是秘密地、巧妙地进行的，其中最大和最后的一部分敌军没有被我们的守军发现。我们也没有通过地面观察发现英军的军事行动准备的任何动静。

4月30日凌晨4时30分左右，一支由英国骑兵组成的强大部队，装备了大炮和装甲车，行进在从杰利科到尼姆林山丘公路上并在马拉贝的6座桥上过了约旦河。一个骑兵师转向北方，另一个师转向东北，通过埃雷到达萨勒特。

紧接着，在大桥头的重型火炮的掩护下。一个加强的英军步兵师被部署到这里对虚弱的第八军团进行正面攻击。

不久之后，英国军队从奥贾下方开始在约旦河西岸向土耳其第七军团第五十三师的左翼发起进攻。

敌人的炮火越来越猛，从大海到约旦河，整个吉尔德里姆前线都是如此。英军骑兵师向北转进，迅速击退了约旦河谷东部的土耳其骑兵，英军骑兵师主力沿着山脚下的道路一直行进到达米耶对面。

英骑兵师剩下的部分，估计是一个旅，向马菲德多舍尔泽勒对面的平坦山丘方向挺进。正在撤退的土耳其骑兵团已经撤退到这里，现在土耳其第三骑兵师的指挥官派德国的机枪分队和德国的工兵连来到这里，他们占据了一个类似桥头的位置。

这支独立的骑兵部队，在大炮和许多机枪的支援下，集中火力，不断地向高地发起进攻，但没有能打垮高地上的土耳其军队，高地仍在我们手中。

向北推进的英军骑兵师的主力部队在上午 7 时后不久到达了达米耶对面。这里的土耳其师没有占据约旦河口，而是沿着后方的斜坡朝西驻扎。根据随后的情况判断，可以认为这支骑兵部队的目的是掩护英军骑兵师的后侧和侧翼，通过埃雷向萨勒特前进，并阻止土耳其军队从达米耶通过。有一个小高地将英军骑兵与崎岖的山丘分隔开来，这些山丘与约旦河平行，距离约 1.5 千米。此后不久，英军骑兵和炮兵向达米耶以西山脊上的土耳其开战。

与此同时，在不断抵达的增援部队的帮助下，英国人对尼姆林山丘的土耳其第八军团的进攻十分顺利。在左翼，大约有 15 个敌军骑兵中队要转向我军左翼攻击，而我军右翼和后方似乎受到了向东北方向推进的敌军骑兵的威胁。

在阿里·福阿德贝伊上校的带领下，军队奋勇作战，坚守阵地。

拿撒勒的吉尔德里姆司令部直到早上 7 时 30 分才获悉敌人在约旦的这一重大行动。阿拉伯人切断了电话线，增加了我军的通信困难。参谋长卡齐姆将军一大早就到安曼与第四军团司令商议，然后乘车从安曼前往萨勒特。

上午 8 时 30 分获悉局势发展后，我给第八军团指挥官打了电话，要求第二十四师立即从达米耶出发，向约旦进军。根据战况，我们的目标是达米耶或马菲德多舍尔泽勒。

我接下来命令第三骑兵师在其中一个十字路口集合，其中两个师都要过

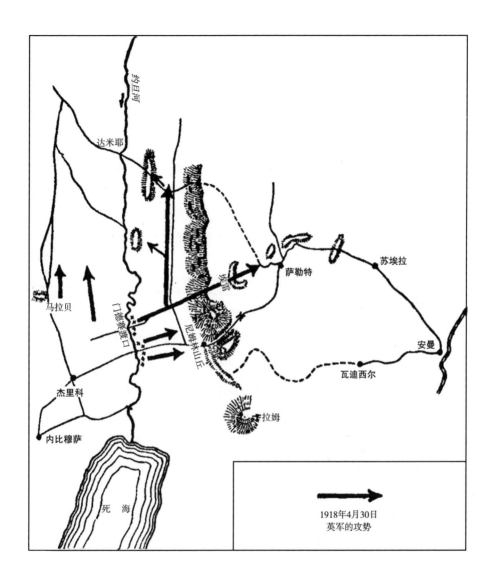

1918年4月30日
英军的攻势

约旦河去攻击。耶尔穆克山谷的铁路警卫部队令人担忧，但得到了吉尔德里姆的增援。大马士革铁路当局接到电报，要求将大马士革北部的所有部队推进到德拉，随后还有进一步的指示。

上午 10 时刚过，经过埃雷的英军骑兵师先头部队出现在萨勒特前方的山脊上。这些部队在阿拉伯人的带领下，沿着阿布塔拉溪（Creek of Abu

Tara），沿着我们不知道的小道，爬上了萨勒特。

这里应该说明一下，英国骑兵在进攻的第一天就进行了意想不到的行军。

留在萨勒特保护第四军团司令部的少数几个土耳其连被匆忙召集起来，并紧靠前面的中队，这些部队正被调动去徒步作战，弱小的土耳其军队得到了德国电讯部队和运输部队的增援。

第二十四师和第三骑兵师在集团军的命令下向约旦挺进，但遭到拖延。第二十四师的指挥官伯梅上校和他的部分军官在清晨骑马前去侦察有关攻击马拉贝计划的情况，直到将近中午时才回来。该师直到下午 1 时 30 分才开始向约旦进军。由于进入约旦河谷的地势非常陡峭，进军困难，到河岸的行军需要 5 个小时。

第三骑兵师派了几个中队到约旦河西岸的前线。在骑兵集结之前，这些部队必须由第一百四十五步兵团接替。

第二十四师的行军方向几乎要对我们的作战行动产生致命打击，第三骑兵师的进军也被推迟。

第七军团司令是法乌兹帕夏，他的参谋长冯·法肯豪森一大早就赶到约旦，对他在约旦河西岸的第五十三师左翼感到担心。在他看来，英国在那一点上的攻击表明了英国想要突破的意图。因此，他要求吉尔德里姆总部改变我下达的命令，让第三骑兵师留在约旦河以西的阵地上，而第二十四师也留在那里听候他的调遣。我对这次进攻有不同的看法，认为这不过是敌人企图在约旦河以西牵制我们的部队。因此，我命令第七军团指挥官以最快的速度执行最初的命令。天黑以前，这两个师不能继续在约旦河集合。

下午 4 时左右我做出了决定。强大的英国军队已经推进并占领了萨勒特。第四军团的司令部成员从北方的一条大路逃走，并带着几个小分队向这个方向撤退，其他人则退向苏埃拉（Suela）。下午 4 时后不久，集团军与萨勒特的通信中断。最后的电报内容显示英国人正在进入这个城镇。

我立即命令所有铁路和兵站部门的官员，加快把所有正在途中的部队以及任何可能找到的部队通过铁路运送到安曼。

傍晚时分，伯梅上校指挥的第二十四师和埃萨德帕夏指挥的第三骑兵师在达米耶渡口附近集结。德国第一百四十六步兵团的第一连和第二连正在这时经由贝珊到达，归第二十四师指挥。天黑以后，两个师到达约旦河东岸。由于兵力不足，而且目前的战斗部队只是路过，我们的兵力足以打通去往对岸的通道。第三骑兵师立即向约旦东部崎岖的山丘派出前哨，他们还击退了敌人的分遣队。

晚上晚些时候，第八军团报告说，敌人对右翼的所有进攻都被击退了，而我们几乎没有丢掉什么阵地，士气很好。

5月1日黎明时分，我加入了在纳布卢斯的第七军团总部。在那里，与第四军团指挥部的通信已通过整修电线而重新恢复。第四军团指挥部接到指示，要经过安曼到萨勒特的道路尽快到达苏埃拉，把从安曼来的所有部队集合在那里，以便后续攻打萨勒特。

5月1日前一夜，第二十四师和第三骑兵师从达米耶附近穿过，敌人没有注意到。黎明时分各师向前推进，第二十四师向东南方向推进，第三骑兵师向东进攻，向仍在昨天阵地上的英军骑兵师发起进攻。第三骑兵师的骑兵连队在前面土耳其骑兵的带领下到达了崎岖的山顶，并立即向敌人的骑兵连队展开了有效的攻击。与此同时，第二十四师的前沿小分队和萨阿德贝伊的骑兵们正穿越敌人前方的小高地。

这次进攻完全出乎敌人意料。在土耳其骑兵和正出击的土耳其小分队到达之前，英国骑兵避开了进攻，混乱地向南飞奔而去。一个敌军骑兵团调头北上。

敌人的一部分炮兵企图向南逃窜，另外一部分向东部山区的山谷逃窜。

其中一个向南行进的敌军炮兵连被土耳其步兵围剿。另外几门停在山坡上的大炮也被缴获，因此在上午的战斗过程中，英军骑兵师的9门未损坏的大炮和另一支英军部队的1门大炮被缴获。许多囚犯、马匹、炮弹、装有医疗用品和食物的驼队、1辆装甲车等落入土耳其人手中。

第三骑兵师集合完毕后，立即开始沿着一条狭窄的山路攀登萨勒特西部的高地。在此之前，已经把它的骑兵炮队换成了第二十四师的一支山地炮队。

4月30日，敌人对约旦河西岸第五十三师的进攻已结束。5月1日，指挥第二十军的阿里·福阿德帕夏开始指挥穿越达米耶的部队。

第二十四师被派往约旦河谷南部，为第八军团的右翼扫清障碍。马菲德多舍尔泽勒对面的军队也加入了进来。

在尼姆林山丘高地，英军对土耳其第八军团的猛烈攻击持续不断。土耳其军队坚守阵地。右翼的防区在霍德（El Hod）山的斜坡上，虽然失去了一些阵地，但没有对局势造成任何影响。

第二十四师在约旦河谷向南推进的过程中很快遭遇了顽强的抵抗，直到傍晚，他们只推进了几千米。

位于萨勒特西部高地的第三骑兵师与英国骑兵师发生了冲突。据土耳其的报道，英国骑兵师已经靠增援的步兵和先锋队重新加强了力量。

第四军团参谋部到达苏埃拉指挥集结在那里的土耳其军队，米斯卡尔（Miskal）帕夏领导下的一个阿拉伯部落也加入其中。大约有一个旅的英国骑兵从萨勒特向安曼挺进，在苏埃拉附近遇到了土耳其军队，一场持久战随之到来。

第八军团的三个方向受到了威胁。当晚报告称，其火炮弹药和食物即将耗尽。在随后的夜晚，他们使用骆驼纵队，在没有被从萨勒特向南推进的英国中队发现的情况下走小道通过瓦迪希尔（Wadi Es Sir）。

5月2日，我去了约旦河谷和达米耶的高地。土耳其人从苏埃拉进攻的效果还不明显。不幸的是，第二十四师勇敢的指挥官埃萨德上校在上午受了重伤，不得不按照土耳其的军事传统将指挥权移交给他的参谋长马哈茂德贝伊中校。

第二十四师的军人战斗到深夜已筋疲力尽，第二天早上在各自的位置休息。下午，我命令他们继续向南进攻。

战斗第三天，敌人又猛烈地向第八军团发起进攻，第八军团失去了一些右翼阵地，但仍坚守阵地。白天，第八军团阵地的形势更加严峻了，部分从萨勒特向南推进的英军骑兵正在向前推进，最后驻扎在第八军团后方 10 千米处。阿里·福阿德贝伊组成一支掩护分遣队对抗这支敌军骑兵。当在前线作战的奥地利炮队弹药耗尽时，炮手们拿着卡宾枪组成掩护分遣队。

从安曼来的增援部队，其中包括一支德国榴弹炮炮队，逐渐增强了土耳其在苏埃拉的兵力。这一天，杰马尔帕夏率领苏埃拉的部队击退英军骑兵后向萨勒特挺进。

第二十四师沿着从萨勒特到约旦的斜坡向左推进，遭遇敌军的顽强抵抗。第八军团也几乎没有取得任何进展。5 月 3 日凌晨，我下令重新发动袭击。

下午我回到纳布卢斯时，在贝特哈桑附近，我的司机突然喊道："我们前面有强大的英国骑兵部队。"我们看到一长列穿着卡其布衣服、戴着热带头盔的士兵沿着贝特哈桑的蜿蜒道路行进。原来是德国第一百四十六团第一营的参谋人员和驮畜队。第一百四十六团装备的热带头盔肯定会造成土军误伤，营长告诉我，他的纵队在从贝珊出发的途中，多次有土耳其人从山上向他们开火。我现在禁止德国军队再使用这种头盔。

截至 5 月 3 日上午，战局还没有根本的变化。不幸的是，第二十四师的兵力是如此之少，损失是如此之大，以至于我无法实现目标，即向瓦迪雷特姆（Wadi Er Retem）推进，切断英军与萨勒特的联系。我确信，如果战斗要取得对我们有利的结果，就必须在 24 小时内做出决定。部队在第四天进行了激烈战斗，战士已到了战斗极限。吉尔德里姆和第七军团都没有后备部队。无论付出什么代价，萨勒特必须由来自苏埃拉的部队和第三骑兵师夺取。

到傍晚时分，苏埃拉的部队已经到达萨勒特以东的高地。德国榴弹炮连队和土耳其炮兵正在轰击这座城镇。西边的第三骑兵师也取得了进展。

晚上，我命令第四军团和第三骑兵师指挥官不顾一切动用所有可用的兵力从北方发动夜间进攻。选择从北方发动进攻是因为那里的地面有利于推进，但也使英国人能够从萨勒特向西南撤退。

在拿撒勒的吉尔德里姆总部，我接到了一封电报要求我下令从南方进攻，以包围在萨勒特的英军。但我敢肯定，当英国人看到他们的撤退线路受到威胁时，我们虚弱和疲惫的军队是无法与其进行一场殊死搏斗的，这将导致我们失败。因此，我没有改变我的命令。

攻击开始于晚上 10 时左右。苏埃拉来的部队最右边的几个连因迷路被俘房，但该部队的其余部分，即第三骑兵师和米斯卡尔带领阿拉伯部落军队，经过激烈的战斗在接近午夜时成功地从北部进入了该城。

英国人立即开始撤离萨勒特，并通过埃雷向西南方向撤退。

萨勒特被夺回了！

苏埃拉部队和第三骑兵师在夜间追击英军向埃雷进发。

第二十四步兵团遇到了乘坐汽车的英国新兵，这些汽车携带金属网障碍物以加强其前线。

5月4日早晨，英军对第八军团的进攻开始减弱。

上午，当敌人第一次向约旦西岸撤退时，第八军团被命令向约旦河推进，而约旦河西岸的第五十三师也被命令进攻。不幸的是，部队已经没有足够的兵力来成功完成战斗任务。

敌人从约旦那边的撤退持续了整整一个下午和一个晚上。

当天晚上，土耳其骑兵向内比穆萨（Neby Musa）挺进，在耶稣受洗之地（Place of Baptism）渡过约旦河下游。后来，敌军优势部队把土耳其骑兵赶回约旦河东岸。敌军飞行员已尽其所能向撤退的纵队发动了进攻。

第二次约旦战斗在约旦河的沿岸展开。由于我们没有后备队，我们无法充分利用这一成功扩大战果，也无法在约旦西岸占领高地。这将对巴勒斯坦局势产生决定性影响。只有把第八军团带到西岸，才有可能缩短第七军团和第八军团过长的战线，使阵地有一定的安全保障。

无论如何，我们又一次成功地阻止了敌人在约旦东部获得立足之地的尝试。

毫无疑问，这一成功（甚至《泰晤士报》称其为英国的失败）对阿拉伯人战争的立场产生了一定影响。然而，这一观点不应受到太大重视。土耳其人和阿拉伯人之间的分歧是如此之大，以至于即使暂时战胜了远比他们强大的敌人，也无法消除他们之间的分歧。

战斗结束后，阿拉伯人再次对马安和更南边的希贾兹铁路线上的火车站发起进攻。他们在许多地方被击退，但在任何地方都无法被阻止。人们明显感觉到桥梁和铁轨持续被炸毁情况的严重性，因为我们的修理材料越来越不足。

然而，希贾兹铁路的暂时中断并不能导致麦地那的陷落。法希雷丁（Fachreddin）帕夏的军队很强大足以守住阵地，他自己也有方法来维持其军队的生计。他一再向吉尔德里姆发出电报，说他和他的士兵将陷入饥饿的危险境地，但这只是土耳其惯常的夸张说法。结果证明他能够在1918年停战协议签订后之后继续在麦地那坚持下去。

土军总司令部从奥斯曼（Osmanie）大电台用德语无线电发送的关于约旦战争的报告，我强烈反对这种新闻报道。

关于第一次战斗的报告一字不差地写着：

巴勒斯坦前线，伊什谢利亚（Esh Sheriah）河以西和河上的战斗重新开始。

4月30日上午，强大的英国步兵和骑兵部队试图突破我们在伊什谢利亚河以西的防线，但是敌人进攻部队在我们英勇战士的打击下溃散了。我们的阵地仍然完全被我们所控制。在伊什谢利亚河以北，一支敌军骑兵巡逻队试图前进，它也同样被我们击退了。

要指出这些错误的事实，只需要指出在每一种情况下，"东"和"西"都被错误使用。在那一天，英国人重新攻占萨勒特，英军的一个加强骑兵师，而不是一个巡逻队，已经向北推进，伊什谢利亚河（约旦）从北向南流，因此"约旦的北方"将意味着它的源头地区，离战场180千米。

5月5日军队报告一字不差地写道：

英国人进攻伊什谢利亚河东侧，但被击退。他们为夺取伊什谢利亚的交通线做了强有力的准备。为此，他们集结了许多军队。4月30日早晨，高地上的士兵和炮兵都渡过了伊什谢利亚河。

英国人在杰里科和萨勒特取得一些进展后，沿着伊什谢利亚河用骑兵、大炮和机枪攻击我们的后方，等等。

看一眼地图就知道这份报告完全是一派胡言。

当我向土军总司令部说明，这些到处公开张贴的报告很可能产生危险的后果时，土耳其总参谋长回答说，他不能承认报告的含糊不清和不真实。

5月7日，他发电报说，那一定是我们对军队5月5日的报告翻译不正确造成的。这是完全不可能的，因为军队的报告是用德语从奥斯曼尼站通过无线电发送的。

最后，尽管奥斯曼大站的站长施勒（Schlee）上尉一再要求土军总司令部继续用德语向他提交报告。土军总司令部继续以土耳其语向他发送报告，他们必须在无线电台进行翻译，据说翻译中的错误是在那里产生的。值得注意的是，全国和边境上几乎所有无线电台的工作人员主要是德国人，有时甚至都是德国人，因此，最好向他们提供一份德文版本的报告。我提到这一情况是为了说明为什么关于土耳其行动的这么多报道是错误的。

战斗一结束，第四军团就奉命用土工方式加固萨勒特的高地。

第八军团和第七军团左翼在埃雷形成一个联络小组。一个新的战斗单位在拉姆山丘（Tell er Rame）形成，这里离第八军团的左翼有一段距离，以迎接敌人骑兵的任何新进攻。它由两个骑兵团和一个德国机枪分队组成。该部队最初由土耳其总参谋部的凯末尔贝伊中校指挥，后来由冯·席尔施塔特上校指挥。它的任务是在约旦河下游与敌人的骑兵作战。敌人可能第三次突破我们的防线进入约旦东部地区以便与在那里作战的阿拉伯人建立直接联系，这并非不可能。第一百四十六步兵团将跟随第十一步枪营进入巴勒斯坦，双方都是从马其顿前线撤出的。

激烈的第二次约旦战斗结束后几小时，我在5月6日得到土耳其总参谋长的通知，德军总司令部让我们在炎热的季节将德国军队派驻到气候更宜人的地区。我还是不了解这个来自斯帕（Spaa）的消息，因为有一个德国指挥官当场照顾这些部队。1916年和1917年夏天，德军在南部更远的西奈沙漠中，在库特－阿马拉、摩苏尔和巴格达之间土耳其最热的地方作战的情况仍然存在。

我也不知道该如何评价这份授权，因为德国军队是经过特别挑选和装备以适应南方气候的，而且他们大部分才刚刚开始到达前线。按照德军总司令部的要求根据德国理念组织起来的吉尔德里姆辅助部队，航空、情报和铁路部队，卡车纵队，卫生部队等都必须撤退，但它们不仅为德国军队使用，也为土耳其军队使用。我的作战规划将出现大的问题。

我回答说亚洲军在山里，其他的德国军队将在其健康的情况下使用，我认为德国军队出于政治原因的撤离是不可取的，因为军队已经与敌人交战了。

我本以为这个回答就能解决问题，但几周后我才明白过来。5 月 10 日左右，我被秘密告知土耳其政府打算将叙利亚的内政权力授予我。

在此，我们应该看一看叙利亚的内政情况，否则就无法理解为什么土耳其政府要考虑采取这一违反其以往所有原则的举措。

必须说土耳其的国内局势完全没有希望。有秩序和可靠的行政管理是对民众施加有效影响的先决条件。

几个世纪的管理不善，高级官员和低级官员的腐败（少数例外），以及土耳其宪兵队完全缺乏纪律，引起了该地民众的普遍不满。

当地贫苦的居民无论信仰何种宗教，都受到一些盘剥和敲诈，而这种盘剥在战时情况下有所增加。这些人生活在一个古老的文明区域中，在贝鲁特改革计划的 15 条中，他们提出了自己的正当要求，他们在战争中享有的权利比以往任何时候都少。

在一个连法官都不懂当地语言的国家，怎么可能有秩序地开展司法工作呢！

在闪米特人占主导地位的叙利亚混合人口中，有大量的人是纯阿拉伯血统。

真正的叙利亚人很精明，是有进取心的商人。通常信奉基督教的叙利亚人主导批发行业，穆斯林主导零售行业。商业和工业的发展，不是受到政府的支持和促进，而是受到土耳其官员阴谋诡计的摆布，除非他们被贿赂。

这并不奇怪，目前，大部分人都渴望有一个法律规范的有序环境，因为土耳其政府从来没有兑现过任何承诺，这些规范只有在一些欧洲强国的保护下才有可能实现。叙利亚人和土耳其人的不同之处也许最能体现在一句叙利亚谚语中："土耳其人一踏到哪里，哪里的土地就会一个世纪不生产。"

土耳其政府不愿满足民众的正当要求，政府拒绝保证将给予人们所期望的地方自治，它不想在未来束缚自己。

政府在全国的信用很差，因为前一年的许多军队合同工资仍然没有支付。现有条件无法改善信贷状况。尽管一再提出紧急要求，吉尔德里姆仍未收到必要的款项以购买用品或甚至部分款项也没收到。

如果有了这笔钱，吉尔德里姆的所有军需和大量额外的补给都可以从阿拉伯人那里购买。由于资金不到位，阿拉伯人谷物田地的大部分收成，以及从德鲁兹人居住的华伦（Huarun）山区运来的成千上万头骆驼，都被英国人用黄金支付买走。

君士坦丁堡的政府虽然知道了这一切，却不接受任何建议，并对谷物征税，这在当时叙利亚和其他阿拉伯地区的情况下是不可能办到的。最具影响力的3名瓦利，即大马士革、贝鲁特和阿勒颇三地的行政长官都非常了解该国，他们对这一措施提出抗议，但立即被解雇。

当然，我断然拒绝了土耳其政府通过恩维尔转达的任命，并声称我的军事顾问团需要我的每一分钟。

面对现有的土耳其政府，我本无法改变这种情况，但使这种无望的情况继续下去的责任将落在我身上。第二次约旦战斗结束后，第二十四师的队伍在损失惨重后得到补充，撤退到马菲德多舍尔泽勒附近。战后，我看到这个师的第二步兵团，人数约有150人。第三骑兵师也损失惨重，它被撤回到达米耶附近。

5月底，我们只是面对攻击第七军团和第八军团的敌军小部队，这些敌军小部队的进攻都以失败告终。只是在5月29日和30日的晚上，沿海地区的战斗才稍微扩大了一些。29日，5个英军印度营向海卡尔桥到米斯克（Haikar Bridge-Miske）的公路以西推进。在第一次发起攻击中，他们就占领了一些重要位置的高地。高地被我们反攻夺回。第二天晚上，敌人在同一地区再次发起攻击，我们遭受相当大的损失才击退敌人。

英国人和阿拉伯人的行动很快在希贾兹铁路沿线活跃起来。这显然是想以小的胜利来消除约旦战斗失败带来的挫折。

5月8日，位于死海南岸的盖特拉奈车站遭到了强大的贝都因人①武装的攻击。贝都因人的进攻被击退。但是有一个连的土耳其士兵被俘。9日，贝都因人的进攻再次失败。5月12日，敌人的第三次进攻被击退，敌人为此调来了更多的大炮。15日，哈萨（El Hasa）车站被阿拉伯人突袭并占领。各种铁路设施被他们破坏了。第四军团的一支分遣队从北方逼近，不久就夺回了这个据点。5月1日至19日，希贾兹铁路线上的25座桥梁被毁，这显示出维持希贾兹铁路运营是多么的困难。

5月30日，阿拉伯人包围了菲弗尔（El Fifre）。守军在夜间突破了敌人的防线，开辟了通往盖特拉奈的道路。菲弗尔后来被我们重新夺回。

5月26日，恩维尔通知我，根据与德军总司令部的协议，他将不再续签1918年12月14日到期的军事顾问团协议。他给了我一份私人协议，让我在那之后继续留在土耳其军队。我在5月27日回复他说，让我继续留在土耳其军队和签订私人协议是不可能的。

---

① 贝都因人（Bedouins，亦作 Beduin），属于闪含语系民族，阿拉伯人的一支，是以氏族部落为基本单位在沙漠旷野过游牧生活的阿拉伯人，主要分布在西亚和北非广阔的沙漠和荒原地带，属欧罗巴人种地中海类型。——译者注

第十九章　1918年6月的战况

　　6月4日，德国第十一步枪营的最后一部分军队到达了梅苏迪（Messudie）火车站，这是通往图勒凯尔姆（Tul Keram）铁路和通往纳布卢斯公路的一个交汇点。在其他紧急补给和战争物资运输之前，对该营的运输已加快，以便让吉尔德里姆有﹍支后备部队。

　　土耳其营和从君士坦丁堡来的支援部队，只要我们不立即在第四军团中使用他们，就足以抵消第七军团和第八军团的损失。派到我们这里来的土耳其营几乎没有得力的军官，而且缺乏训练，因此，军队指挥官更愿意把其作为支援部队分配。

　　德国第十一步枪营是一支精锐部队。该营拥有800人和大量机枪，而且训练有素，在巴勒斯坦前线具有很强的战斗力。该营被部署在梅苏迪和纳布卢斯之间的山谷里，靠近德沙拉夫（Der Scharaf），以便作为第八军团和第七军团的后备部队。

　　应我的要求，其指挥官冯·蒙格斯（von Menges）少校承诺加强对分批派往他那里的土耳其军官的培训。

　　1918年春天，英国方面部分地调换军队。艾伦比将军的军队得到许多印度士兵的增援，他们特别适合炎热季节在约旦地区服役作战。一个印度骑兵师已从法国调往巴勒斯坦前线。印度步兵师中有一些英国营，所有较高的军职都由英国军官担任。步兵和骑兵的机枪编队完全或主要由英国人组成，主要是由英国人领导和负责。正如我们从被抓的俘虏和特务那里得到的消息，英国人把多余的部队整编成新部队。

相比之下，令人倍加遗憾的是土耳其部队完全没有得到足够的补充。

在 6 月的第一周，英军对海岸地区的炮火打击力度经过几次增加达到很高的强度。我们的飞行员报告说那里的英军部队数量增加了。英国的多次侦察活动被击退。敌人似乎正在准备一场进攻，我派了一个步枪营去那里。

6 月 9 日，一支强大的敌军步兵部队从海卡尔桥到米斯克公路向西推进，我们的先头部队在主要阵地上被击退。在经过白刃战和手榴弹苦战后，英军的进攻被击退，沙丘频频易主。直接向阿尔苏夫（Arsuf）和希埃尔蒙塔尔（Sch. el Muntar）海岸推进的几个英国营队被击退，大约有 8 个英国营队参加了这次袭击。英军只是在我们阵地前沿取得进展，但损失惨重。

步枪营的先头部队以对敌人战壕的大胆侦察而著称，他们在巴勒斯坦战区获得了第一次胜利。

如前所述，第十一步枪营的最后一部分已于 6 月 4 日到达。

6 月 10 日，我收到了来自恩维尔的电报，内容如下：

> 在德军总司令部的命令下，第十一步枪营将通过火车被送往君士坦丁堡。
>
> 副将伊西莫（Issimo）

我立刻回答说：

> 如果对这个战区的成功有任何重视的话，请提供有关步枪营的进一步资料。
>
> 利曼·冯·桑德斯

我没有立即得到答复。

根据土耳其总参谋部军需官的情报，6 月 11 日，冯·伦特将军发来一封电报通知我，这个营很可能被派往黑海沿岸的巴统。

6 月 13 日，土耳其总参谋长发来电报。

  德军总参谋长再次发出指示，要求德军从约旦河谷撤军，并将其安置在山区。原因是除了第七百零三步枪营外，第一百四十六步兵团已经驻扎在约旦河谷。尽管英军即将发动进攻，但德国总司令部认为在约旦东部山区部署一个营是可行的。

冯·塞克特

在那些日子里，我的作战规划根本不起作用。

我不明白为什么位于 4000 千米外的斯帕的德军总司令部希望确定一个营在战线上的位置。在巴勒斯坦战场，战术因素占主导地位。

我回答说：

  早在 6 月 7 日，天气变得很热的时候，我就把驻扎在约旦河谷的德军部队中的第一百四十六营、七百零三营和第二百零五工兵连撤回到约旦东西部的山区。

我被迫将往来电报的措辞重述一遍，以便对事件做出准确的判断。

6 月 15 日，恩维尔发来了电报：

  鉴于目前的局势，德军总司令部正在考虑从巴勒斯坦撤出所有德军部队，并已下令撤出步枪营。目前还没有关于德国军队进一步撤离的细节。

  等与德军总司令部谈判后解决了问题，我再征求阁下的意见。

恩维尔
土军总司令部第 1210 号文件
机密

上述电报于 12 时到达纳布卢斯。6 月 16 日中午，我立即回复恩维尔。电报的内容如下：

纳布卢斯

1918 年 6 月 16 日

经拿撒勒收

纳布卢斯，1918 年 6 月 12 日下午 2 时，收到您的第 1210 号机密文件。我很荣幸地承认，如果德军总司令部认为有必要把德国军队撤回到决定整个战争走向的德国西线，当然就必须这样做，不管对这个战场上的后果有多么不利。

但是，如果这里的德国军队被撤往高加索地区或另一个土耳其战场，那就违背了我接受阁下指挥的条件。

在这种情况下，我不得不立即放弃对吉尔德里姆的指挥，因为有关的命令肯定是根据巴勒斯坦前线局势完全错误的报告做出的，并将带来无法估量的后果。

在这种情况下，我决不会对英国下一次大规模进攻时绝对必要的撤退以及对巴勒斯坦和叙利亚的逐步防御负责。

这里的情况是，德国军队已经成为所有进一步行动的支柱。

只有在德国军队的帮助下，我们才击退了 4 月 10 日和 12 日英军在拉法尔（Rafal）和贝鲁金的大规模进攻，并赢得了两次约旦战斗。

在 6 月 7 日至 9 日对海岸地区进行的最后一次大进攻中，步枪营是整个集团军的唯一预备部队，最后不得不投入战斗。

经过过去 3 个月持续的艰苦战斗和惨重的损失后，土耳其最强大的团除拥有机枪外，平均拥有 350~400 支步枪，而许多土耳其团的实力较弱。

敌人方面，800~1000 人的印度营经过部分兵力补充人数增加，印度营目前打得很好。在步兵方面，敌人比我们要强 3~4 倍。在炮兵方面，敌人比我们强得更多。

外约旦地区的敌对阿拉伯人在英国的组织下正组建出越来越多的正规作战部队。

这些是真实的情况。

德国军队的撤离给予我们并肩作战的土耳其军队带来的负面影响是

不可估量的，而且还会对那些目前对德国军官和军队怀有极大敬意的阿拉伯人的立场产生更大的影响。

只有在决定性的德国西线战场使用德国军队才能证明这样的后果是合理的，这将决定一切，包括土耳其的命运，但绝不能在另一个土耳其战区使用他们。

利曼·冯·桑德斯

收到恩维尔在 15 日发来的电报后，我自然以为他在做出决定之前会等我的答复。事实并非如此。6 月 16 日下午 5 时 10 分，在我回复之前，土耳其总参谋长从君士坦丁堡给我发了电报，内容如下：

君士坦丁堡　6 月 16 日 17 时 10 分

毫无疑问，德国总司令部已决定从巴勒斯坦逐步撤出所有德国部队。第一百四十六步兵团将在跟随第十一步兵营相继离开。

更多的内容指出，在有代表提出意见后，吉尔德里姆所需要的特别部队和编队可能不会撤出。从高加索派来一个师和从士麦那派来另一个师给集团军将不会很快实现。

我毫无疑问地知道，这些师还需要几个月的时间才能到达。

我给恩维尔发电报进行回复，他在没有听取我的意见的情况下就做出了撤出德国战斗部队的重要决定。

20 日上午，我给德国驻土耳其大使发了以下电报。伯恩斯托夫伯爵于 20 日中午在德国大使馆收到电报：

大使伯恩斯托夫伯爵

1918 年 6 月 20 日

君士坦丁堡

我作为陛下的代表，不得不通知阁下，德国的军事和政治利益正受到严重损害，因为土军总司令部在处理有关吉尔德里姆中德国部队的决定性问题时，没有听取我作为吉尔德里姆负责人的意见。该集团军是在德国的理念和支援的基础上建立的，我还作为德国军事顾问团负责人在第一线负责在土耳其的德国军队。土耳其总司令部已下令将所有德国部队和编队撤出巴勒斯坦。这一举措很快就会导致巴勒斯坦阵线的崩溃，其政治后果将由德国承担。只有用德国的军事力量和声望来支持土耳其人，才有可能保护巴勒斯坦的一大部分和整个叙利亚地区，而只有德国的军事力量和声望才能给阿拉伯人的未来提供保障。

随着这些部队的撤离，阿拉伯人将不再拒绝英国的控制和黄金。

我麾下每一位了解情况的德国军官都持有完全相同的观点。

这里的土耳其军队无法独自守住前线。其他事件充分表明，当土耳其军队撤退时，将会发生什么。此外，现在的士兵营养不良，士兵的衣服和鞋子破破烂烂。

如果所提到的计划得以执行，所有这些事情很快就会发生。

相关的负责部门通知我，由于铁路的运输设备非常有限，德国军队的运输方式也发生了变化，将不可能向剩余的部队提供战争物资和生活物资。

根据军事顾问团协议赋予我的权力，作为顾问团负责人，以及1914 年 8 月 2 日的联盟条约赋予我的“有效影响力”的具体权力。我有责任声明，土耳其军队目前的状态不允许进行远距离的进攻行动，比如在外高加索地区的作战计划。

如今，土耳其逃兵的数量比正在服役的武装人员的数量还要多。土耳其人永远无法保证军队的生存。经常许下诺言，又背弃诺言。

军队的服装供应是如此的糟糕，许多军官穿着破旧的制服，甚至连营长都不得不穿战袍（tscharilks）代替靴子。德国人和奥地利人尽可能提供帮助，但在很大的需求面前，这些帮助微不足道。

根据来自驻伊拉克的土耳其第六军团德国军官向普鲁士战争部发送的报告，截至 1918 年 4 月，该军团已有 17000 人死于饥饿。

任何远大的事业都不应该建立在这样的土耳其条件上。任何了解土耳其军队的人都知道他们必然失败。

在我紧急警告过的向波斯的进攻中,土耳其人失去了巴格达。在吉尔德勒姆的进攻计划中,土耳其人失去了耶路撒冷,现在,在横贯高加索的没有希望的进攻之路中,他们将失去整个阿拉伯地区。

这一责任总有一天会落在德国的肩上。

土耳其国家和军队需要的是内部团结,而不是遥不可及的征服计划。

这是我在土耳其军队服役4年半后,基于对土耳其军队的准确了解而得出的结论。

如果德国军队和编队是为了在其他土耳其战场上作战,不顾我的抗议从这里撤出,我将立即放弃对吉尔德里姆的指挥权。这是为了不让德国将军对土耳其完全无法维持的情况负责,因为土耳其人要为此付出丧失几个省的代价。

请阁下将此事告知德皇陛下,我将立即发电报报告此事。

利曼·冯·桑德斯

恩维尔下午3时10分发了电报,他说他没有考虑要把德国军队从巴勒斯坦派到另一个土耳其战场。他想知道我是怎么想到这个主意的。

如上所述,6月11日以来,我从军事顾问团中得知,步枪营将被派往格鲁吉亚。6月21日,伯恩斯托夫伯爵给我发了电报,说要把步枪营派到格鲁吉亚去。电报内容如下:

利曼·冯·桑德斯阁下
吉尔德里姆总部
1918年6月21日

我最真诚地感谢阁下对我的信任。然而,我认为您对事实的认识有些错误。

德军总司令部只命令了把一个营派往格鲁吉亚。

这不是土耳其的意愿问题，而是为了在高加索地区建立秩序，使目前在那里的土耳其军队可以通过乌鲁米亚和大不里士进军美索不达米亚。

我很高兴在任何时候就我们最关心的问题与阁下交流。

伯恩斯托夫

我当时的答复是：

伯恩斯托夫大使

君士坦丁堡

1918 年 6 月 21 日

谢谢阁下，我想说明阁下对这些事件的了解是完全错误的。这里的一个事实是，根据土耳其总司令部的命令，所有在巴勒斯坦前线的德国军队，包括步兵营，都要运回君士坦丁堡。

由于没有德国军队我军就无法控制巴勒斯坦，其结果将是战局崩溃，我已在昨天的电报中向阁下说明了这一情况。尽管我坚决反对，并提到了会导致的后果，但土耳其总司令部没有做出任何改变，因此我今天通知恩维尔帕夏，我将放弃对吉尔德里姆的指挥权。

利曼·冯·桑德斯

6 月 21 日下午 5 时

6 月 21 日，鲁登道夫将军发电报说，他们打算在外高加索地区使用步枪营。

似乎很难相信恩维尔对在高加索地区步枪营的使用一无所知。

在接下来的电报中，我通知恩维尔我正在下命令。

恩维尔帕夏

君士坦丁堡

1918 年 6 月 21 日

阁下，我谨作如下答复：

在安排德国军队从巴勒斯坦前线撤出的细节之前，正如第 1213 号机密文件所写的那样，我作为对 F 集团军负责的总司令，应该被咨询关于这种撤退的可能性和途径。

同样，我作为军事顾问团团长，也该负责照管在土耳其的德国军队。

第一次从巴勒斯坦前线撤出德国军队是在 5 月初，理由是卫生问题。

我强烈反对这一举措，因为其必要性只有我一个人可以做出判断。我从君士坦丁堡的可靠消息得知，土耳其当局打算在外高加索地区使用第十一步兵营，这一消息也被德军总司令部第 8758 号电报证实。

据我所知，无论是 6 月 16 日还是 6 月 20 日，德国总司令部都没有考虑过要撤出的德国军队的运输问题。问题是很难找到德国军队的替代者。

如果有人听从我的建议，替换的问题永远不会导致德国军队被运送到君士坦丁堡问题的发生。

不幸的是，毫无疑问，土军总司令部发布的消息是完全错误的。在我掌握的许多证据中，我只引用以下的内容（关于约旦战斗的部分）。

由于我坚决反对，情况才有所改善。自从接受巴勒斯坦阵线的指挥权以来，阁下的总司令部就不断给我设置障碍。在土耳其的德国军队的调整应由德国当局恰当进行，现在所做的已经超出了一切界限。

没有给我一个解释的机会，就会下达命令让我最宝贵的军队撤退，没有这些军队，前线就无法维持。剩余德国军队的撤退将导致土耳其的战争无法继续，根据第 1213 号机密文件，这是意料之中的。我的反对没有得到任何考虑。

因此，我不得不要求放弃对 F 集团军的指挥权。

我请求阁下将此通知素丹，我进一步请求立即将指挥权移交。杰瓦德帕夏是 3 位军队将领中的高级将领。我的辞呈已呈送皇帝和国王陛下①。

利曼·冯·桑德斯

6 月 22 日上午，我通过军事内阁首脑向德皇报告，我被迫解除对吉尔德里姆的指挥权。

那天晚上，恩维尔发来一封内容和语气都很不得体的电报，我最好把它略去。

第二天，6 月 23 日，我收到了德国总参谋部的命令：

陛下不能同意你的辞职，并要求你继续留任，直到有进一步的命令。

奉陛下之命
军事内阁首脑
冯·林克尔男爵（Frhr von Lxncker）

在 7 月 7 日内阁的一份信函中，这一决定被重复并加以解释。

我被迫留在了我的岗位上。

随后几天，步枪营的小规模运输工作开始。在前往巴勒斯坦前线途中的德军增援部队，特别是炮兵部队在到达大马士革后，就在铁路上被拦截送回君士坦丁堡。

我要补充说，我最近接到步枪营指挥官的报告，在这场战争中他们不再在前线服役。起初步枪营被撤回到塞尔维亚的弗拉涅②（Vranja），后来又撤回到上西里西亚。为了适应在热带地区作战，步枪营的装备花费了几十万马克。

---

① 从 1871 年德意志统一到 1918 年第一次世界大战结束，德意志帝国皇帝都由普鲁士国王担任，所以才有皇帝和国王陛下之说。——译者注

② 弗拉涅，塞尔维亚南部城市。——译者注

　　第一百四十六步兵团的运送工作仍在等待德军总司令部的决定。

　　6月，冯·克雷斯将军和许多德国军官被派往第比利斯①，不久之后又有不同的德国军队跟随，这支德国部队还装备了装甲火车。虽然吉尔德里姆急需这些武器，但却没有得到。

　　吉尔德里姆不得不尽其所能自救。这个月，在巴勒贝克②的第十三辎重团，由伍尔特·冯·伍尔特诺（Würth von Wüirthenau）少校领导被带到拿撒勒。在训练过的那部分军队被送到前线后，除阿拉伯人以外，再也没有人能补充兵力了。在布莱尔（Blell）少校的带领下，第十七辎重团从拿撒勒调到海法，打算在那里组成一个完整的后备师，在夏季部署在集团军右翼后方。

　　6月在巴勒斯坦前线没有发生进一步的战斗。此外，谢里夫费萨尔指挥下的阿拉伯部队在约旦东部地区的军事活动次数继续增加。

　　冯·伦特将军是我在君士坦丁堡军事顾问团的代表，他的职位在6月的内阁沟通中被确定。作为团长，我只保留对一般原则的决定，这完全符合我的意愿。我目前在拿撒勒的工作地和君士坦丁堡之间的距离是如此之远，以至于无法处理细节问题。冯·伦特将军被任命为达夫上校的参谋长。

　　在格勒斯曼将军被召回德国另就他职之后，第六军团的其他德国军事人员也被派到军事顾问团之中开展工作。

---

① 第比利斯，今天的格鲁吉亚首都。——译者注
② 巴勒贝克，今天的黎巴嫩东北部城镇。——译者注

第二十章　1918年7月的战况

炎热季节，人们越来越感到第七军团和第八军团的战线拉得过长，因为没有可以增援的师。在这条松散战线的许多地方，敌军炮火和飞机的轰炸使部队得不到休整。此外，盛夏时节，部队必须经常在数千米外的地方取水，因为很难把后方为数不多的部队组织起来，为前方部队提供所需的用水。战马和拉车的驮畜非常缺水，它们经常要走很远的路，每天只能给它们喂一次水。在这个干旱的国家里，德国各种各样的取水钻探编队不知疲倦地工作，但收效甚微。

只有第四军团接管第七军团在约旦河西岸的阵地，第七军团和第八军团的战线才有可能缩短。由于第四军团没有后备部队，这只能利用在埃雷和其西南的后方腹地的部队。

而要做到这一点，就必须先把敌人在马拉贝和这座山两边的前沿哨所赶回下奥贾（lower Auja）。

与此同时，如果在这里取得成功，将使英军以夺取约旦东部地区的第三次进攻变得不可能，因为这使英军的部署空间过于狭窄。

在马拉贝前发起一次突然攻击一定会让敌人吃惊，必须阻止英国大量增援部队及时到达。这支部队的指挥权交给了阿里·福阿德帕夏，他是第二十军的司令。德军第七百零二步枪营和第七百零三步枪营分配给了他，这是仅剩余的步枪营。负责这次进攻的土耳其部队包括在这个区域的第五十三师、第二十四师和第三骑兵师。第二十四师现在有1000支步枪，该师的优秀领导者伯梅上校不幸生病了。第三骑兵师有两个实力很弱的团。

吉尔德里姆已下令在 6 月 13 日到 6 月 14 日夜间发动袭击，主要攻击目标是马拉贝及其两侧。同时在瓦迪梅拉哈（Wadi Mellaha）河和约旦之间的狭窄三角洲进行的第二次袭击，目标是将英国军队从这一区域赶走。对于第二次进攻行动，第四军团要出动德军第一百四十六步兵团的两个连和两个土耳其营。阿里·福阿德帕夏还打算在约旦河下游进行公开的行军，以引起敌人的注意。

尽管敌人的飞机占优势，但集中进攻的兵力和准备工作仍然不被敌人发现。

阿里·福阿德帕夏把步枪连和两个德国营部署在正面，右翼是土耳其第五十八团和第一百六十三团，左翼是土耳其第三十二团，土耳其第二团在正面阵地后方。

夜间，部队被带到了离敌人更近的地方，并且没有被发现，他们被命令在凌晨 3 时开始进攻。就在这个时候，德国步兵前进了，以微不足道的损失占领了敌人的第一个阵地，继而攻入了敌人的第二个阵地，并在一定程度上进入了奥贾以北分散的英国营地。敌人的炮击来得太晚了。

不幸的是，由于土耳其步兵的彻底失败导致德国军队陷入了困境。第五十八团已经前进了大约 300 米，这时英军前线传来微弱的炮火。该团立即停止前进，不再开展进一步的进攻。在它的右边，第一百六十三团向前推进了大约 3 千米，该团遇到了明显的抵抗，因为第五十八团不在其左边增援，便停止了攻击。

第三十二步兵团在德军左侧推进，该团第一次前进时已经爬到半山腰接近中心地带，但还是被敌人小规模守备部队的火力阻挡。他们没有像特别命令规定的那样向前推进，而是在正面攻击的部队停止时选择停止。当敌人用大炮攻击时，正面攻击的部队撤退到山脚下。该团立刻也跟着向后撤。

第二团跟随在正面进攻的部队的后方。但阿里·福阿德帕夏害怕失败，于是就在后方 4 千米处停了下来。

天亮时，德国连队独自作战，一部分是在英国第二条防线，一部分是在英国营地作战，只有少数英军部队在那里进行了顽强抵抗。

如果土耳其军队和德国人并肩前进，就会以很小的损失占领马拉贝和毗邻的英国防线。

英国的增援部队很快从四面八方赶来，其中大部分是澳大利亚人。英国运输部门运转得很正常。德军部队缴获了一门步兵炮和几挺机枪，进行殊死抵抗，由于没有得到任何形式的增援，最后不得不退出战斗。

土耳其步兵也没有采取任何行动来支援德军部队，所以在撤退时，德军部队受到了来自后方和两翼敌军猛烈的火力攻击，损失很大。第七百零三步兵营的优秀指挥官格雷斯曼上尉英勇牺牲。那个勇敢的步枪连几乎全部阵亡。当然，土耳其人几乎没有任何损失。德军人撤退到他们最初阵地的后方。

我们在瓦迪梅拉哈和约旦之间进行的第二次进攻很快受阻，澳大利亚骑兵正在威胁我们的右翼。第三骑兵师没有参战的原因是第二十军的指挥官把它留了下来，以便与后方而不是前线的主攻部队联系。这次进攻以略微推进而结束。

在我收到最矛盾和最不正确的报告后，我意识到由于英国增援部队的持续到来，最初的目标已经无法实现，这一点我可以清楚地看到。因此，我拒绝了阿里·福阿德帕夏让所有部队在中午重新发动进攻的建议。这场战斗注定会以失败而告终，因为土耳其军队在早上完全失败了，而获得胜利本来是很容易的。

第四军团取得了比较有利的结果，表现出强大的战斗力。第八军炮兵在这一行动中发挥了重要作用。整个前线的小股步兵分遣队向前推进到前哨线之外，与敌人交战。冯·舍尔施泰特（von Schierstaedt）上校的骑兵旅带着由冯·赛多上尉指挥的机枪分队以及德国工兵连在中午时分向耶稣受洗地推进，一支强大的敌军骑兵部队和装甲车向舍尔施泰特的骑兵旅发动冲击。冷静的德军指挥官让他们靠近，用毁灭性的炮火迎接他们，敌军骑兵在损失惨重后被迫撤退。

不久后，印度骑兵师即卢特菲（Lutfi）师遭遇了更大的逆转。该师从桥头推进，部署在第八军前线的南部。但该师在近距离攻击中被打散。印度骑兵师的残兵狼狈地奔向约旦河上的桥，许多战马被土耳其人缴获。

那天可怕的炎热天气阻碍了土军进一步的行动。温度计显示为 131 华氏度（相当于 55 摄氏度）。英军直到傍晚才进行反击。深夜，敌人企图分割舍尔施泰特骑兵旅的部队，将其一分为二，但失败了，只可惜第十一土耳其骑兵团的部分成员在黑暗中与主力部队失去联系，连同他们的团长一起被英军俘虏了。

没有什么比 7 月 14 日的这些事件更能证明土耳其军队作战效率的下降了。在过去的几年里，发生在这里的事情是不可能发生在我指挥的任何一支部队身上的。从目前我对这些团已经恶化的情况来看，这些团所能期望的极限是可以坚守阵地，抵抗敌人的进攻。因此，我放弃了用第一百四十六步兵团的一个营重新占领海岸地区一些沙丘的想法。

对土耳其军队战斗力有相当大影响的事情是，我指挥下的许多土耳其军官要到东高加索地区服役。恩维尔发布的一项法令向军官们承诺，如果自愿在东高加索地区服役，将有晋升和拿双倍工资的好处。许多这里的军官离开是很自然的，因为在吉尔德里姆他们没有工资，生活在对家人的担心中。军官从严峻的前线调到一个舒适得多、在很长一段时间内都不会发生战争的战区服役时，就会得到晋升和加薪，这在世界军事史上永远是独一无二的事。在斯坦布尔①（Stambul）的大火之后，军官更加缺乏，他们因家人无家可归而被迫休假。根据土耳其的传统，这种休假的理由是不能拒绝的。不幸的是，他们在几个月内都是不可能回归的。

7 月，我们在前线采取的进一步行动没有什么决定性意义。第七百零二营和第七百零三营撤退到纳布卢斯以西的山谷。最后一支步枪连队在恢复到大约 120 人后，被运送到君士坦丁堡。

敌对的阿拉伯人军队继续在约旦东部地区活动。7 月，门齐尔（Menzil）、阿尼斯（Anese）和瓦迪施沙尔（Wadi esch Scha）被他们袭击得手。7 月 20 日和 21 日，他们对马安发动了一次更大规模的进攻，但被

---

① 斯坦布尔属于土耳其首都老城区，位于金角湾南岸。——译者注

击退。7 月 21 日和 22 日，阿拉伯人带着 2000 名正规军、600 名贝都因人、12 门大炮和大量的机枪，试图占领迪亚拉顿（Diardun）火车站，但是被击退。阿拉伯人在攻占迪亚拉顿火车站的战斗中有 24 名军官和大约 200 人阵亡。

第二十一章　1918年8月的战况

　　8月1日，我向吉尔德里姆总军需官鲁德洛夫（Ludloff）少校发出书面指示，要求他向斯帕的德军总司令部汇报，他在德军总司令部接到这个指示。这是通过军事顾问团的官方渠道发给他的，并解释了吉尔德里姆总部对当前局势的看法。

德夫上校给鲁德洛夫少校

柏林

1918 年 8 月 1 日

　　正如您所预见的那样，君士坦丁堡做出的承诺对我们军队的供应没有产生任何影响［与担任供应主任的瓦利塔奇辛（Tachsin）贝伊有关］。

　　根据我和卡齐姆的看法，我们不可能在任何一段时间内守住前线的真正原因是，现有的资源已不再允许土耳其在这里和东高加索地区两个战场上同时开展军事行动。我们向东高加索地区输送了许多本应供应给这个战区的东西。有了煤的供应，军队交通运输可能得以维持，但这些煤被用于黑海地区。7月26日和30日，阿勒颇到里亚各的铁路线无法运行任何列车。

　　请告知德国领导人和普鲁士战争部我的观点。我不愿为君士坦丁堡继续推行的错误措施承担责任。

　　我深信，东高加索地区的作战行动目标不确定，必然会失败。自战争开始以来，土耳其在这一地区过去的所有作战都失败了，但我的建议从未被倾听过，在这种情况下也不会被倾听，为时已晚。土耳其的军事物资严重不足，但德军总司令部却大大高估这一情况。

如果希望守住这条战线，第一百四十六步兵团就必须留在这里。过去几天的印度战俘和逃兵已经说德国军队正在撤离，他们还被告知，英军将对付仍然存在的德国军队，而印度军队将迅速对付弱小无能的土耳其军队。请毫无保留地传达上述内容。

利曼·冯·桑德斯

给德夫上校的附言：请将我的上述观点转告德国大使，因为必须采取果断措施，不能半途而废。

6 月 24 日，德国总司令部批准给在东高加索地区的土耳其军队任命一名德国参谋长，并把一些德国参谋军官派到这里。冯·基斯林（von Kiessling）少校以前是陆军元帅戈尔兹的手下，后来在巴勒斯坦前线表现良好，他被任命到高加索土耳其军团服务，他婉拒了我的合作请求。现在这个职位将由第七军团参谋长冯·法肯豪森少校担任，他反对这个任命。哈利勒帕夏的参谋长帕拉昆（Paraquin）少校被任命。东高加索的参谋长是从急需他的德国西线战场调来的。

我会尽量简单地解释一下，土耳其的政治目标是如何真正地着眼于高加索地区的经济利益以及将大量土耳其军队分遣到外高加索和阿塞拜疆，从而影响了巴勒斯坦前线的局势。

1918 年仲夏，6 个强大的土耳其师或在高加索地区或在阿塞拜疆，或在去这两个地方的途中，其中有些师的兵员人数有 9000 多人。将这些部队、后备部队、战争物资和生活用品运往那个战场，一连几个月消耗了大量的煤，而这些煤本可以将大批部队从君士坦丁堡运往阿勒颇。从君士坦丁堡经由黑海到巴统的距离约为 1100 千米，而从巴统到第比利斯和塔普里兹（Tapriz）的铁路交通距离约为 850 千米。

我不想讨论是否仅仅通过东高加索军团推行泛伊斯兰计划的问题或者英国是否会在波斯北部建立新的战线的问题，或者正如 6 月 21 日伯恩斯托夫伯爵所发的电报那样，其隐秘的目标是将这些军队运送到美索不达米亚。

在我看来，我们的战线已经太长了。一个在人数上处于劣势的军队强迫一个人数优势明显的军队形成新的战线是不可取的。

在处境艰难的巴勒斯坦战场上迫切需要军队，本应打消这种想法。

无论如何，毫无疑问的是，由于上述行动，土军总司令部没有向巴勒斯坦派遣足够的部队。

同样不容置疑的是，由于这些相同的行动，没有把足够的后备人员补充到 F 集团军。

此外，所需的战争物资不能送到巴勒斯坦，因为这些物资被用于另一个对战争前景没有任何影响的战场，为在叙利亚和阿拉伯地区的部队购买生活必需品的资金被用于其他目的。

为了永远驳斥"即使有足够的煤，通过铁路也不可能向阿勒颇输送更多军队或更多物资"的说法，我指出 1917 年夏天从君士坦丁堡和艾丁向阿勒颇运送了 6 个土耳其师的事实。我引用下列数据，这些数据无可辩驳地表明了这些情况。

那时，从德国到君士坦丁堡的运煤火车每周有 14 列。君士坦丁堡的供水、照明和交通安排使用了 7 列火车。其余的货物运输都依靠安纳托利亚铁路，除了每月大约 2500 吨煤用于黑海航行，主要用于东高加索行动。在土耳其开采的煤（索玛的日产量从 300 吨提高到 500 吨）大部分用于工业，或修建在君士坦丁堡或士麦那的铁路或航运。1917 年，这些煤中的一部分被作为运送军队到阿勒颇火车的燃料。

从阿勒斯开始，派往巴勒斯坦前线的师可能像往常一样，行军到前线或者只给发放一小部分煤，这其中的大部分部队可以通过铁路运输。1918 年夏天，阿勒颇和大马士革每周的报道中都有这样一句话：没有煤。

1918 年春天，我们对叙利亚和巴勒斯坦的铁路运输能力进行了一个简单的比较。铁路部门用最后的储备煤炭，将集结在托罗斯山脉以南的部队和物资运送到前线，把这种情况与铁路在盛夏没有煤的时候的运输能力进行对比，就可以为驳斥上面的错误说法提供无法辩驳的证据。

下表将 1918 年 5 月德拉至大马士革段三周内铁路运输的情况与 8~9 月三周内的工作情况作比较：

每日的平均运输量

5 月 8 日至 14 日	6271 吨	8 月 14 日至 20 日	2314 吨
5 月 15 日至 21 日	6975 吨	8 月 21 日至 27 日	2364 吨
5 月 22 日至 28 日	6707 吨	8 月 28 日至 9 月 2 日	2391 吨

在叙利亚和巴勒斯坦地区，为维持这条铁路运行，采购木材变得越来越困难，因为在过去的几年里，铁路附近任何地方的木材供应都用完了，从远处运木材的运输工具也很少。当吉尔德里姆为了采购木材而从补给站派遣许多小分队时，大部分士兵在一周内就出逃了，他们经常得到反叛平民的帮助。到最后，必须砍伐巴勒斯坦地区的橄榄种植园，甚至用葡萄藤来作为机车的燃料。众所周知，用木头代替煤是不合适的。

8 月，巴勒斯坦前线交通运输不便的情况在许多方面都产生了影响。从 8 月 12 日开始，6 月 16 日，土耳其总司令部在发来的电报中承诺的第四十七师和第三十七高加索师的第一批增援部队，开始以小分队的形式行军，但速度很慢，一周只运送到一个营。炮兵弹药的运输拖延得如此之久，以至于指定的弹药无处可寻，而且必须严格控制每门炮发射的每一发炮弹。食物的供应是如此的不足，部队经常没有足够的食物以备第二天食用。

由于食物不足，8 月里逃亡到后方的人越来越多。为在一定程度上遏制他们，第八军团规定，只有在第一线的部队才有足够的食物，后方部队的给养会越来越少。任何士兵都会承认这些措施是可悲的。

8 月 10 日，卢德洛夫少校从柏林发来报告说，他已经说服德军总司令部暂时将第一百四十六步兵团留在土耳其。他补充说，普鲁士战争部反对德国军队的撤退，而伯恩斯托夫伯爵曾紧急要求增援 3~4 个营，但没有成功。

8 月 4 日，英国人在海岸地区发动一次小规模的进攻，没有给我军造成多大损失就被击退了。

8 月 12 日晚上 10 时，经过长时间的猛烈轰炸，英国人袭击了土耳其军队在耶路撒冷到纳布卢斯公路两侧的据点。战斗很激烈，场面很血腥，一直持续到第二天凌晨 4 时。在公路以东，敌人在到达土耳其阵地之前就被击退了。在公路以西，敌人攻占土耳其阵地的一部分，但在我军激烈的反攻中被击退。3 个营的敌方部队进攻公路以东，7 个营的英国人和印度人部队进攻公路以西。整个阵地仍然掌握在我们手中，我们没有失去一寸阵地。

土耳其士兵用嫉妒的眼光看着阵亡的英国士兵和英军俘虏的毛毡靴子鞋底，他们的鞋底被牢牢钉上毛毡为了消减在岩石地面上行军的声音，而土耳其士兵他们自己的脚经常用破布裹着，或者顶多也就是穿着"破鞋"，即用绳子捆着动物的皮。许多军官也没有多余的鞋袜。

海岸地区的第十九师由于疟疾已经在 8 月 7 日被驻扎在西部山区的第七师替换。步兵巡逻队经常回来时脚上流满鲜血，却什么也没做成，因为他们的"鞋子"很糟糕，不能在石质斜坡上行进，虽然在沿海地区，但他们的装备还勉强够用。

8 月 19~20 日，炮兵在进行充分的准备之后，英军在海岸的沙丘地带发动一次更猛烈的进攻。第七师在其勇敢的指挥官纳绥（Nashui）贝伊的带领下驻扎在那里。经过几次血腥的肉搏战，他们击退了英军进攻。世界大战一开始，纳绥贝伊就成了俄国人的俘虏。经过许多次冒险之后，他终于经中国回到土耳其。英国人似乎从他们的间谍那里得知了土耳其两个师的换防情况，想要在开阔的海岸地带上检验新部队的战斗力。

当我得知托罗斯山脉隧道将在 9 月下旬关闭直到隧道的最后一部分完工后，于 8 月 17 日向恩维尔帕夏发出以下电报，并将副本寄给德国驻土耳其大使，请他转交给德军总司令部：

恩维尔帕夏

君士坦丁堡

1918 年 8 月 17 日

众所周知，从 9 月 21 日开始，托罗斯山脉隧道将关闭 10 天。

通过间谍活动，英国人对我军前后的一切情况了如指掌，可以想当然地认为，他们已经知道隧道已被关闭，隧道是吉尔德里姆唯一的交通运输通道，英国人正计划把这一点变成他们的优势。

正如我在另一封电报中向您报告的那样，我们可能会预料到在海岸地区会有一场大的袭击活动，在隧道关闭之后，可能还会有其他大的袭击活动。

在这种情况下，我们将缺乏弹药、其他必要的后备部队和物资补充，除非我们现在尽一切努力来储备托罗斯山脉以南地区需要的各种大量物资。

阁下负责的土军总司令部并没有考虑到这一点，也没有满足集团军的迫切需要，然而，已经下达了相反命令。

不顾我们的抗议，我们要求在托罗斯山脉地区开通 9 列火车，现在只开通了 4 列。

我请求阁下，为了在这里英勇作战的 3 个军团的利益，确保吉尔德里姆的绝对需求得到满足。

由于缺少木材，从阿勒颇出发的运输通道的中断是暂时的，我们已采取措施予以补救。

在我看来，运输中断绝不应成为不提供物资、人员补充的理由，从现在起到 5 周后的补充是非常重要的。

利曼·冯·桑德斯

D. A. 113 机密

8 月 19 日，我收到了鲁登道夫将军 8 月 3 日的一封私人信件，鉴于许多相互矛盾的报告，他要求我就叙利亚和巴勒斯坦的军事、政治和经济状况发表个人看法，我在 8 月 22 日的报告中解释了这一情况。我还谈到东高加索地区的行动对巴勒斯坦战线的不利影响，并说明了土耳其糟糕的政治和经济状况。

我在随后附上的一封私人信件中表达了我对前线战斗的担忧，声明我们只能在有限时间内战斗，战斗再也不能在军备不充分的情况下展开。

很明显，我们必须预料到敌人在沿海地区会发动一次大的袭击行动。根据过去的经验，我希望我们能挺过去，虽然战线可能在某些地方会被摧毁。但是，如果我们在约旦或约旦以东被打败，集团军的形势将变得危急。撤退到基地（通过德拉和大马士革的交通）是不可能的，因为距离这个基地太远了。力量不断增强的敌对的阿拉伯人对这些交通线的破坏更厉害了。

8月下半段，第四军团指挥官杰马尔帕夏通知我，谢里夫费萨尔表示只要他得到土耳其政府的明确保证，即成立一个阿拉伯国家，他愿意用他的部队接管驻守约旦的第四军团的防线对抗英国。根据谢里夫费萨尔的陈述，英国正在沿海地区准备发动一次大规模进攻，在这种情况下，第四军团的部队将可以加强海岸地区与约旦之间的前线联系。我通过我的土耳其参谋长卡齐姆将军指示杰马尔帕夏将军就此展开谈判。

关于这件事，恩维尔和杰马尔都没有给我消息，也没有给我答复。因此，我无法判断谢里夫费萨尔提议的诚意或真实度。从我的土耳其参谋的报告中，我感觉到土耳其人不信任谢里夫费萨尔的这个提议，认为这只是一个把我们在约旦的阵地交到阿拉伯人手中的诡计，而英国人的主要进攻方向是在沿海地区，或是在沿海和约旦之间的地区。

为说明英军与吉尔德里姆腹地的关系，我引述德国驻大马士革总领事向其上级所写并与我交流的两份报告的摘要。他在8月19日所写的报告内容如下：

在约两个月的时间里，有组织的商队车辆从亚喀巴出发，穿过德鲁兹山区的华伦。糖、咖啡、棉织品被运进来，杏酱还有来自华伦的大量粮食被运出去。从亚喀巴来的大篷车在这里提前几周就被知道了，并被公开讨论。这些货物是由商队首领卖掉用来换取黄金，而不是委托给任何特定的接收者。首领们还在这里购买英国纸币，这些纸币和敌人的其他有价证券一样，是从君士坦丁堡大量运到这里的。

布罗德医生

同样在 8 月 22 日所写的报告内容如下：

如我在前几次向阁下提交的报告中所述，几个月来，大马士革和亚喀巴之间以华伦为中间站的人员和货物的定期与每日的运输一直在更开放地进行。华伦当地大约有 3 万名全副武装的战士，在过去几年里至少有相当数量的武装团伙加入他们，其中大部分是逃兵。

自从瓦利特钦贝伊（T'achsin Bei）离开后，这里完全陷入无政府状态，其后果之一是公路抢劫的事件增多。当局对来往的敌方车辆袖手旁观。许多官员可能正在从中获利。叙利亚人对协约国持友好态度，因此更倾向于帮助敌人。因为不会比现在更危险，他们会很乐意利用这个机会这么做。我知道许多人从这里安全前往耶路撒冷的案例。这类旅行有固定的旅行社。到开罗的旅程要价 50 英镑，到亚喀巴要价 8 英镑。这里对英国的钞票有很大的需求。

考虑到他们的性格，考虑到英国宣传的进展和土耳其政府的尴尬处境，德鲁兹人似乎正在考虑自己该站在哪一边。我不能冒险发表声明，是否还有可能将他们重新置于土耳其的有效控制之下。鉴于英国人正在为秋天的大进攻做准备（据报道，他们已在亚喀巴建立了大型仓库），这个问题很重要，我不能不通知阁下。

布罗德医生

华伦山脉坐落在约旦河上游东部，在我们从德拉到大马士革铁路的两侧。据估计，华伦地区的德鲁兹人总人口有 8 万~9 万人，总领事报告的武装人员数量可能过高。德鲁兹派是伊斯兰教中被谴责为异端的一个教派，他们认为穆罕默德不是最后的先知，而哈基姆是最后的先知。德鲁兹人是一个好战的民族，一直保持着半独立的状态。

很明显，在撤退的情况下，土耳其军队虽然为了保卫自己的国家而撤离巴勒斯坦，但在任何地方都不会遇到朋友。

第七军团总司令法乌兹帕夏因病在家待了一段时间，8 月 1 日他开始延长休假。第二军团司令尼哈德帕夏暂时接替他的职务，直到8月底之前穆斯塔法·凯末尔帕夏正式接管第七军团。

凯末尔是我在达达尼尔战役中认识的杰出将军，当他到达的时候，他对军队人数少、疲惫不堪的状况感到非常失望，因为恩维尔把情况说得过于乐观，给了他错误的军队人数。

第七军团的参谋长冯·法肯豪森和第四军团的冯·帕彭少校因为气候不适都回德国休假了。

冯·弗兰肯伯格上校是亚洲军司令，同时也是第八军团左翼部队的指挥官，他被召回德国担任指挥官，接替他的是冯·奥彭（von Oppen）上校。

穆斯塔法·凯末尔在他完全没有支援的前线后方派出了第一百零九步兵团的两个营，这是第三十七高加索师的主力部队，该师于8月12日开始抵达。

这是给予巴勒斯坦前线"支持"的典型特点。在离开君士坦丁堡之前，第一百零九步兵团的指挥官和参谋人员被调往东高加索服役，没有得到补充。

第一百零九步兵团第三营士兵在9月3日抵达阿富拉时全部逃走。经过几天的追捕，大部分人在杰宁—梅苏迪路以东的各个城镇被围捕。在到达前线之前，许多身穿土耳其制服的敌军特工在阿富拉站散发传单，引诱土军逃跑。在那里，土耳其的局势被描述为毫无希望的。

英国人非常巧妙地使用了一切可以想象到的手段来影响土耳其士兵的部署。英国人随意使用黄金，阿拉伯人心甘情愿担任他们的中间人，宣传也以公开方式进行。在许多其他种类的文件中，英国飞机扔下了大量插图精美的小册子，展示了被英国囚禁的土耳其士兵享受的良好物质待遇。

这些手段对那些吃不饱、在许多方面没有得到任何关心的人的影响不应被低估。关于德国西线不利局势的夸大消息不断以传单的方式向土耳其人和阿拉伯人散发。

随后，来自前线各个部门的德国军官的报告显示，土耳其士兵在前线某些地方的部署是不可靠的。我在下面引用两名军官的陈述，他们在战争中被证明是冷静的观察者和值得信赖的证人。这两份报告都来自沿海地区，提到的是 8 月底和 9 月的情况。海登（Heiden）中尉写道：

> 土耳其人厌倦了战争，不愿意打仗，土耳其士兵的大量出逃就是明证。这些逃兵不仅带走了步枪和手榴弹，还带走了机枪。第八军团司令部采取了积极的措施在后方保卫国家，但是必须用卡车和武装的步兵去抓捕这些逃兵。这些逃兵们经常一起行动，例如在阿纳贝塔（Anabeta）。我好几次被告知，除非在拜兰节①（Bairam）之前缔结和平，否则士兵们将投靠敌人或逃进沙漠，他们将不再战斗。

里克斯中尉提醒，这一年拜兰节的最后一天是 9 月 18 日。

通过与土耳其部队的接触，我可能还有所有其他人，都知道土耳其人不打算抵抗英军预期中的大规模进攻。于是我回到杰宁的中间仓库，带着不再需要的钻井设备。

在这个炎热的夏天，疟疾和痢疾使许多人丧命，后方所有的医院和疗养院都人满为患。

在约旦河谷，气温经常上升到 131～133 ℉，部队不可能在上午 8 时到下午晚些的时候调动。

土耳其士兵没有可供夏天穿的衣服，他们穿的是用布做的制服，这种制服最好叫作破布。他们遭受了更大的痛苦，因为 3/4 的人已经很长时间没有穿内衣了，他们的衣服紧贴着身体。在多次徒劳的攻击之后，土耳其前线死去的英军士兵或印度人士兵身上的所有衣物很快被抢光，这不能被看作是蓄意的残忍行为。在土耳其士兵看来，这似乎是获得衣服、亚麻布或靴子的唯一途径，所有反对洗劫死者的命令都是徒劳的。在这种时候，欧洲人的训练方式不适合这些人，穿着松散的服装文化很快就被土耳其士兵抛弃了。

当我视察第三骑兵师时，听说他们收到了新制服，我在炎热的约旦河谷

---

① 拜兰节指斋戒月结束后的小拜兰节或斋戒月后第七十天的大拜兰节。——译者注

里发现他们穿着厚厚的布制服，那是第一普鲁士卫队枪骑兵（Uhlans）的制服。该制服是骑兵在君士坦丁堡居家穿着的服装，很可能是那位可怜的指挥官把它当作最后的应急手段。

我非常清楚，最具决定性的战斗即将开始，我回到指挥部那里，我把所有从他们那里调离并在别处使用的部队都交给了指挥官。第七百零二营和七百零三营是从海岸区返回到阿祖（Azzun）的亚洲部队。第一百四十六步兵团的第二营是从海岸区调来的，它驻扎在马哈迪德（Muchalid）作为后备部队，并开始行军加入自己所在的团。土耳其第一百九十一步兵团的两个营，本来是分给第四军团的，现在返回第八军团。

第二十四师插在第五十三师（第七军团布防在左翼的师）和约旦河西岸之间，以缩短约旦河西岸的战线，到那时为止，约旦河西岸的部队一直用1300支步枪守卫着长达15千米的战线。

第二十四师和第三骑兵师接受第四军团的命令，以便在约旦河西岸遇袭时提供支援。这支军队奉命加快在其区域内修建更多的约旦河渡口，并利用一切手段改善从埃雷和萨勒特到达米耶渡口的道路。

我想在这里说明一下，在随后的撤退中第二十四师的这种安排没有发挥作用，但是我们没有其他的办法来获得在7月14日战斗中被剥夺的东西。这是我的判断失误。

敌方特工透露，两个犹太营和一些法国和意大利军队也已经到达巴勒斯坦前线。

第二十二章 敌人1918年9月19日的大进攻

1918 年 9 月初，我从在君士坦丁堡的军事顾问团那里获悉，土耳其新闻界严厉批评俄德关于巴库的条约，并要求通过德国的调解让阿塞拜疆成为一个独立的缓冲国。

我还听说，鉴于土耳其的泛伊斯兰主义计划，德国在外高加索地区推行的贸易政策正在引发土德之间的摩擦。土耳其政府在外高加索地区的过分要求超出了《布列斯特－立托夫斯克和约》的规定，其根据是 1914 年大使冯·万根海姆的一封信，这封信的真实性受到怀疑。土耳其政府声称，作为加入战争的回报，它得到获得巴统、卡尔斯和阿达尔汗的承诺。土方认为，俄国崩溃后，它现在有权获得额外的赔偿。

这些主张在政治上是可以理解的，但在对事关土耳其生存的两个土耳其战线得到充分加强前，应该拒绝给土耳其在外高加索的军事行动提供军事支持。

无论在高加索地区还是在阿塞拜疆，没有敌对势力攻击威胁土耳其。现在不是在波斯北部建立一条对抗英国新战线的时候，这也许在某种程度上可以用来缓解摩苏尔和巴格达之间的土耳其第二前线的压力。

英国在巴勒斯坦和美索不达米亚的军事行动都建立在良好的运输和通信基础上。鉴于土耳其战略资源有限，以冗长的交通运输为基础的行动无法在适当的时间段内穿越高加索和波斯的荒凉地区取得决定性的效果，这样的行动从一开始就注定要失败。

在军事胜利和恢复土耳其军队的行动自由之前，不应以政治目的来决定土耳其的军事决策。

吉尔德里姆目前面临的形势日益严峻。从四面八方不断传来的坏消息，部队已经完全疲惫不堪，牲口和驮畜也渐渐没有了力气。后者是一个非常值得严肃考虑的问题，因为军队的机动性依赖它们。几个月来，这些牲畜的口粮非常不足，每天只有 1~1.5 千克的大麦（如果有的话），而且缺水，现在 3 个军团中都死了几百头牲畜，5 月以来的酷暑造成大片优质牧草枯死。每夜都要把炮台或大炮的位置变换到几百步远的位置，这变得非常困难，因为大部分牲畜都不能再把大炮拉上山或翻山越岭了。

这种情况下，军队指挥官和我收到了 9 月 4 日恩维尔发来的信，信中包含了保护巴勒斯坦前线的战术建议，这给我留下了奇怪的印象。恩维尔和他的军官都没有来过我们前线的步兵阵地。

我在 9 月 7 日回复恩维尔说，这个建议已经被采纳了好几个月了，而且正如我之前告诉他的那样，吉尔德里姆的兵力太少了尤其是步兵。

9 月 11 日，恩维尔承诺为这支军队提供各种帮助，但没有一个得到及时兑现。

为了说明英国在 9 月 19 日对土耳其前线发动重大而具有决定性进攻的情况，我写了一份内容包括 3 月 15 日和 9 月 5 日军队在海岸地区和约旦之间位置的说明清单。该清单显示，战场上的 10 个步兵师中有 8 个已经在前线 6 个月没有得到任何补给，更不用提这些士兵因巴勒斯坦气候中所遭受的痛苦。它进一步表明，除了拥有约 1100 支步枪的第八军团第四十六师外，其他军团都没有一个可供使用的后备师。

每个土耳其师平均有 1300 支步枪。每个师有 9 个营的兵力，每个营平均有 130~150 支步枪。一些营的兵力已达到 180 人，另一些则由于疾病和其他损失而减少到 100 人。

过去几周，逃兵数量惊人地增加。8 月 15 日至 9 月 14 日，第八军团的逃兵人数达到 1100 人。被抓回来的士兵们给的理由一直是：吃不饱、穿不上衣服和穿破衣服。

骑兵团的总人数约为 1200 人。他们的马与其他役畜和驮畜相比，还算过得去。大炮总体上是好的，但是如前所述，牲畜的状态是糟糕的，它们无法进行长时间的移动从而制约了炮兵的移动。

　　约旦前线的第四军团自5月4日以来就没有遭受过攻击，他们的情况稍好一些。沿着希贾兹铁路的前线遭到阿拉伯人的攻击，第四十七师第十二步兵团的前两个营在到达后立即被派往马安火车站。

从地中海沿岸和约旦之间的土耳其军队各师部署情况
1918 年 3 月 15 日

纳布卢斯路西侧　第一师　　　　　比加（Bidja）南面　第四十六师 4 个营

梅奇德尔·贾巴（Medschdel Jaba）　第七师

查·法赛尔（Ch. Fasail）以南　　第五十三师

纳布卢斯铁路　第十一师　　　　　前线步兵团左翼　第三骑兵师

塞尔塔（Serta）南部　第十六师　海岸　高加索骑兵旅作为预备队

海岸　第十九师　　　　　　　　　预备役部队为第二十四师和高加索骑兵旅

海岸　第二十师　　　　　　　　　库巴兰　第二十四师作为预备队

纳布卢斯铁路东侧　第二十六师

1918 年 9 月 15 日

纳布卢斯路西侧　第一师　　　　　费拉米（Felamie）第四十六师是第八军的预备队

海岸　第七师　　　　　　　　　　查·法赛尔以南　第五十三师

纳布卢斯铁路　第十一师　　　　　约旦河谷　第三骑兵师

塞尔塔南部　第十六师　　　　　　约旦河东岸　高加索骑兵旅

梅奇德尔·贾巴　第十九师　　　　预备役部队为第二十四师和高加索骑兵旅

海岸　第二十师　　　　　　　　　只有第四十六师是预备队

约旦河西岸　约旦河谷　第二十四师

纳布卢斯铁路东侧　第二十六师

　　第一师、第七师、第十一师、第十六师、第十九师、第二十师、第二十六师和第五十三师在无援军的情况下在前线战斗了6个多月。

6个月内的没有新的师被部署到这里。

9月15日，第三十七高加索师的4个营抵达，这个师于6月16日作为增援部队被派到第七军团。

附　注

1. 在3月15日至9月15日，下列德国战斗部队到达：第一百四十六步兵团、第二百零五工兵连，两者都加入了第四军团。

第十一步枪营作为吉尔德里姆的后备部队，在到达前线后不久就被送回君士坦丁堡。

两支德国部队和亚洲军的炮兵也赶到了，后者的马匹不得不在内陆地区购买。

3月15日，第七百零三步兵营跟随塔夫勒远征队驻扎在约旦东部，随后重新加入亚洲军，总部设在阿祖。

2. 在9月15日，第四军团的一部分在约旦前线驻守，另一部分沿着希贾兹铁路驻扎。这支军队在9月19日没有受到攻击。在此之前，第四十七师的4个营被派往第四军团作为增援部队。

3. 从4月1日至8月31日，从君士坦丁堡调来3559人的补充兵力，其余的6160名补充兵力来自几个营，这些营抵达后被拆散并作为补充兵力使用，其中还有来自从内地山区招募的部队，还有的从阿拉伯人中征召。

吉尔德里姆中的6个德国营，3个在亚洲军中，3个在第一百四十六步兵团，自从1918年春天以来，由于德国西线急需人手，这6个营一直没有得到补充。战争的损失和疾病大大减少了他们的人数。

夏天，巴勒斯坦前线的德国飞行员在与英国人的战斗中经历了一段非常艰难的时期。德国的战机在速度和爬坡能力方面远远落后于英国战机。两次运送的替换战机中，几乎所有的战机都是无法使用的。由于德国在欧洲两线战场对飞行员的需要更加迫切，无法提供更多的后备人员。从春天到秋天，这支优秀的队伍失去了59名飞行员和侦察兵。对敌人的空中侦察在9月几乎完全停止了。一旦有一架德国飞机出现，就立即遭到英国空军的攻击，使得我军开展侦察活动变得不可能了。

9月3日，第八军团左翼军队指挥官冯·奥彭上校在阿祖要求我停止对他战线前方的空中侦察，由于现在看到总是不幸的空战，他的部队士气低落。9月19日，空军指挥官报告说，吉尔德里姆有5架飞机能用来对付敌人。

当时，第八军团司令部打算万一在沿海地区受到攻击，就把第十六师的仅有的两个步兵团派到那里去。这个师守着的7千米前线阵地将由亚洲军换防。冯·奥本上校宣布，用他的小部队来保卫这部分防线是不可能的，而且可以预料这个师来得太迟。即使在进攻开始前已在塞尔塔做好准备，这个师也必须行军16千米到卡勒基利亚斯（Kal Kiliyas）的海岸边缘。

后备部队来自相邻的防区，当需要援助时，只有进一步收缩过度扩张的前线并用机枪来进行防御。迄今为止，这种方法已经取得很好的效果，这是建立支撑据点唯一可行的方法。

9月初，我考虑到主动撤退到一个位置，这里右边与提比里亚斯湖并排，中间和左边在耶尔穆克山谷。关于恩维尔要我守住巴勒斯坦的指示，我放弃了这个想法，因为我们将不得不放弃希贾兹铁路和约旦东部，我们再也无法在我们军队后方阻止阿拉伯反抗军队的进攻。土耳其士兵的行进能力有限，所有役畜的机动性都很差。我认为，与让士气低落的土耳其军队进行长时间的撤退相比，守住我们的阵地直到最后对我们的作战前景更加有利。由于缺乏足够的部队来建立后方的支援阵地，撤退时危险重重，这也是前线崩溃的原因。在我的筹划中，我犯了一个错误，我以为部队可以逐步撤退，却没有考虑到整个师的崩溃。在整场战役中，我只在7月14日观察过一次土耳其军队在我的指挥下进攻的失败，但在防御中从来没有失败。

9月17日，有一个逃兵，他是一个印度连队的中士，来到海岸地区我方军队右翼阵地，说英军将在9月19日酝酿一次猛烈的攻击，他想逃离。就在同一天，有报道称，敌对的阿拉伯人军队正在威胁德拉北部和南部的铁路，这条铁路的许多路段已被炸毁。

我立刻意识到，这些对我们唯一运输线路的攻击是一场严酷战斗的开始。我命令布莱尔指挥的补给团的两个连进行警戒，这支部队是为紧急情况准备的，人数为300人。当晚用火车把他们送到德拉。第四军团接到命令召集大马士革所有能派来的德国军官和士兵，并立即派他们去德拉。威尔默少校刚加入了集团军就被任命为指挥官。

在接下来的几天里，德拉附近铁路中断的问题无法完全避免，因为大量流动的阿拉伯人武装力量装备了装甲车和英国飞机，并突然出现在意想不到的地方炸毁铁路。经过德国铁路部队的不懈努力，交通很快恢复了。与此同时，威尔默少校在梅泽里布①和梅泽里布与德拉之间击退了阿拉伯人的进攻，维持了德拉的秩序。

9月18日，第八军团命令其唯一可用的第四十六师在第一战线上做好准备，并让其为数不多的预备队准备就绪。在此之前，我为这支军队派遣了一个阿拉伯步兵营，约有500人，这个步兵营在夏天留下来以保护海法。

英军9月19日的攻击

9月18日至19日晚间，第七军团的前线开始激战。

9月19日凌晨3时30分，从海岸到内地山区的第八军团右翼的整个战线都遭受敌军猛烈的炮火打击。

天亮后不久，英国空军中队出现在第七军团和第八军团总部房屋的上空，出现在各军总司令部的帐篷营地上空以及阿富拉的吉尔德里姆的中央电话办公室上空。他们丢下炸弹，破坏了我们的部分电线。在海岸到约旦之间的整个地区，我们只有第八军团的两门高射炮，所以敌军飞行员执行投弹任务很容易。

清晨，阿拉伯人切断了我们陆地上的许多电线。

---

① 梅泽里布，叙利亚南部城市。——译者注

19 日上午 7 时左右，图勒凯尔姆和拿撒勒之间的电话和电报通信中断。第八军团司令部的无线电台也无法使用。

上午 9 时至 10 时，第七军团指挥部从纳布卢斯发来电报，冯·奥彭上校报告说，海岸区右翼军队的前线已失守，敌军强大的骑兵部队正沿着海岸向北推进。

我立即通过第七军团司令部向冯·奥彭上校下达命令，让他向卡勒基里亚斯附近的铁路和公路挺进，向海岸地区挺进。冯·奥彭上校预料到我会下这一命令，他报告说已派 3 个营和两个中队向卡勒基里亚斯和费拉米进发。

直到后来我们才知道，早上 7 时前，英国人在没有遭遇抵抗的情况下已攻入海岸西区。那时，他们还占领了蒂雷（Et Tire）以西的高地，用大量的机枪守卫阵地。在蒂雷，虚弱的第四十六师在蒂勒少校的指挥下进行了一次有效的抵抗，暂时阻止了敌军的前进。这个师大部分士兵很快就阵亡了。普菲佛（Pfeiffer）少校是唯一的德国团级指挥官，在这里英勇牺牲。

直到今天，还没有关于海岸西区的第七师和毗邻的第二十师两个团突然完全崩溃的情况的详细报道。虽然这些部队对于这么大的一个军区来说是很小的，但是它们在以前的几次战斗中却表现得很好。9 月 19 日，在敌军步兵发动进攻之前，第七师在遭到敌人两个小时的猛烈炮火打击之后就完全消失了。在撤退过程中，我也从未见过这个师的军官或小部队。

向冯·奥彭上校传达上述命令之后，吉尔德里姆司令部与纳布卢斯之间的电报和电话通信中断了两小时，因此在纳布卢斯无法了解上述事件的全部。据推测，第七师、第二十师和第四十六师撤退到后方的预备阵地。

当敌人骑兵沿着海岸前进时，海法的指挥官命令他的部队处于警戒状态。

我现在要描述的事情后来才逐渐为人所知。

第十九师左翼部队驻扎在卡法尔卡西姆（Kafr Kasim），该地与海岸区相连，可以观察到敌人的进犯，但这支部队很快就失去了斗志。前线的第五十七步兵团和第七十七步兵团没有受到攻击，这两个步兵团没有接到命令就擅自离开了阵地，冯·奥彭上校立即命令其调头，但是在混乱的撤退过程中，一部分人已经离开了自己的部队。

上午 10 时，英国骑兵在装甲车的配合下突破了我军在铁路以东的哈布勒（Hable）和卡勒基里亚斯的前线，然后向北挺进。

此后不久，冯·奥彭上校不得不将第八军团的整个左翼部队从其占领数月的阵地上撤出，并把左翼部队带回到卡夫蒂尔特（Kafr Tilt）的高地。可以看到，我们在沿海地区几乎没有组织抵抗，因此整个集团军的右翼完全暴露在敌人的攻击之下。

拿撒勒和纳布卢斯之间的通信在中午恢复，令人惊讶的消息传来，敌人迅速在所有海岸地区推进，第八军团的部分部队好像正从图勒凯尔姆向阿纳贝塔方向撤退，损失了很多大炮，与图勒凯尔姆的第七军团司令部的通信也中断了。

第七军团司令部报告说在其前方，敌人的进攻已被击退，但是第三军将撤回后方阵地与冯·奥彭上校的部队取得联系。我同意这个举措，并命令第七军团在纳布卢斯部署第一百一十步兵团的一个营，并再立即派遣任何可用的人员行军到阿纳贝塔，以便封锁那里的山谷。

阿纳贝塔是一个很重要的地方，该地两边的陡坡都接近道路，而且这个斜坡很容易被一小股力量挡住。只要阿纳贝塔和两边的高地还在我们手中，冯·奥彭上校率领的左翼部队就可以继续通过梅苏迪直接向北撤退，左翼部队的进一步撤退是可以预料的。由于我对以前的海岸地区的几个师情况不了解，因此无法对其做出任何指示。

我把这一情况通知到位于萨勒特的第四军团司令部，并指示在约旦河上部署一个骑兵团供第三骑兵师调遣。集团军司令部通知我，在约旦前线只发生了轻微的交战，约旦河以西的第二十四师遭到攻击，目前几乎没有丧失阵地。敌人的骑兵在海岸领域的突破后继续向北挺进，可能远离海岸而向第八军团的撤退的路线追击。我命令弗雷（Frey）少校在 12 时 30 分立即占领勒均①

---

① 勒均，位于约旦境内，是古罗马的一处要塞。——译者注

（Lejjun）峡谷，他是吉尔德里姆前锋部队的监察长。

我把辎重团中能战斗的部队以及我在拿撒勒和附近能找到的 6 个连的宪兵和 12 支机枪给了伍尔特·冯·伍尔特诺，并命令他立即通过阿富拉向勒均进发。伍尔特·冯·伍尔特诺指挥的辎重团部队中的大约 150 人，以及这个团的训练人员，是我在弗雷少校离开后留在拿撒勒的所有军队。此前，吉尔德里姆总司令部的警卫部队已经被派往前线。

下午，第七军团司令部报告说，第一百一十步兵团的一个营已于 3 月被派往阿纳贝塔，无法再派部队增援了，它的前线也受到攻击，其余的营需要在这里作战。第七军团司令部还说，第八军团司令部说第四十六师的一小部分部队到达阿纳贝塔。冯·奥彭的部队在前方受到来自海岸地区敌军的威胁，敌军对其右翼进行攻击。

下午 3 点半，我给第七军团司令部下令要求必要时再进行一次全面撤退。第七军团司令部逐字向萨勒特的第四军团重复这些指示，并向在阿纳贝塔的第八军团提交了一份简要报告。通信兵穿过贝特哈桑和贝珊的道路把该命令文件送达第七军团，并指示奥彭的部队通过梅苏迪向杰宁撤退，第四军团向泽尔卡（Zerka）河谷方向撤退。该命令说 F 集团军总司令部目前将留在拿撒勒。第七军团又受命负责冯·奥彭部队的食物和弹药供应。

傍晚时分，第七军团报告说，第三军和第二十军必须从后方撤退。

我希望在初夏修建的从阿祖（Azzun）到德沙拉夫的良好道路，在冯·奥彭部队的侧翼遭受攻击的情况下仍能通行。在德沙拉夫，纳布卢斯的山谷公路与向北通往杰宁的大路相连。

仅仅过了几天，吉尔德里姆才得知，除第十六师外的土耳其第八军团的溃败比报道的情况要严重得多。在吉尔德里姆司令部，我们仍然希望来自海岸地区的部队已经冲到前线对抗尾随的英军骑兵部队，但目前还没有和他们取得联系。从一大清早起，我们就清楚地感到，我们的飞行员无法观察和报告战场上的情况，这是一个遗憾。

事实上，9 月 19 日下午从梅苏迪到杰宁的路上挤满了撤退的辎重运输车和第八军团的逃亡士兵。大部分逃兵是土耳其工作人员和土耳其辎重团部队的，这些人员数量多得令人难以置信，我们在平时是看不到的。从图勒凯尔姆到阿纳贝塔的路上，以及两边山坡上的小径上，都是逃亡的长队。英国飞行员每半小时换班一次进行轰炸，他们经常低空飞行轰炸，阵亡的士兵、马匹和毁坏的马车覆盖了道路。军官们多次试图召集一些不受约束的部队，但都没有成功，士兵们对军官们的命令无动于衷，他们一心只想拯救自己，这就是第八军团右翼部队的实际情况。

在海岸地区没有德国军队。土耳其人中间的德国小分队，工作在无线电台、电报中心、电话中心、铁路、钻井指挥中心、医院等，大部分小分队努力通过阿纳贝塔方向或者直接通过去往杰宁的道路到达西莱（Sileh），但只取得了部分成功。

左翼部队（冯·奥彭的部队）情况看起来很不一样。在那里，亚洲军、第十六师尤其是它的第一百二十五步兵团，不顾敌人在其右翼不断增加的兵力，从一个高地到另一个高地英勇地战斗直到天黑。

第七军团和第二十四师在约旦河谷的撤退行动有组织地进行。如果有充足的预备部队，这里的局势无疑是可以扭转的。无论军队在哪里作战，第七军团和第二十四师都会不顾军队兵力少的情况压制英军，迫使英军准备新的进攻。

9月19日，前线的第七军团和第八军团的各师后方，有一片长200多千米的纵深空地，完全没有战斗部队。这里只有两个阿拉伯辎重团的残余部队，还有无数的兵营，里面有几支德国军队和许多负责运输的土耳其军队、劳工队伍、航空站及其人员、卡车、列车、仓库和商店、无数人满为患的医院和疗养院，还有负责海岸警卫的阿拉伯营。

19日晚上，海法地区车队指挥官向拿撒勒报告说，在海法没有发现任何敌人的踪迹。我没有从第八军团司令部收到一份直接报告。后来获悉，由于所有的电线都被炮弹炸断或破坏，第八军团司令部从早晨起就无法与它在海岸区的各师进行电话联系。

冯·奥彭上校在晚上报告说，他的右翼部队向后收缩得更远并打算在夜间向德沙拉夫方向撤退一段距离。

9 月 19 日晚上，我下令在夜间设立哨所来保护拿撒勒。直到凌晨 3 时，警戒工作都是一支由德国职员、勤务兵、司机、电报员和邮政官员组成的连队负责。凌晨 3 时以后，由伍尔特·冯·伍尔特诺辎重团的剩余人员负责。从海法和阿富拉开始，他们就在从高地到拿撒勒的陡坡上设立了岗哨。

夜间我没有收到重要消息。

拿撒勒遭受的突然袭击

9 月 20 日上午 5 时 30 分，在拿撒勒南部的街道上响起了惊叫声和哭喊声，紧接着到处都是步枪声和机枪声，那里是 F 集团军司令部的办公地点。

英国人进入城里是为了攻占吉尔德里姆司令部，他们是怎么进来的从来没有人知道，因为辎重团的前哨从来没有回来过。我们认为英国人是被阿拉伯人带过来的。

英国人迅速占领距离吉尔德里姆司令部所在地卡萨诺瓦约 200 米处的日耳曼尼亚酒店，并抓捕多名军官和政府官员。一些在城市南部修车的司机也被抓捕。在城市南部、东部和西部周围的山丘上，英国的机枪开始射击。不久城中发生激烈的巷战，军官们都拿着卡宾枪投入战斗。由职员、勤务兵等组成机枪连，在墙壁、栅栏等后面站岗，其他人则从窗户或阳台向敌人开火。

为数不多的几个人在某种程度上得到了土耳其兵站人员的组织和增援后，他们出动的小股部队重新夺回该城西部的高地，辎重团的其他残余部队也被派往同一地点。

不久，有报道说不知为什么通往提比里亚的出口仍然是开放的。在那里，道路蜿蜒陡峭通向一个山谷，在离法国孤儿院不远的地方经过。敌人可以用几个骑兵和几挺机枪轻易地封锁拿撒勒唯一开放的出口。攻击开始后不久，虽然巷战仍在进行，但医院和行政人员早在 3 月就从这条路被送到提比里亚，随后在司令部的那些免遭英国人直接攻击的部分人员也撤退了。

敌人的兵力起初无法确定。我们起初估计只有几个中队。在我看来，众

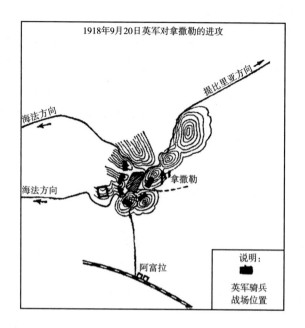

多的机枪声表明敌人的兵力很强大。

法国孤儿院东部的无线电台在向海法发送紧急请求援助信息后，被工作人员擅自炸毁。进攻一开始，吉尔德里姆和各军团之间的电话和电报通信就完全中断了。我们后来了解到阿富拉的中心办公室已落入英国人手中。

司令部对丢失的部分档案文件感到遗憾，这些资料在巷战中被烧毁，以防拿撒勒被完全包围后落入英国人的手中。

正是在西部高地，英军的进攻导致了通往提比里亚道路的关闭。8 时 30 分卡萨诺瓦的情况仍然没有改变，我骑马去法国人建的孤儿院，在那里我找到了伍尔特·冯·伍尔特诺少校辎重团的剩余部队。我命令他立刻和他所有的部队一起攻击在孤儿院以西缓慢前进的英军分队，英军带着机枪徒步前进，距离孤儿院西边大约 1 千米。在前两次攻击失败后，我下令不惜一切代价进行第三次尝试。这次攻击成功了，上午 10 时 15 分，英军开始撤离高地。

伍尔特·冯·伍尔特诺少校的兵力很明显被敌人大大高估了。不久之后，我看到一个中队的前锋马队向集结的步兵飞奔而去，后面跟着 5 个中队的马。上午 10 时 30 分，这个英军旅带着 3 辆装甲车向西撤退，我们的步兵一直追到高地边缘。敌人消失在去往海法方向的下一个山脊后面。从孤儿院的高地上可以看到从阿富拉火车站发出无数的灯光信号，这表明阿富拉在英国人的手中。

英国人离开后，我骑马去卡萨诺瓦，发现总司令部的办公室几乎空无一人。我们的一些人仍然带着机枪从窗口向南射击，但敌人已无影无踪。那些没有被烧毁的档案文件被装上汽车送到提比里亚，最后一批人员也被送到了那里。

英军旅经过一夜的激战，大胆地企图占领吉尔德里姆司令部，但失败了。我们后来听说他们是从雅法附近开始进攻的。我们在巷战中牺牲了 43 人。英国人把进城时带走的囚犯立即转移到阿富拉，他们把自己的伤员也带回了。

我命伍尔特·冯·伍尔特诺少校随后卫部队向提比里亚进军，并于下午 1 时 15 分与卡齐姆将军、普里格少校和赫克纳上尉一起离开拿撒勒。在下午 3 时 30 分到达提比里亚之前，我们不得不经过一长队的逃亡者，其中有许多土耳其人的全家都坐着马车逃亡。

撤往大马士革

在提比里亚，我找到集团军司令部的一些军官。我命令所有从拿撒勒来的逃亡者和流散者停止继续逃跑，这些人被收编并组成新的战斗部队。我与在萨勒特的第四军团进行电话联系，但无法通过贝珊与纳布卢斯取得联系。第四军团报告说，在敌方优势部队的压力下，他们不得不放弃阿纳贝塔，第八军团司令部及其随行部队已通过梅苏迪撤退。亚洲军和第十六师不得不在来自西方的压力下向东转到芬杜克（El Funduk），在那里敌人一次又一次击败他们。这个消息令人遗憾，它使我们保留通往杰宁的道路的希望破灭了。

第四军团司令部也报告说，约旦河东岸的战斗很少，在马安和希贾兹铁路上的部队接到命令，要利用铁路向北撤退。我命令第四军团不要再拖延向东北撤退的时间，并派一支精锐的骑兵部队到贝珊去守卫渡口。在约旦西部，从南方、贝特哈桑、图巴斯（Tubas）、杰宁和阿富拉来的道路汇合到这里的平原处，平原宽约 15 千米，该地的城市贝珊位于约旦河以西约 6 千米处。从塞马赫出发的铁路沿着约旦河在这里转弯，向西北驶入阿富拉和海法。

我立即和参谋长卡齐姆将军、普里格少校和赫克纳上尉一起乘车前往塞马赫，以便尽可能从那里到达贝珊。当我们到达位于加利利（Genezareth）湖①南端的塞马赫火车站时，英军的一场猛烈的进攻正在进行。在挤满了人和动物的车站附近，有许多人遇难。我无法与贝珊的部队进行电话联系。塞马赫和贝珊之间的铁路交通已经中断。

令我人为吃惊的是，我在塞马赫发现了弗雷少校。他报告说，他未能按照昨天下午的命令占领勒均峡谷，英国骑兵抢先了一步占领了那里。他的士兵要么被俘虏，要么被打散。我命令弗雷少校接管塞马赫的防务，那里需要 60 名德国士兵和 200 名土耳其士兵进行支援，我答应他早日派兵增援。

那天晚上，我打电话给提比里亚的高级军官鲁德洛夫少校，让他去占领跨约旦河上游的雅各布桥附近的狭谷并保护好，从提比里亚到库奈特拉和大马士革的道路要经过这座桥。所有能用的军官和人员将在那时共同防卫提比里亚。所有残疾的伤者和运货马车都将被送往大马士革。大马士革被宣布为集团军司令部所在地。在目前的情况下，只有一件事可做。必须用一切可能的方法守住从胡勒（Hule）湖到塞马赫的提比里亚地区，防止敌人的追击。部队沿约旦河和约旦东部地区撤退，不得不暂时占领从塞马赫到德拉的耶尔穆克河谷地区。

午夜过后，我从塞马赫骑马到德拉。9 月 21 日上午 7 时，我接通了第四军团司令部的电话，得知从昨天下午起，他们就很少得到有关约旦河东岸战事的消息，与纳布卢斯的联系不复存在。只知道第七军团司令部已离开纳

---

① 加利利湖，也称太巴列湖或提比里亚湖。——译者注

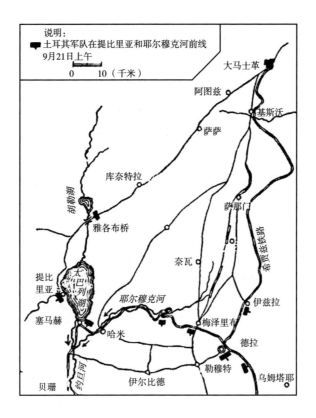

说明：
■ 土耳其军队在提比里亚和耶尔穆克河前线
9月21日上午
0   10（千米）

大马士革

阿图兹

基斯沃

萨萨

库奈特拉

胡勒湖

雅各布桥

萨那门

希贾兹铁路

奈瓦

提比里亚

太巴列湖

耶尔穆克河

伊兹拉

塞马赫

哈米

梅泽里布

德拉

贝珊

约旦河

伊尔比德

勒穆特

乌姆塔耶

布卢斯向贝特哈桑的方向撤退，而从这条路撤退的部队遭到敌军多次空袭而受到重创。当时，冯·奥彭上校领导下的第八军团左翼部队没有任何消息。几天后我们得知，在 9 月 21 日的上午，他的后卫部队在纳布卢斯与敌人交战，敌人通过德沙拉夫和从南方通过胡瓦拉追击到那里。到了中午，他们又穿过埃贝尔（Ebel）山往北撤，22 日朝约旦河方向的贝珊行军。

　　第四军团司令部通知我，第三骑兵师已被派往贝珊。我已于 19 日命令第四军团立刻派 1 个骑兵团到约旦河去，听候第七军团的差遣，但这并没有成功。第三骑兵师在贝珊完全失败。在我不知情的情况下，该师的优秀指挥官埃萨德上校和他的得力参谋长马哈茂德中校已经被派往君士坦丁堡。于是，我只能派一个决断能力差的团长率领两个团出发到那里。当他在贝珊受到一小支英国骑兵部队的射击时，他放弃了他的重要任务，逃向约旦东部地区。

　　威尔默少校采取谨慎而有力的措施，德拉的局势已经相当稳定。他镇压了附近的阿拉伯人，并责令非常精干的军官米切里斯少校负责德拉东南的希贾兹铁路保卫工作。米切里斯正在那里抵抗阿拉伯人发动的新进攻。9 月 20 日上午，威尔默少校试图在乌姆塔耶（El Umtaje）逮捕谢里夫费萨尔，但失败了。当威尔默少校在夜里派出的突袭队到达那个地方时，谢里夫费萨尔得到了阿拉伯人及时传递的情报已经撤走。

　　我从德拉给第四军团下达了在约旦东部地区撤退的详细指示，并命令用一切手段把这些指示传达给第七军团，如果可能的话也传达给第八军团。我令第四军团从德拉到伊尔比德（Irbid）的耶尔穆克山谷铁路线撤退，让第七军团和第八军团从伊尔比德到塞马赫的耶尔穆克山谷撤退——如果第八军团还存在的话。伊尔比德到勒穆特（Er Remte）公路位于耶尔穆克山谷以南并与之平行，我命令后方部队尽可能长时间地守住这条路。第四军团接到指示，不准延迟撤军。

　　不幸的是，第四军团拖延了太久，他们想等待驻守在马安的军队的到来。

　　我进一步用无线电指示驻海法军队的指挥官，如果他的守备部队不能穿过英国骑兵直接到达提比里亚，那就沿着海岸向北行进，然后转向提比里亚前线。

　　第四军团司令部指挥官司令冯·基瑟林克（von Keyserlingk）上校在塞马赫指挥。

　　威尔默少校被任命临时负责从德拉到塞马赫的整个耶尔穆克山谷地区的防务，并被指示从通过约旦东部撤退的部队中派兵通过铁路向塞马赫和哈米（El Hammi）增援。塞马赫作为提比里亚前线和耶尔穆克山谷前线的枢纽具有特殊的重要性。21 日下午，据了解一名惊慌的军官在没有得到上级命令的情况下，炸毁了在哈米的铁路桥。哈米是塞马赫以东的一个火车站，已被命令进行临时修理。

　　我向大马士革的军队指挥官发出指示，将尽可能多的生活用品和衣物通过铁路运到德拉。

9 月 21 日晚，数千名来自华伦山脉的德鲁兹部落战士出现在德拉，他们骑马在我周围放了一阵空枪，他们的谢赫要求通过德拉的穆特萨里夫①（Mutessarif）召开会议进行会谈。德鲁兹人还没有决定支持哪一边。会议上，他们似乎也不是不愿帮助我们，只是要求我派一些部队到塔伊贝（El Tajibe）和博尔萨（Borsa）支持他们。我当时没有可调动的军队，并承诺将尽快满足他们的愿望。他们答应暂时保持中立，不伤害正在撤退的我方部队。会议将在第二天继续举行。

到了晚上，德鲁兹人对我表现出了极大的兴趣，每隔 1 小时，就有几个人来到我们 4 名军官住的小房子里。这所房子是在规模相当大的德拉车站周围建起来的。德拉市位于车站南部两千米处的高原上。当地人被认为对土耳其人怀有敌意。

在这些痛苦和忧虑的日子里，出现了一段令人耳目一新的插曲，我收到一封来自军事顾问团驻地君士坦丁堡的电报。电报询问我是否愿意为 10 月 8 日在君士坦丁堡举行的套袋赛跑提供奖金。任何人都会相信我，当我们自己处于如此困难的情况下，我对这场竞赛没有兴趣。这表明，尽管我们从 19 日起就不断向他们报告，君士坦丁堡的军事顾问团成员对我们的实际情况知之甚少。

早晨，第四军团报告说，他们正在萨勒特向伊尔比德方向撤退，冯·汉默施泰因（von Hammerstein）中校和第一百四十六步兵团奉命守住萨勒特的高地，直到所有部队完成撤退为止，然后他自己带领部队通过杰拉西（Jerash）向东北方向撤退。

后来人们才知道，第七军团和第八军团的剩余部分军队在撤退渡过约旦河时损失不小。部队无法在宽广的战线上撤退，不得不陆续进入通往贝特哈桑和贝珊的山间小路，英军的飞行中队不断地对他们进行攻击，造成严重的破坏，打击了部队的士气。这种毫无防备就暴露在敌人炮火下的感觉，使军官和士兵们陷入困境。大炮、汽车和其他车辆以及所剩无几的纵队，连同被摧毁的车辆与死去的马匹和人员，在许多地方堵塞了道路。

---

①　穆特萨里夫是对奥斯曼帝国省级行政单位（桑贾克）长官的称呼。——译者注

9月22日晚上，第八军团司令官向冯·奥彭的部队下达了一个致命的命令，当时他们已经到达贝桑以西山区的西部出口。晚上，冯·奥彭想突破敌人在贝珊和约旦河之间的小股骑兵部队向北挺进到塞马赫。如果实现的话，冯·奥彭部队的到来将增强我们在塞马赫正面和两侧的防线。晚上9时，他被叫到瓦迪舒巴什（Wadi Shubash）和第八军团司令开会时，已下达这样的命令。杰瓦德帕夏不赞成冯·奥彭的计划，并指示他渡过约旦河来到东岸。冯·奥彭的部队对塞马赫和提比里亚前线的支持是多么的关键，今天已经很清楚了。第七军团和第八军团军撤退的安全取决于这条战线。

但是，需要说明的是，从9月20日至22日，通过第四军团转发集团下达的任何命令都没有到达第八军团，因此，第八军团司令官没有像F集团军那样重视提比里亚前线的战场形势。

所有交通通信手段的故障对于德国人来说是难以理解的。只有当人们正确地了解到，在这个荒凉的国家没有道路，没有一切欧洲所有的通信手段，当地的居民对政府军队充满敌意才可以理解这一切。当地居民全副武装，经常攻击勤务兵、军官和巡逻队，许多人被阿拉伯人杀害和肢解。其他人在被抢光所有的衣服和受到虐待后回到我们这里，他们承载着土耳其这些臣民的悲惨命运。老电线或新铺设的电线仍不断被阿拉伯人切断。军队不能携带轻便的无线电台，因为牲畜太弱了无法拉着沉重的车在糟糕的道路上穿行。

9月23日清晨，亚洲军顺利渡过约旦河，然而第十六师和第十九师的参谋们在约旦河西岸被英军骑兵俘虏。土耳其士兵在遭到英国士兵的射击或轰炸后立即成群结队地向敌人投降，他们中的大多数人把武器扔掉。这是第八军团指挥部下达致命令导致的另一个后果。

向威尔默少校下达所有必要的指示后，我于9月22日乘火车离开德拉，来到位于大马士革的吉尔德里姆司令部，并在那里为提比里亚前线做出必要的安排。在德拉以北大约10千米的地方，我们的行程被一支徒步行军的军队打断。奇贝特拉扎尔①（Chirbet Razale）以南几千米的一段铁路和桥梁已

①　奇欠特拉扎尔，叙利亚西南部城镇。——译者注

被拆毁，我们的铁路部队正在修理，几辆敌人的装甲车在铁路以东 3 千米处出现时，敌人一看到我军在奇贝特拉扎尔的警卫连出动就撤退了。

抵达大马士革后，我在晚上下令向德拉运送更多的生活用品和医疗用品。卸下货物后，火车将把这些脚受伤和筋疲力尽的人运送到大马士革。我们想尽一切办法在提比里亚前线集结军队和大炮。这些战斗人员乘卡车到达库奈特拉。

现在已经太迟了，第二军团在我的指挥下进行部署。我要求该军团派遣尽可能多的军队去大马士革。尼哈德帕夏答复说，军队只有几个营，大部分是阿拉伯人，他会尽其所能派兵。尼哈德帕夏遵守了他的诺言，但他的手段有限，不是因为他的过错，而是因为前面提到的恩维尔的命令。

阿里·里萨帕夏是提比里亚阵线的一名指挥官，他已经不在现役军人名单上了，尤斯蒂（Justi）上校被任命为参谋长。阿里·里萨帕夏被派往库内特拉，奉命进行最顽强的抵抗。

提比里亚到库奈特拉公路上横跨约旦河的石桥已准备拆除。目前，只有少数英国骑兵巡逻队出现在提比里亚前线。

9 月 23 日，威尔默少校报告说，从约旦东部撤退的军队的主要部分已经到达，他已经用铁路把一些匆忙组织起来的部队送到梅泽里布（Mezeirib）、哈米和塞马赫。梅泽里布是 19 世纪 90 年代早期由一家法国公司为商业目的从大马士革到苏纳明（Es Sunamein）和梅泽里布建造的道路的终点。这个地方位于一个小湖中的小岛上，通过一个水坝与海岸相连。古老的朝圣之路从梅泽里布穿过。

与此同时，穆斯塔法·凯末尔帕夏指挥下的第七军团已经渡过了约旦河，向伊尔比德方向前进，该军没有收到由任何第四军团传达的命令。第二十四师在 20 日和 21 日再次遭到攻击，被迫向北撤退。该部队在 22 日的达米耶战斗了几个小时后，也渡过约旦河转向东北方向撤退。

23 日过了约旦河后，冯·奥彭上校想再次向北到塞马赫。所有的指示都已下达，这时第八军团被命令向东南方向撤退向第四军团靠拢。冯·奥彭上校的正确决定又一次被上面的命令推翻。开始朝着命令的方向行进之后，

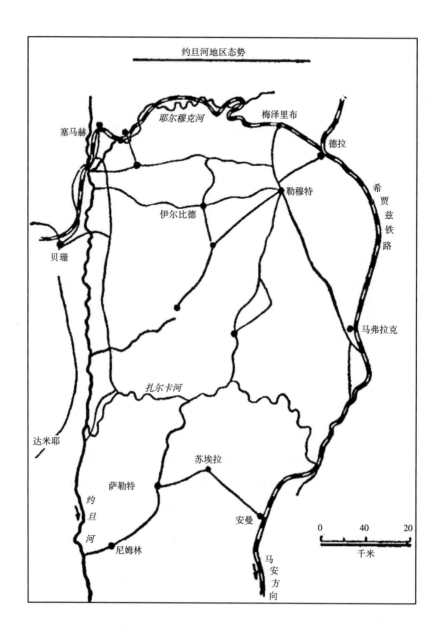

他发现了问题。这位杰出的领袖很快就与第八军团司令部失去了联系，他决定转向东北方向，向通往德拉的勒穆特前进。

这样一来，第七军团和第八军团的残余部队就向梅泽里布到德拉一线会合，而不是按照命令从塞马赫到伊尔比德的宽阔前线撤退。

9 月 23 日中午，大约有 3000 人从南部的盖特拉奈车站坐火车来到安曼，他们被尽可能地送到德拉。所有的车辆、重型和笨重的设备都必须留在后面。

通往德拉的交通因马弗拉克（Mefrak）以北 25 千米处的铁路中断而受阻。9 月 16 日中午，在安曼和德拉之间大约一半的地方，一座四拱桥被 500 名贝都因人在两辆英国装甲车的配合下拆毁。驻扎在附近一支土耳其部队，负责保护这座桥，却没有行动。

德国交通部队立即着手修复，但在 9 月 20 日和 21 日的夜里，一段很长的铁轨以及马弗拉克以北的其他几座桥梁也被毁。

9 月 23 日晚和 24 日下午，最后一批土耳其军列驶离安曼站，但火车因铁路遭到破坏停了下来。军队不得不从那里穿过缺水的石质沙漠到达德拉。

9 月 24 日上午 10 时 30 分，塞莱克（Thalacker）中尉指挥最后一批德国士兵离开安曼基地。9 月 25 日上午，英国骑兵赶到那里。9 月 24 日，英国骑兵在提比里亚前线重新发起进攻，装甲车和无数的骑兵纵队被发现。同一天，大马士革东部和东南部也有报道说有大批贝都因人聚集。

到了晚上，德鲁兹人的谢赫们已经在德拉出现，想继续召开会议，他们得到一大笔金子后，就答应不骚扰我们撤退的部队。现在完全不向英国人提供军队了。谢赫们遵守他们的诺言。

9 月 24 日，冯·基瑟林克上校在塞马赫与来自南方的英国骑兵发生交火。为了保卫隘口和塞马赫城，他手下集聚有 120 名德国士兵、80 名土耳其士兵、8 挺机枪和 1 门炮。25 日凌晨 4 时，一支英国骑兵旅袭击了约旦河东岸的塞马赫。经过 1 个半小时的英勇抵抗，冯·基瑟林克的部队要么被击溃，要么被俘。他的一小部分士兵躲在码头上的一艘摩托艇上打算穿过加利利湖回到他们自己的军队中去。摩托艇受到英军大炮的直接打击燃起了大火，船上的人都死了。当英国人搜查塞马赫的房屋时，他们发现约有 120 名土耳其士兵，这些士兵逃避交战。

在敌人的压力下，施密特－科尔博少校在进行顽强防守后被迫放弃提比里亚城①，所有的机枪都被丢弃。

在哈米，迪辛格中尉指挥防御作战将敌人击退。在塞马赫，敌人得到了越来越多的增援。

我占领提比里亚前线和耶尔穆克山谷前线的计划在一段时间内因塞马赫的陷落而受挫，这是先前提到的第八军团军官指挥上的分歧以及该军团司令官下达的致命命令造成的。可以预料的是，现在经过塞马赫的通道已经向敌人敞开，提比里亚前线的军队将逐渐被迫撤回大马士革。

吉尔德里姆作战必须立足于实际。因此，9月26日上午，我下令在大马士革附近新建一条战线，从里亚各西南方向沿着希贾兹铁路延伸到库内特拉和苏纳明，这里在大马士革以南约50千米。战线将由几个军来保卫。在里亚各西南的右侧翼，将部署强大的梯队，以阻止从迈斯纳 – 帕夏（Meissner-Pasha）公路上强大敌军骑兵部队的追击。我们必须保持通往巴勒贝克和霍姆斯的撤退道路的畅通。

第八军团由于部队残存不多，已无用武之地被派往君士坦丁堡。第四军团司令杰马尔帕夏是当时战场的军队高官，奉命指挥在德拉和梅泽里布集合的部队。他奉命利用一切机会，通过火车把军队从德拉运送到大马士革。我打算把他们推到新的里亚各前线。

9月26日上午，冯·奥彭上校率领亚洲军抵达德拉。在经历非常困难危险的撤退和艰苦的战斗之后，这些部队的人数仍然是9月19日的70%以上。在冯·奥彭上校和他的部下的领导下，部队秩序井然，纪律严明。同一天晚上，亚洲军也出发向里亚各运送。

另一支相当大的德军作战部队单位第一百四十六步兵团，在26日早晨秩序井然地到达了伦瑟（Er Rentheh）。所有其他的军队正在从约旦东部地区撤退，这时他们正在通过伦瑟前往德拉和梅泽里布。到现在没有收到冯·施泰特上校指挥的集团军骑兵旅的任何消息，我向第四军团发出的各种询问都没有结果。冯·施泰特上校和冯·赛多上尉最后一次露面是在安曼。我们

---

① 太巴列城，也称提比里亚城，位于今天以色列东北部。——译者注

后来得知冯·施泰特上校在那里被捕，冯·赛多上尉被杀。

很快，许多混乱和掉队的土耳其士兵离开了他们的部队，他们知道所有的逃亡者都被按照部队编排关押在德拉和梅泽里布。有很多人想在夜间从这些地方独自穿过到大马士革。许多人落在阿拉伯人手里被杀。

我在 26 日早晨命令要在后方的新战线上恢复防御。下午 4 时，我向杰马尔帕夏下达命令，并直接向威尔默少校下达命令，把军队和车辆从耶尔穆克山谷撤到德拉，并完全摧毁这条铁路沿线的许多设施。这包括有 7 条隧道和很多座铁路桥，其中一些有 50 米长。该命令于 27 日上午在哈米开始执行。

德国和奥地利军队沿着海岸向北撤退，经过疲惫的行军后于 26 日到达贝鲁特。在那里，他们奉命在艾因索法尔（通往贝鲁特和赛达的山路岔口）留下一支防守部队后前往里亚各。

随着在大马士革东部和东南部聚集的敌对阿拉伯人的威胁越来越大，来自第二军团的第一批部队被派往大马士革以南 17 千米处的基斯沃（Kesweh）火车站。车站靠近同名村庄，那里几乎只有德鲁兹人居住。

大马士革的土耳其军队指挥官负责保护幽深而狭窄的巴拉达（Barada）山谷，该地以其风景优美而闻名于世，位于大马士革的西北部，有马路和铁路从这里通到里亚各。

25 日晚上，敌人突破塞马赫的防线后，我命令吉尔德里姆的大批参谋人员乘火车前往阿勒颇。9 月 27 日，军队主力正沿着 3 条平行的道路从德拉和梅泽里布撤退。沿着铁路的方向，越过扎赫勒（El Razale）高地，而后面部队正离开德拉到梅泽里布一线。

我命令杰马尔帕夏派遣一支大约 500 人的骑兵分队集合在梅泽里布，在穆瑟（Muther）少校的指挥下立即经由纳瓦（Nawa）前往苏威斯（Suweisi）增援提比里亚前线部队的左翼。令人遗憾的是，命令虽送达第四军团司令部但没有被执行。

9 月 27 日，英军骑兵带着装甲车出现在德拉和梅泽里布前，但英军来得太晚了没有来得及阻止我军的撤退。英军对后卫部队的炮火打击毫无效果。

27 日，我和随身携带的一小部分参谋部人员乘汽车去了里亚各视察那里的防御工事，我将把指挥权交给冯·奥彭上校。亚洲军随时都可能到达那里。

由于敌人有 4 个强大的骑兵师，我们有充分的理由担心，敌方可能会抢先我们一步派骑兵师沿着从提比里亚到扎赫勒的迈斯纳－帕夏公路追击，同时在贝鲁特进行登陆，完全切断我们的退路。谢里夫费萨尔和英国骑兵从梅泽里布和德拉追赶来。

我在巴勒贝克的里亚各前线后方和一些军官住在一起。提比里亚的部队在 27 日晚报告说，约旦前线的左翼阵地正在被突破，土耳其辎重团的其余部队没有接到命令就离开了阵地向库奈特拉方向撤退，而施密特·科尔博少校仍带领后卫部队留在那里。

从约旦河渡口经库奈特拉走 80 千米才能到达大马士革。在扎赫勒的其他军队与大马士革之间的距离也差不多。为了使我们有可能从大马士革撤退，提比里亚部队有必要在向大马士革延伸的广阔岩石高原上逐步进行强有力的防御。如果敌人骑兵师预先对我们追击或者在贝鲁特登陆，吉尔德里姆的处境就会变得复杂。有人建议，撤退的军队应该转向铁路以东的德鲁兹地区。我拒绝了，因为那里没有通往北方的路，也不会有铁路运送给养。在目前的情况下，军队在那里将会任由谢里夫费萨尔为首的阿拉伯人摆布。

这个困难必须用我们所能用的最好的方法来解决。9 月 28 日，我亲自把附属于由阿特尔特（Adelt）少校率领的海法支队的德国后卫部队从黎巴嫩的艾因索法尔派往迈斯纳－帕夏公路，并将土耳其交通线部队的一支分遣队从里亚各克推进到南方。下午 6 时到达的亚洲军收到了占领里亚各前线的命令。

从提比里亚前线传来的消息说，敌人正从加利利湖向库奈特拉追击。我们炸毁了约旦河上的那座桥，敌军取而代之建了一座浮桥。在胡勒湖以南，提比里亚和约旦桥之间，发现大量的敌军骑兵营。后来德国军官的报告称，这是澳大利亚骑兵师和印度骑兵师。还观察到有大批炮兵和 3 个营的步兵。

我们撤退的军队于 28 日越过了特拉亚（Teraia）山脊。

敌军仅用骑兵尾随，显然有两个旅。当日，我们的殿后部队进行了几次小规模的作战行动。

我们在提比里亚前线的小部队在库奈特拉短暂停留了一段时间。28 日下午，该部队迫于敌军的优势兵力，沿通往萨萨（Sasa）的道路两边向东北方向撤退。到了晚上，他们已经在几个小山顶上勉强建了阵地准备进行作战，阵地的左翼由迪塞尔（Düsel）上尉指挥。为了说明我们在提比里亚前线的兵力数量，我引用了迪赛尔上尉指挥的军队的准确数量和装备。他有 50 名德国士兵、70 名土耳其士兵，德国士兵有 6 挺机枪、2 门野战炮和 2 门榴弹炮。土耳其士兵不能使用这些武器，因为他们不知道这些武器的使用方法。

9 月 29 日，4 辆英国装甲车向萨萨阵地推进，但被我军击退。下午 5 时 30 分，4 支澳大利亚中队在 4 辆装甲车的掩护下袭击了迪塞尔上尉的部队。敌军被放近，然后被机枪击退，损失惨重。这时，一个敌军步兵旅正从约旦河桥向库奈特拉靠近，从西面进攻的敌人的实力明显越来越强。

我们撤退的军队长官，连同第七军团领导人穆斯塔法·凯末尔帕夏，于 29 日到达基斯沃附近。驻扎在那里的第二军团的土耳其分遣队现在奉命增援提比里亚部队的左翼。由于军队疲惫不堪，行军缓慢，用一部分撤退的军队去增援提比里亚军队是不可能的，而在其他情况下，这倒是一件合适的事。第一百四十六步兵团是常备的后卫部队，该团在冯·汉默施泰因中校的领导下，于 29 日早些时候到达苏纳明，并于下午 5 时继续向希亚拉赫（El Khiyarah）行进。

当时大马士革人的态度变得咄咄逼人。一群群武装的阿拉伯人每天都到那里去，尽管他们除了喧哗和向空中开枪之外什么也不做，但这已成为该城的一种不祥之兆。人们被英国的传单所包围，传单上描述了保加利亚的糟糕战况，还包含夸大德国战场形势不利的新闻。

占据里亚各阵地的冯·奥彭上校的部队如下：右翼部队在凯博艾利亚斯（Kabb Elyas）以南的迈斯纳－帕夏公路上，在通往贝鲁特的山路上有一个分遣队哨所。正面部队在通往大马士革的道路上的梅德尔安贾尔（Meidel Anjar）附近。左翼部队规模较小，驻扎在大马士革到里亚各铁路线上的泽贝达尼（Ez Zebedani）。

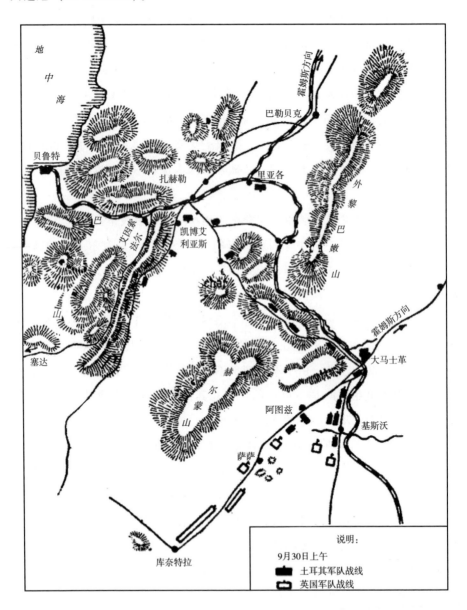

29 日，我命令穆斯塔法·凯末尔帕夏指挥里亚各前线的军队，所有可能到达大马士革的第七军团和第八军团的军队都将被派往那里。我命令杰马尔帕夏在指挥第四军团的同时，还要指挥提比里亚前线的军队。这么做的目的是让部队在大马士革稍作休息，然后按命令有序撤退。

30 日凌晨 4 时，英国骑兵带着贝都因人继续向萨萨推进，将我们脆弱的军队逼回阿图兹（Artuz）并占领了阿图兹的一部分。剩下的我们唯一可能做的是，军队从南方迅速、不间断地通过大马士革。我命令杰马尔帕夏选择从大马士革到东北部的道路，这条路从大马士革出发途经库特非（El Kutefe）到达霍姆斯。他回答说，那条路上没有水，而且还受到怀有敌意的阿拉伯人的威胁。他在大马士革驻扎了很长一段时间，判断能力比我强。

驻扎在基斯沃的部分土耳其部队于 29 日到 30 日夜间开始撤退，于 30 日上午抵达大马士革，继续穿过巴拉达山谷向里亚各前进。在城里，许多人脱离队伍。在大马士革，还有一些人爬上汽车的车顶和车边沿，以便通过这种方式到达里亚各。在里亚各的军队已经开始用火车和卡车将仓库物资转移到阿勒颇。军队的后卫部队直到 30 日晚上或第二天早晨才到达基斯沃，与敌人发生了一些遭遇战。

在 30 日上午 11 时左右，冯·汉默施泰因中校和他的第一百四十六步兵团一起驻扎在基斯沃南 1 千米的 1 个种植园里，观察到 1 个敌军骑兵旅正从南部过来，正要经过基斯沃西边。他立即部署第一百四十六步兵团去攻击向西北撤退的敌军骑兵。敌人骑兵在土耳其那边取得了更大的成功。在基斯沃以北，敌军骑兵再次转向土耳其撤退的路线，并突袭了土耳其军队第二十六师和第五十三师。这两个师排成一列朝北行进。两个师的参谋都骑着马向前侦察。敌军骑兵旅直接从西部向行军纵队进攻，在经过短暂的抵抗后骑兵旅俘虏了大部分土耳其士兵，这些士兵士气低落，与他们的指挥官走散。

第一百四十六步兵团继续在不受干扰的情况下向大马士革行进，在下午 6 时前到达。

30 日下午，我和冯·奥彭上校一起驻留在斯托拉（Shtora）到梅德尔安贾尔公路上的塔内尔（Tanail）农业学校，该地位于在他的主力部队的后方。我们看到混乱的土耳其军队纵队沿着通往斯托拉到梅德尔安贾尔的道路进入平原。我命令他们经过前哨站后集合起来，整编他们的队伍。结果很糟糕，因为纵队里几乎没有高级军官，重组后的部队为了避免进一步的战斗，在没有接到命令的情况下一次又一次地继续行军。

大马士革的动乱和不安全局势加剧。城里到处都是谢里夫费萨尔的特工，他们不断煽动民众作乱。许多房子里都能看到谢里夫费萨尔的四色旗子。运送行李的车辆在街上乱作一团。越来越多的土耳其士兵离开队伍，分散在城市各处。傍晚时分，有几个地方起火。希贾兹铁路的终点站卡丹（Kadem）火车站和德国人在那里的仓库都着火了。

黄昏时分，第一批英国骑兵带着两挺机枪在巴拉达山谷西南侧的山脊上巡逻，并在炮火的掩护下在山谷中行进。在那里，逃犯和车辆被塞在一起。这场大火虽然作用不大，却增加了山谷里的混乱和骚动。第一百四十六步兵团和附属于它的德国小部队组成后卫部队，该部队聚集在燃烧着的卡丹火车站附近，成为天黑后最后一批通过城镇的部队。向北穿过城市的卡丹街被倒塌的电线杆和电线封锁。敌对的阿拉伯人从屋顶、大门、阳台和窗户向四面八方开火。一些逃亡者带来了假消息，说巴拉达山谷被英国人封锁了。冯·汉默施泰因中校立即决定转向东北，直接进入通往霍姆斯的道路，他成功了。后来人们发现，土耳其军队在听说巴拉达山谷被英国人封锁后，已经先于冯·汉默施泰因的纵队直接前往霍姆斯。这些军队有伊斯米特贝伊上校率领的第三军、卢夫蒂贝伊中校率领的第二十四师和第三骑兵师的残余部队，第三骑兵师的指挥很差，在这次撤退中没有发挥任何作用。

事实证明巴拉达山谷并没有受到严重威胁，主要是阿拉伯人和前面提到的少数英国骑兵在黑暗中的山谷道路上的高地开枪。

9 月 30 日晚上 9 时左右，最后一班军列离开大马士革，抵达里亚各，虽然经常遭到射击，但没有受损。这一点值得注意，从大马士革开始，巴拉达山谷的铁路和公路紧挨在一起长达 10 千米。

　　30 日晚些时候，我经里亚各返回巴勒贝克。我在第二军团第四十三师收到从贝鲁特到扎赫勒公路上的军队发来的报告，敌人的 6 个营正沿着迈斯纳－帕夏公路向切德德（Dchedede）前进，中午时看见敌军 12 个营从库奈特拉向大马士革前进。我认为这个报告是不正确的。

第二十三章　1918年10月撤退到阿勒颇

　　从巴拉达山谷来的，由士兵、马匹、驮畜和车辆组成的混乱的土耳其纵队用10月1日一整天穿过冯·奥彭上校的警戒部队。到傍晚，这种混乱的场面才消退。那天，重组这些部队的努力取得一点点的成效。第二军团第四十三师的部队被师长报告不可靠，该师迄今从未遭到过敌军炮击，但大部分是阿拉伯人。该师的两个连在前往冯·奥本上校前哨部队的途中与军官们一起被遗弃。

　　10月1日，有报道称英军占领了贝鲁特，该城宣布与阿拉伯政府结盟，其他沿海城镇也纷纷效仿。10月1日，谢里夫费萨尔进入大马士革。

　　鉴于土耳其军队的糟糕情况，从大马士革到库特非和霍姆斯的直接道路已被敌人所用，我先前在里亚各前线恢复抵抗的计划变得不切实际。10月1日，我把杰马尔帕夏将军和穆斯塔法·凯末尔帕夏将军召集到冯·奥彭上校的驻地塔内尔，命令他们继续撤退到霍姆斯。杰马尔帕夏在霍姆斯指挥，他要带领其参谋人员在他的部队前面前进，整合混乱的纵队组成新的部队。穆斯塔法·凯末尔帕夏将在里亚各指挥部队，直到最后的残余部队从南部和西南部到达，然后这些部队将跟随他到霍姆斯。

　　10月1日清晨，我向霍姆斯和阿勒颇发出电报，命令让所有可用的卡车装载生活必需品以迎接在从库特非到霍姆斯公路上撤退的部队，并用空卡车将尽可能多的人带回霍姆斯。为了保护他们，第二军团向霍姆斯以南20公里的哈西亚（Hasia）派出了一支混合部队。沿着这条路撤退的部队，还有第一百四十六步兵团组成的后防部队，与8个英国中队和众多贝都因人交战。敌人从东部和西部攻击我军，想把我们的军队从德拉以北两公里的隘口切断，通往库特非的道路就是从那里进入山区的。第一百四十六步兵团击退了敌人的这次进攻。

过去的几天几夜，撤退的土耳其部队以及从里亚各和其他仓库运送战争物资的卡车都经过巴勒贝克。这条铁路只能运送一部分补给品。在巴勒贝克，为所有路过的人都设立就餐点。

10 月 2 日上午，冯·奥彭上校报告说，从大马士革到里亚各的路上有好几个小时内没有逃跑的人，在他的前面看不见敌人，而敌人似乎没有跟着他。

我决定立即从里亚各撤退，这样就可以脱离敌人，于是向穆斯塔法·凯末尔下达了这样的命令。从那天早上我们开始撤军。下午 5 时，冯·奥彭上校的后卫部队离开了斯托拉到梅德尔安贾尔的防线，撤退没有受到敌人的干扰，甚至没有观察到敌人的骑兵巡逻队。

我们的最后一列火车在下午 6 时驶离里亚各，当时车站的道岔和供水设施已被拆除。衣料库、给养库和弹药库中尚未发给部队或没有用铁路运走的给养、卡车和货车被放火烧毁。

10 月 2 日，我和我的军官乘汽车从巴勒贝克来到霍姆斯。贝卡谷地像一条宽阔的沟渠把黎巴嫩山和外黎巴嫩山的平行山脊分开，我们超越了数千米撤退的部队和掉队的部队。有相当一部分人在巴勒贝克和霍姆斯之间的中途休息，几乎看不到有组织的部队。这些纵队的土耳其军官人数不多，这一点非常明显。

毫无疑问，这些组织涣散、虚弱无力的士兵需要很长时间才能在战斗中发挥作用。之前到达霍姆斯的士兵也是同样的表现。当前第一步是在霍姆斯火车站及其附近建立秩序，那里聚集了来自各支部队成千上万的人。我们立即在这里建立防御区，防区从公路延伸到的黎波里穿过霍姆斯到巴勒贝克的公路和霍姆斯到库特非的公路。携有几门炮战斗力最强的部队也被命令推进到这些区域。

杰马尔帕夏采取有效行动，从混乱的部队中组建新部队。从霍姆斯向北的所有道路上设有一排哨所，阻止掉队的人经过这座城市，让他们继续向阿勒颇前进。在霍姆斯及其附近，到处都建立了就餐点，这里是集结军队的最佳地点。

英国没有追击里亚各的土耳其军队。因此，我立即命令穆斯塔法·凯末尔帕夏率领第七军团参谋部从巴勒贝克前往阿勒颇，在阿勒颇以南的城镇开始重组第七军团。我命令当时在霍姆斯或预期在那里的第七军团，用火车、卡车或徒步行军到阿勒颇南部的乌德希（Wudehi）和图曼（Tuman）。

冯·奥彭上校的部队在 10 月 3 日上午到达巴勒贝克，我命令把他的军队立即派往阿勒颇向穆斯塔法·凯末尔帕夏那里报到，他们于 10 月 3 日晚出发。由于英国人不跟随，从后方撤回最好的部队没有危险。来自阿勒颇的几份令人不安的报告说，在那里和哈马有声势浩大的示威运动，示威人群要求加入谢里夫费萨尔的阿拉伯政府。

杰马尔帕夏领导下的第四军团（如果还能称之为军团的话）将留在霍姆斯，直到被敌人击退。只有这样，才能赢得时间在阿勒颇组建能用的部队。在那里，必须对我们控制的最后一部分叙利亚土地进行决定性的防御，驻扎在霍姆斯的杰马尔帕夏部队完成了任务。

的黎波里海岸地区的指挥官在 3 日上午报道说，几艘敌军战舰已经抵达贝鲁特，两艘装甲巡洋舰已经抵达拉塔基亚，拉塔基亚的叙利亚人还没有宣布加入阿拉伯政府。

10 月 4 日，从巴勒贝克到霍姆斯的部队逃亡潮逐渐消退。下午只有几支部队到达。从库特非撤退的军队陆续在 4 日和 5 日抵达霍姆斯。这些军队主要是通过卡车运达，其中包括一个奥地利卡车连队。英国人在阿德拉停止了追击，因此贝都因人的攻击也停止了。到达霍姆斯后，尽可能地更换军队的装备和服装。

对于霍姆斯的空中侦察，我们还有 3 架飞机，德国战机每天上午和下午有两架向大马士革方向侦察，第三架观察海岸。侦察人员在 4 日的最后报告中说，英国人开始从大马士革向西北方向派遣大量军队，敌人已经到达了扎赫勒、梅德尔安贾尔和泽贝达尼。在我们位于霍姆斯以南的前哨前面，一切都很安静。

为了继续在夜间对巴勒贝克进行侦察，德国军官开着汽车，带着机枪前往敌人占领的道路上，他们在那里过夜。土耳其人还剩下的骑兵由于身体虚弱，体力不支，不宜在夜间巡逻。

10 月 5 日，飞行员报告说向西北方向推进的敌军人数正在增加，并且正在逼近，准备进一步推进。敌人的小股骑兵部队向巴勒贝克挺进。

在霍姆斯，卡齐姆帕夏将军多年来一直担任我的参谋长，他十分优秀，因过去几周的过度工作而患上重病，不得不被派往阿勒颇。普里格少校代替了他，在那次困难的撤退中，他表现出色。

来自内陆地区的令人不安的报告说，敌对的阿拉伯人的反政府运动迅速蔓延。大多数的叙利亚沿海城镇在敌舰的压力下，宣布效忠谢里夫费萨尔的阿拉伯政府。哈马和内地的其他地方的人越来越不可靠。在阿勒颇，人们越来越担心局势会崩溃。

在和杰马尔帕夏讨论了如何通过哈马撤退到阿勒颇，以防强大的英国军队向霍姆斯挺进，我和军官们于 10 月 5 日下午乘火车离开阿勒颇。铁路交通状况非常糟糕，仅在哈马市，就有 4 列满载军队的火车在车站停了几个小时，因为没有火车头，也没有办法给火车头供水。这里绝对有必要立即恢复秩序，使我们能够把最后剩下的部队从霍姆斯撤回到阿勒颇，并运走所有的车辆和物资。

10 月 6 日凌晨 2 时，我们到达阿勒颇。当天上午，我会见了第七军团、第八军团的司令官和当地政府高官。阿勒颇必须立即恢复秩序和稳定，让该地火车站恢复正常运营。

阿拉伯人在海岸上的反政府运动进展很快，威胁到我军交通通信线路的安全，需要用强硬的手腕解决这个问题。因此，第二军团指挥官内哈德帕夏收到指示将其司令部从阿勒颇搬到阿达纳。他得到的指示是更好地组织防御，防止敌人在亚历山大勒塔湾或阿亚斯（Ayas）湾登陆，以及敌人在摩西纳海岸登陆。

土军总司令部向我们传达了其对局势的看法，大意是敌人可能会在亚历山大勒塔湾或阿达纳南部登陆以便一举占领叙利亚。我回答说，我认为像总司令部预测的那样的登陆是不可能的，除非有强大的英国部队同时向阿勒颇挺进。

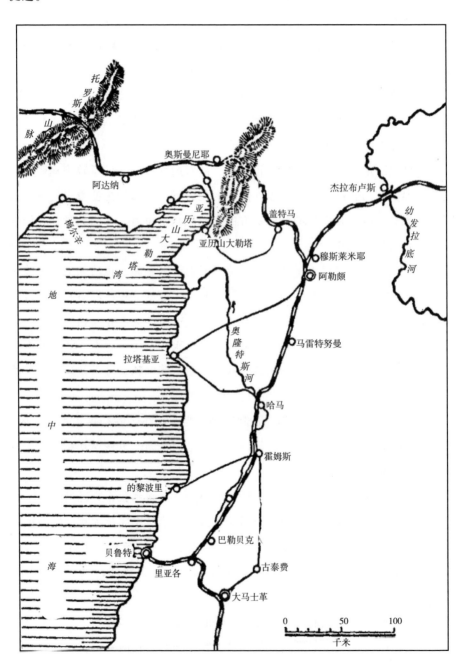

霍姆斯的杰马尔帕夏受命用卡车将第一百四十六步兵团送往阿勒颇。

据我方空军的侦察报告，10月9日上午，在扎赫勒和里亚各附近的英军几个师开始向北移动。10月10日和11日，军队继续向巴勒贝克及更远的地方挺进，但行动缓慢且很谨慎。大马士革到库特菲再到霍姆斯的道路上仍然没有敌人，附近只有贝都因人的营地。关于敌人11日进攻的报告总结如下：

4个敌军骑兵中队正通过巴勒贝克。

10个营和8个骑兵中队组成的4个敌军平行纵队，在巴勒贝克以南约10千米处。

在路上与其并排的是一支4千米长的炮兵纵队。

在从亚伯拉（Ablah）到巴勒贝克的平行道路上，里亚各到巴勒贝克的公路以西，有12个营和18个骑兵中队。从扎赫勒到亚伯拉的道路上，有一个装着大炮的马车纵队，长约5千米。

在里亚各有一个英国航空站。

来自大马士革的谣言称，谢里夫费萨尔在向北推进之前在那里集结了约2万名阿拉伯士兵。

大部分在霍姆斯组建的部队通过铁路逐步被送往阿勒颇，或者经由哈马行军撤退。

10月11日晚上，英国骑兵指挥官带领大约4个中队从巴勒贝克出发，到达霍姆斯以南约30千米的泽拉（Zera）。第四军团司令部当晚离开霍姆斯于10月12日到达哈马。后卫部队也在去同一地方的路上。奥隆特斯（Orontes）河上的桥梁和霍姆斯—哈马铁路沿线的建筑被摧毁了。

当时，穆斯塔法·凯末尔已经完成了第一师和第十一师的编组工作。这两个师被部署在乌德希和阿勒颇之间的高地上，其炮兵力量仍然很弱。

第一百四十六步兵团乘火车离开阿勒颇，奉命向驻扎在阿达纳西边杰尼奇（Jenidsche）的第二军团司令部报告。亚洲军已经在那里。

第四军团在哈马的司令部现在被下令解散，部队将在穆斯塔法·凯末尔的指挥下撤退到阿勒颇。

10月14日中午，敌军骑兵进入霍姆斯。据报道，他们受到热烈的欢迎。在阿勒颇以南的整个地区，各地的情况都差不多，当地民众对土耳其人不友好。土耳其民事当局工作人员在无法得到土耳其部队保护的情况下，立即离开他们的哨所前往阿勒颇。

在10月的这些日子里，酷热笼罩着阿勒颇，由于交通繁忙，街道上整天笼罩着厚厚的黄色尘土。附近的高地上特别是在火车站附近，出现了许多大型营地。医生和病重的人连同仓库的剩余物资，已经开始被运往阿达纳和托罗斯山区。由于从阿勒颇到阿达纳的路段条件很差，出现了许多延误。刚刚从德国休假回来的莫尔森（Mohlsen）少校采取强有力的行动，很快改善了交通状况。

在阿勒颇，吉尔德里姆与驻扎在摩苏尔的第六军团进行了不间断的电报联系。巴格达铁路上多余的列车已从杰拉布卢斯（Jerablus）撤到穆斯林米耶（Muslemije）以便我们可以运输，这是巴格达铁路和叙利亚铁路在阿勒颇以北几英里处的交叉点。

这几天，敌舰在亚历山大勒塔湾的活动更加频繁。14日，敌军两艘鱼雷艇和一艘护卫舰进入海湾，炮轰我军在亚历山大勒塔港的炮台。其中一艘船在这里挂起白旗，让一些英军军官上岸。他们与当地的土耳其指挥官进行协商，然后返回他们的船上就离开亚历山大勒塔湾。一旦吉尔德里姆司令部得知这一情况，这种谈判就会被严格禁止，土耳其第四十一师的总部在此之前一直在亚历山大勒塔东南的北兰（Beilan）山口，被转移到亚历山大勒塔。

第二十四师的组建是从阿勒颇北部的盖塔马（Katama）开始的，那里是通往亚历山大勒塔的公路与阿勒颇到伊斯拉伊（Islahie）的公路的交叉处。

与此同时，敌人已向霍姆斯推进，还将部分军队派往哈马去。穆斯塔法·凯末尔帕夏于10月17日下令从哈马撤离。后卫部队撤退到哈马城以北大约11千米外的库姆卡纳（Kumkhaneh）。

现在，我把吉尔德里姆的大部分参谋人员调到阿达纳，把德军中大部分参谋人员调到了博赞蒂（Bozanti）。我只保留了指挥作战和运输管理所需的官员。因为与土耳其当局有协定，吉尔德里姆参谋长的工作必须交还给土耳其人。普里格少校把参谋长的工作交给了赛达特（Sedat）上校，该上校是穆斯塔法·凯末尔的参谋长。卡齐姆将军患上了严重的肺炎。我是在前官方协会认识赛达特上校的，他曾在加利西亚指挥第十九师，后来又在巴勒斯坦指挥作战，声名显赫，后来他被任命接替第七军团的冯·法肯豪森少校的职务。

从君士坦丁堡传来的各种报告说，土耳其已开始与协约国进行谈判。这方面的情况并没有得到证实，但从一般情况来看并非不可能。一些德国军官变得焦躁不安，想在乌卢克什拉组织运输纵队率领德国军队穿过安纳托利亚到达黑海沿岸，进而通过船只安全撤退到俄国南部。我没有听他的建议，因为我想万一土耳其真的停战，敌军的船只很快就会穿过达达尼尔海峡进入黑海，会在我们漫长艰难的徒步行军完成之前封锁海岸。我对土耳其总理伊泽特帕夏有坚定的信心，如果停战，他会坚持要求在国外战场上完成任务的德国军队自由撤离。

10 月 19 日，一支英国重兵进入哈马，据说在那里受到民众热情的接待。穆斯塔法·凯末尔现在用火车把后卫部队从库姆卡纳向北撤到大约 25 千米外的哈密顿（Hamidiie）火车站。一支来自伊德利卜的侦察分队向拉塔基亚海岸前进，发现这条路没有敌人。阿拉伯人武装涌入阿勒颇，然而，日夜都能听到他们的射击声，但并没有造成严重的混乱。大量的军需品和其他宝贵物资的转移工作已经完成，并已将可运送的病人运往阿达纳、博赞蒂和其他地方。

第四十三师在穆斯林米耶火车站以北地区的组建进展迅速，第一师和第十一师的作战能力都有提升。驻扎在盖塔马的第二十四师人数仍然很少。随着越来越多的敌舰出现在亚历山大勒塔湾，一大队卡车被开往盖塔马，让第二十四师快速增援亚历山大勒塔。

10 月 21 日，我们的后卫部队驻扎在哈马和阿勒颇之间的马阿拉特努曼（Ma'arrat en Numan）附近。第二天，该部队遭到敌对的贝都因人和英军装甲车的几次袭击，后在穆斯塔法·凯末尔的命令下撤退到切斯西比尔（Ch. es Sebil）和阿布杜胡尔（Abu ed Duhur）火车站。我们的无线电台截获并破译了英国的无线电信息，这些信息报告说几天前英军两个师在巴士拉登上运输船的情况，他们在我们的海岸登陆不是不可能的。

10 月 23 日，我们在切斯西比尔的前哨部队遭到大量贝都因人武装、装甲车和英国骑兵的袭击。前哨部队不得不撤退到阿勒颇南部最重要的阵地。经过肉搏战，我军的一部分士兵被俘。在阿布杜胡尔火车站的前哨部队现在也撤回到主要阵地。敌人主要使用装甲车进行追击，他们还对阿勒颇车站进行猛烈空袭。

在亚历山大勒塔湾，发现了英国和法国的舰船。23 日黄昏，一艘船出现在亚力山大勒塔西南的阿尔苏斯（Arsus）前方，轰炸海岸试图让军队登陆。敌舰的行动被第四十一师的分遣队击退后返回公海。10 月 22 日，我带着为数不多的军官乘车离开阿勒颇。23 日，我遇到指挥第十五军的阿里·里扎帕夏，和他讨论了来自埃尔津詹和帕亚斯（Paias）的增援部队的问题，增援部队正在前往亚历山大勒塔的途中。

那天下午，我们开车去了阿达纳，吉尔德里姆的土耳参谋人员在那里待了 4 天。在与第二军团指挥官尼哈德帕夏会谈之后，驻扎在亚历山大勒塔的第四十一师被调到第七军团。10 月 24 日，许多到来的贝都因人武装使阿勒颇市的局势变得非常紧张，我们不得不宣布进入戒严状态。敌人的装甲车数次穿过图曼向我们在阿勒颇的主要阵地挺进，敌人的骑兵巡逻队也是如此。一旦我们向他们开火，他们就撤退了。

22 日，英军对摩苏尔以南费迪耶（Fetieh）的土耳其第六军团据点发动进攻。24 日晚上，第六军团不得不撤退。幼发拉底河军团即原先的第二军团，被调到第六军团。双方达成协议，必要时这些部队将在杰拉布卢斯保卫幼发拉底河的渡口。

10 月 25 日，阿勒颇南部发生激战。这是我军从巴勒斯坦撤退以来第一次超过后卫警戒性质的作战行动，部队安然无恙。与此同时，阿拉伯人和谢里夫费萨尔的部队一起配合企图占领阿勒颇。英国人用卡车运来很多步兵来增援他们的骑兵。下午早些时候，阿拉伯人向被击退的第一师阵地发起正面进攻。后来，大约 1500 名贝都因人从东部进入该城，占领了城堡和政府驻地建筑，然后他们袭击了当地军队指挥官的司令部，第七军团的司令部就在那里。第七军团在那里找到临时立足点后，贝都因人在巷战中就被赶了出来。一部分武装居民同贝都因人一起参加了战斗。大约在同一时间，一支重型步兵部队在图曼到阿勒颇公路以西对我们的前线发动攻击。

傍晚，穆斯塔法·凯末尔把他的军团司令部从阿勒颇城中搬到火车站以北大约两千米的一座山上，并从该城撤离了。第一师和第十一师在阿里·福阿德帕夏的指挥下，其后方受到贝都因人的严重威胁，他们通过阿勒颇城的西部向北撤退到该城的一侧。车站的部分设施被炸毁。26 日清晨，第一师和第十一师也就是现在的第二十军，在阿勒颇以北约 8 千米的胡塞尼耶（Husenije）和胡鲁克（Hujuk）驻扎。他们的右翼受到英军和阿拉伯人骑兵的威胁正撤往凯夫尔巴辛（Kefr Basim）和阿纳丹（Anadan），在他们撤退过程中贝多因人的几次攻击被击退。

大约在上午 10 时 45 分，英军步兵和大约 4 个骑兵团在装甲车的支援下，从阿勒颇到盖塔马公路两侧向前推进，攻击第一师。经过 1 小时的战斗，英军的进攻被击退。第七军团司令部搬到盖特马。我命令把第二军团的暴风营（Storm Battalion）和 1 支强大的机枪支队用火车运往盖特马，向第七军团司令部报到。

在接下来的几天里，第七军团经常遭到攻击却从未被打败，该军团士兵逐渐退回到 10 月 31 日停战消息传来时他们所守的阵地。前线从高地的斜坡上延伸，从马拉塔（Marata）延伸到巴布利特（Babulit）和第二十四师驻地哈雷布利（Halebli），穿过铁路和马路从坦尼布（Tennib）延伸到塔特马拉什（Tatmarash）和第二十军驻地艾因达克尼（Ain Dakni），从阿勒颇到基利斯（Killis）的公路延伸到第四十三师驻地迪利布林（Dilibrin）东南。安全部队从德尔迪马推进到齐亚雷特（Ziaret），后者位于阿勒颇西北方向 25 千米处。

在最后几天的战斗中，军队捍卫了作为军人的荣誉。

10 月 30 日晚，我收到了来自大维齐尔伊泽特帕夏的电报，要求我把军队指挥权移交给穆斯塔法·凯末尔帕夏并尽早返回君士坦丁堡。与此同时，我奉命把所有德国军官和军队带回君士坦丁堡。缔结停战协定时，首相热情坚定地进行协商确保所有德国军官和军队能从土耳其自由撤出。

大部分德国军队在捷尼茨（Jenidsche）附近待命，准备被运回国。不幸的是，霍乱在阿达纳平原的一些城镇暴发，夺去了几个人的生命。亚洲军的杰出领袖冯·奥彭上校被病魔夺去了生命。在敌人面前，无论在顺境还是逆境，他一直是他军队的好榜样。德国军队的运送于 11 月 1 日上午开始，他们只能携带武器和弹药，其余的所有装备必须在出发前交给土耳其各委员会。

10 月 31 日，我在阿达纳把集团军指挥权交给了穆斯塔法·凯末尔帕夏。

我按以下命令向我以前指挥的部队告别：

> 阿达纳
>
> 1918 年 10 月 31 日

此时此刻，我把吉尔德里姆的指挥权交给了穆斯塔法·凯末尔将军，他在许多光荣的战斗中证明了他的能力。我向全体官兵、官员和在我的指挥下为土耳其利益服务的人表示衷心感谢。

加里波利的光辉岁月和小亚细亚海岸上的许多勇敢的部队一样，将永远不会被历史所遗忘，它使我集团军的许多军官和士兵紧密地联系在一起。

在巴勒斯坦，除了 6 个月不间断的顽强抵抗，我们取得了一连串的胜利，正是在阿祖尔山丘、图尔穆斯阿亚和卡夫尔等战役和两场约旦战斗证明土耳其军队与远强于我们的敌人作战时表现出的英勇献身精神，以及德国和奥地利军队与土军齐心协力的战斗精神。

对这些事迹的记忆使我确信，土耳其相信它英勇的儿子们，可以满怀信心地面对未来。

我相信上帝会赐予土耳其人民及其盟友未来的和平与安宁，并从长期战争的创伤中恢复过来。

> 利曼·冯·桑德斯

　　31 日中午，我和我的几个德国军官一起离开了阿达纳。穆斯塔法·凯末尔和阿达纳所有的军官都在车站向我告别。仪仗队是我在土耳其致敬的最后一支土耳其军队。

第二十四章　结局

11 月 4 日，我到达君士坦丁堡。德国驻土耳其当局的大部分人员、地中海师、特别海军支队、德国驻土耳其军队总参谋长和他的参谋军官以及在君士坦丁堡附近的德国军队，已经通过黑海被运到了敖德萨，他们要穿过乌克兰回家。接下来的日子里，所有能聚集在君士坦丁堡的人员和物资都经由同样的路线进行运送。

德军总司令部委托我指挥所有仍留在土耳其的德国军官和部队，并负责安排他们的回国运送问题。我与一起回来的军官们仍在君士坦丁堡和军事顾问团的工作人员住在一起。

来自叙利亚和帝国遥远地区的军官、部队和分遣队的到来很慢，这主要是缺煤导致到处都出现铁路交通延误。第六军团的 1200 名德国人和奥地利人的返回注定要推迟数周，完全违背了我的愿望，他们带着汽车纵队徒步穿过萨姆松到达黑海海岸。

11 月上半月抵达的德国官兵部分驻扎在佩拉区①，但大部分驻扎在亚洲一侧的城市郊区。

达达尼尔海峡开通后，协约国舰队于 11 月中旬出现在君士坦丁堡，英国和法国军队立即登陆。这些敌对的军队进入君士坦丁堡时，佩拉更像是希腊人的城市而不是土耳其人的城市。

大多数房屋都悬挂着希腊国旗。大批黎凡特居民跟着军乐队的声音走在

---

① 佩拉区，君士坦丁堡的一个区。——译者注

协约国军队前面，他们向军官和士兵扔花，发出很大的欢呼声，把帽子抛向空中，互相拥抱，以强烈表达他们的喜悦。没有人会认为这些示威活动有任何特别的地方，因为在整个战争期间，所有这些示威活动都在该国首都得到容忍而没有受到阻扰。

11月19日，冯·伦特将军和他的现任参谋长冯·埃格林（von Eggeling）中校带着大部分的军事顾问团成员登上一艘土耳其船，到达敖德萨或尼古拉耶夫（Nikolaiev）再穿过乌克兰返回祖国。就在同一天，我和军官们前往亚洲一侧的摩达①（Moda）。由协约国成员和土耳其代表组成的停战委员会已决定，所有德国官兵都要离开君士坦丁堡的欧洲一方进驻到亚洲一方。这一步似乎是及时的，因为这是避免未来摩擦的最佳方式。

君士坦丁堡的英国军事当局为照顾德国军队做了必要的安排。11月13日，我在佩拉与英国驻萨洛尼卡军队参谋长柯里（Curry）将军举行了一次会谈，讨论德国军队的运输问题，得到了他的认可。在他离开后，英国驻君士坦丁堡的军队参谋长是富勒（Fuller）将军，尽管他的任务艰巨吃力不讨好，他还是尽其所能进行了进一步的安排。

由于在罗马尼亚发生的事件，无法再通过康斯坦萨②（Constanza）进行运输。通过敖德萨或尼古拉耶夫的运输持续了一段时间，但在12月被证明是行不通的，因为乌克兰发生了激烈的战斗，铁路经常中断。

德国军队从叙利亚和巴勒斯坦返回时，在这个季节通过乌克兰长途返回是不可取的，因为这些部队来自气温高的土耳其南部，没有冬装。最后一批穿越黑海的运输船花了数周时间才到达基辅，他们不得不在铁路运输过程中行军，有时还需要战斗。对于吉尔德里姆中的德国部队来说，这条路线会出现许多因疾病导致的损失，他们的衣服不适合俄罗斯的气候。从叙利亚到君士坦丁堡的气候变化对士兵的健康产生不利影响，他们因条件艰苦而变得虚弱，事实表明在他们到达君士坦丁堡的4周内有80人死亡，其中大多数死

---

① 摩达，伊斯坦布尔亚洲部分的一个地方。——译者注
② 摩斯坦萨，罗马尼亚黑海沿岸港口城市。——译者注

于感冒。位于海达尔帕夏的大型德国战地医院挤满了 1200 名病人。

英国高级专员卡尔索普（Calthorpe）上将积极考虑了我关于停止乌克兰路线的建议，我在建议中附上了部队的医疗状况证明。现在考虑用船直接运往德国。将运送的人数控制在 1 万人左右。

12 月 9 日，我在摩达收到了土耳其代理战争部长的书面命令，要我立即登上乌克兰"老虎"号轮船前往敖德萨经由乌克兰返回德国。我向卡尔索普上将抗议，因为我负责指挥德国军队并安排他们离开，土耳其战争部部长的命令绝不可能解除我的这些职责。上述命令没有被执行。

12 月 19 日，我奉命前往普林基普（Prinkipo）。同时，德国军官和军队将暂时驻扎在那里和王子（Princes）群岛的其他岛屿上，行动很快开始。因此，在他们动身回家之前，大部分人德军驻扎在王子群岛。仅行政人员和一小部分德国军队留在君士坦丁堡的亚洲一侧。1919 年 1 月的头几天，来自美索不达米亚的第六军团中的德国军队和奥地利军队从萨姆松乘船抵达海达尔帕夏的码头。穿越安纳托利亚的长途艰难跋涉和气候变化等原因，导致许多人死在了萨姆松。

1919 年 1 月 24 日，我们接到指示准备登上 5 艘大船，这些船只将直接驶向位于北海的德国港口。它们是"伊塔·瑞克莫斯"（Etha Rickmers）号、"莉莉·瑞克莫斯"（Lillie Rickmers）号、"帕特莫斯"（Patmos）号、"克尔凯拉"（Kerkyra）号和"阿克丹尼斯"（Akdenis）号，船员都是德国人。1 月 27 日，长途航行的船只准备就绪后，我带着 120 名军官和 1800 名士兵登上了"伊塔·瑞克莫斯"号，这是第一艘从君士坦丁堡起航的船。按照安排，两艘船每隔两天互相跟踪，在直布罗陀进行加煤。军事顾问团的行政人员将乘坐最后的一艘船"阿克丹尼斯"号离开。

1 月 29 日下午 4 时，"伊塔·瑞克莫斯"号离开了海达尔帕夏的码头驶向大海。1 月 30 日中午，我们在一阵雷电交加的暴风雨中经过达达尼尔海峡，广阔雷区的通道到处都用浮标小心标记着。"伊塔·瑞克莫斯"号遭遇了大风大浪后于 2 月 3 日晚抵达马耳他，这里虽然没有提供我们在马耳他停留的条件，但该船在抵达马尔萨西罗科（Marsa Sirokko）港前几个小时被无线电命令驶往该港。我们在这个港口停泊了约 3 周时间。2 月 25 日上午，这艘船被安排到马耳他内港装煤，然后继续前往直布罗陀海峡。经过出乎意料的长时间的耽搁以及担扰和不安后，我在船上发布的消息被大家喜出望外地接受了。大家都希望在两周内回家。

当我们到达装煤站时，有人要我一个人上岸。我已向总督提出了几个有关食品和卫生的问题。我还以为这是和他的一次面谈。1 名英国海军军官乘摩托艇到达码头后，我一踏上陆地就被告知，我是 1 名战俘。我的副官和仆人留在船上，这艘船在同一天继续驶向直布罗陀海峡前往德国。

我们在马耳他耽搁期间，运送德国军队的其他船只被扣留在君士坦丁堡。此后不久，它们获准前往不莱梅港和汉堡港。那些可运输的病人已经用医用船运到了意大利的一个港口，然后又用医用火车运到德国。

8 月 21 日，我获准乘坐"艾维"号离开马耳他，经威尼斯、维罗纳和因斯布鲁克返回德国。

英译本后记

在前面的论述中，我基本上用事实说明了一切。

考虑到目前的情况，我仅在必要时使用我的记录来解释某些事情。

在将事实与虚构的事实分开之前，其他问题无法讨论。

在土耳其身居要职的 5 年军事活动已成为过去。这段经历让我有权评判从事事业的目标及其达成情况。

战前，德国对盟友土耳其在其直接援助下以各种方式得到全面发展抱有过高的期望，但并非完全没有希望。

战争期间，德国对盟友土耳其的要求在经济领域大都失败了。在军事领域，德国人的期望过高，因此是不可能成功的。

人们期望土耳其不仅捍卫海峡并保护其遥远的边境地区，而且还征服埃及，使波斯独立，准备在高加索地区建立独立国家，在可能的情况下威胁从阿富汗入侵印度，此外还为同盟国在欧洲的战场积极提供援助。

必须追究土耳其及其领导人的责任，他们目标与能够采取的方法不匹配。

德国也应该受到谴责，它对土耳其的能力缺少冷静和明确的判断。

可能是《一千零一夜》（*The Thousand and One Nights*）中的故事或者阿拉伯沙漠中海市蜃楼（*Fata Morgana*）的美景使德国当局对土耳其的判断变得模糊不清吧。

译后记

本书的翻译工作得到延安大学博士科研启动项目"大国在中东的霸权转移研究"（2017YDBK－30）的资助。本书翻译分工安排如下，第1章至第10章、第16章至24章由陈利宽完成，第11章至15章由西北大学中东研究所世界史专业博士研究生刘雪完成，其中，全书由陈利宽统稿。

这本著作能够被翻译成中文，有不少的偶然性。我从小对历史和国际政治问题感兴趣，但大学没有学历史专业。2007年在河南省参加高考，虽然过了河南省二本线但能选择的文科专业十分有限，于是选择进入河南理工大学学习管理学。2011年进入西北大学中东研究所读研，开始专门学习世界史。2012年上赵广成老师的课程，发现第一次世界大战期间发生于奥斯曼帝国的达达尼尔战役（1915年到1916年初）很重要，但国内很少有人研究。在和硕士生导师邵丽英老师交流后确定以这次战役为硕士毕业论文选题。利曼·冯·桑德斯的这本书是研究达达尼尔战役的重要史料和一手文献，我在写硕士论文过程中参考了该书不少内容。邵老师在看完我的论文后，对这么重要的一本关于一战时期中东战事的回忆录没有翻译成中文，感到十分意外，当时我开始有翻译这本书的想法。

西北大学读博期间，发表论文的压力很大，也顾不上考虑这本书翻译出版的事情。2017年进入延安大学历史系（现在的延安大学历史文化学院）工作后，平时上课任务很重，但学校有比较充足的出版经费支持，本书的翻译工作由此开始。《奥斯曼战记——德国将军一战回忆录》有德文原版和美国海军学院在1927年完成翻译的英文版，我是在英文版基础上翻译的。这本书尽管有较强的学术价值，但国内懂德语的学者不太可能去关注和研究中东。以英语为学术外语的中东学者除非专门研究第一次世界大战，不然的话也不会翻译这本书。我是国内少有的可能去翻译这本书的人。

本书的翻译工作要感谢我的博士生导师黄民兴教授。黄老师在百忙之中为译著作序。他通读全部译稿，发现并指出文稿中存在的很多问题，对提升书稿质量帮助很大。还要感谢北京大学历史系昝涛老师、河南科技大学人文学院朱传忠老师、西北大学外国语学院田瑾老师、西安科技大学马克思主义学院王楠老师、长安大学马克思主义学院陈丽蓉老师、西安航空学院马克思主义学院胡耀辉老师、宁夏大学中国阿拉伯国家研究院梁道远老师和冯燚老师、浙江越秀外国语学院土耳其语系李盼盼老师、南开大学历史学院马帅博士和河南大学历史文化学院刘洪洁博士等在翻译过程中的答疑解惑。此外，要感谢浙江外国语学院环地中海研究院马晓霖老师、上海外国语大学中东研究所刘中民老师和北京大学历史系昝涛老师为译著写推荐语。

感谢社会科学文献出版社国别区域分社编辑李明伟在本书编辑出版过程中的辛苦付出。感谢延安大学历史文化学院和科研处领导和同事们的支持。感谢培养我的母校西北大学中东研究所的老师们。

最后，感谢一直为我默默操劳的家人们，没有你们的付出，本书很难顺利完成。

由于水平有限，这本书的翻译肯定存在不少问题，恳请读者们批评指正。

陈利宽

2022 年 8 月于延安

图书在版编目（CIP）数据

奥斯曼战记：德国将军一战回忆录 /（德）利曼·
冯·桑德斯（Liman von Sanders）著；陈利宽等译. --
北京：社会科学文献出版社，2023.2（2024.3 重印）
（中东观察）
书名原文：Five years in Turkey
ISBN 978 - 7 - 5201 - 9779 - 3

Ⅰ.①奥…　Ⅱ.①利…②陈…　Ⅲ.①第一次世界大
战 - 历史　Ⅳ.①K143

中国版本图书馆 CIP 数据核字（2022）第 032632 号

· 中东观察 ·

奥斯曼战记
——德国将军一战回忆录

著　　者 /〔德〕利曼·冯·桑德斯（Liman von Sanders）
译　　者 / 陈利宽 等

出 版 人 / 冀祥德
责任编辑 / 李明伟　张晓莉
责任印制 / 王京美

出　　版 / 社会科学文献出版社·国别区域分社（010）59367078
　　　　　地址：北京市北三环中路甲 29 号院华龙大厦　邮编：100029
　　　　　网址：www. ssap. com. cn
发　　行 / 社会科学文献出版社（010）59367028
印　　装 / 三河市东方印刷有限公司

规　　格 / 开　本：787mm×1092mm　1/16
　　　　　印　张：17.75　字　数：268 千字
版　　次 / 2023 年 2 月第 1 版　2024 年 3 月第 2 次印刷
书　　号 / ISBN 978 - 7 - 5201 - 9779 - 3
审 图 号 / GS（2022）5634 号
定　　价 / 69.00 元

读者服务电话：4008918866